山西财经大学数字经济系列丛书

中国国家资产负债表编制理论与方法研究

马克卫 著

中国财经出版传媒集团
中国财政经济出版社

图书在版编目（CIP）数据

中国国家资产负债表编制理论与方法研究／马克卫著．－－北京：中国财政经济出版社，2023.7
（山西财经大学数字经济系列丛书）
ISBN 978-7-5223-2198-1

Ⅰ．①中… Ⅱ．①马… Ⅲ．①国有资产－资金平衡表－编制－研究－中国 Ⅳ．①F231.1

中国国家版本馆 CIP 数据核字（2023）第 076941 号

| 责任编辑：孙　琛 | 责任校对：徐艳丽 |
| 封面设计：王　颖 | 责任印制：党　辉 |

中国国家资产负债表编制理论与方法研究
ZHONGGUO GUOJIA ZICHAN FUZHAIBIAO BIANZHI LILUN YU FANGFA YANJIU

中国财政经济出版社 出版

URL：http：//www.cfeph.cn
E-mail：cfeph@cfeph.cn

（版权所有　翻印必究）

社址：北京市海淀区阜成路甲 28 号　邮政编码：100142
营销中心电话：010-88191522
天猫网店：中国财政经济出版社旗舰店
网址：https://zgczjjcbs.tmall.com
北京财经印刷厂印刷　各地新华书店经销
成品尺寸：170mm×240mm　16 开　17.5 印张　243 000 字
2023 年 8 月第 1 版　2023 年 8 月北京第 1 次印刷
定价：78.00 元
ISBN 978-7-5223-2198-1
（图书出现印装问题，本社负责调换，电话：010-88190548）
本社质量投诉电话：010-88190744
打击盗版举报热线：010-88191661　QQ：2242791300

目 录

第1章 国家资产负债表理论 ……………………………………………（ 1 ）
  1.1 国家资产负债表简介 …………………………………………（ 1 ）
  1.2 国家资产负债表的理论、分类与特征 ………………………（ 6 ）
  1.3 本书的主要研究内容及创新 …………………………………（ 13 ）

第2章 全球主要国家资产负债表介绍 …………………………………（ 16 ）
  2.1 美国国家资产负债表简介 ……………………………………（ 16 ）
  2.2 澳大利亚国家资产负债表简介 ………………………………（ 19 ）
  2.3 加拿大国家资产负债表简介 …………………………………（ 23 ）
  2.4 英国国家资产负债表简介 ……………………………………（ 25 ）
  2.5 德国国家资产负债表简介 ……………………………………（ 28 ）
  2.6 日本国家资产负债表简介 ……………………………………（ 30 ）
  2.7 法国国家资产负债表简介 ……………………………………（ 32 ）
  2.8 全球主要国家资产负债表编制情况概述 ……………………（ 34 ）

第3章 国家资产负债表编制的估值与估价方法 ………………………（ 37 ）
  3.1 资产负债表编制中的估值方法研究 …………………………（ 37 ）
  3.2 国家资产负债表编制中的估价方法研究 ……………………（ 40 ）
  3.3 资产重估价方法研究 …………………………………………（ 44 ）
  3.4 中国固定资产存量价格指数的估算 …………………………（ 57 ）

第4章 非金融企业部门资产负债表编制研究 ……………… (63)
4.1 非金融企业部门资产负债表编制研究综述 …………… (63)
4.2 非金融企业资产负债表编制理论 ……………………… (76)
4.3 非金融企业部门资产负债表的编制 …………………… (83)
4.4 结构推定法编表过程及结果对比 ……………………… (99)

第5章 金融机构资产负债表编制研究 ……………………… (105)
5.1 金融机构资产负债表编制研究综述 …………………… (105)
5.2 金融机构资产负债表编制方法设计 …………………… (113)
5.3 金融机构资产负债表编制过程及结果 ………………… (119)

第6章 政府部门资产负债表编制研究 ……………………… (128)
6.1 政府部门资产负债表编制研究综述 …………………… (128)
6.2 政府部门资产负债表编制理论 ………………………… (134)
6.3 政府部门资产负债表编制方法设计 …………………… (138)
6.4 政府部门资产负债表的编制过程及结果 ……………… (142)

第7章 住户部门资产负债表编制研究 ……………………… (157)
7.1 住户部门资产负债表编制研究综述 …………………… (157)
7.2 住户部门资产负债表编制理论 ………………………… (168)
7.3 住户部门资产负债表编制方法设计 …………………… (172)
7.4 住户部门资产负债表的编制结果 ……………………… (175)

第8章 中国国家资产负债表变动及预测分析 ……………… (186)
8.1 经济总体资产与负债变动分析 ………………………… (186)
8.2 机构部门资产与负债变动分析 ………………………… (194)
8.3 国家资产负债表预测方法设计与应用 ………………… (213)

第9章　完善中国国民经济核算体系的建议 ……………………（226）
　9.1　中国国民经济核算体系存在的重要缺陷 ………………（226）
　9.2　编制国家资产负债表将补足中国核算体系的短板 ………（227）
　9.3　进一步完善中国国民经济核算体系的几点建议 …………（229）

参考文献 ……………………………………………………………（232）

附件1：2000—2017年中国国家资产负债核算表 ……………（247）

附件2：2018—2022年中国国家资产负债预测表 ……………（266）

第1章 国家资产负债表理论

1.1 国家资产负债表简介

1.1.1 国家资产负债表的概念

国家资产负债表（National Balance Sheet，NBS）是一国在特定时点上的资产和负债状况的完整反映，是参与该国国民经济运行的各个机构部门资产负债账户的合并表式。一个完整的国民经济核算体系，不仅需要核算国内生产总值（Gross Domestic Production，GDP）等经济流量，也要核算"国民财富"等经济存量。要全面了解一个国家的资产负债存量的整体状况、摸清一国层面的财富家底，国家资产负债表是首选依据。

在当前世界上，绝大多数国家都采用国民经济账户体系（System of National Accounts，SNA）作为其经济数据核算方法系统，其中，记录经济存量的资产负债账户，与记录经济流量的国内生产账户、国民收入与使用、投资与金融、国际收支等账户，共同构成了描绘一国经济运行全貌的账户系统。资产负债账户侧重对经济存量的总量描述，而国家资产负债表则更侧重于对各机构部门资产、负债状况的全面描述，从部门和交易结构等角度显示了更为详尽的存量核算数据。

目前，各国正在使用的、联合国等国际组织共同撰写出版的 SNA2008 中，国家资产负债表被定义为特定时点上编制的，用于记录国家中的一个机构部门，或者多个机构部门的组合所拥有的资产存量价值及其所承担的负债价值的统计报表。SNA2008进一步指出，国家资产负债表的编制过程可以涵盖各个经济层次，可以从机构单位资产负债表开始编制，也可以直接从机构部门层次编制，最终获得经济总体的国家资产负债表。当然，与常住单位相对照，与常驻单位有长期经济往来的非常驻单位的集合也可以设置存量账户，其反映的经济内容是来自该经济总体的存量资产和负债状况，以及常住单位所持有的国外资产和负债存量。不过我们一般将这一账户称作国际投资头寸表（International Investment Position，IIP），不同之处在于IIP是从常住单位角度编制的，而SNA中讨论的国外资产负债表则是从国外角度编制，将国外作为一个"部门"，和国内机构部门按照同样方法处理。

1.1.2 国家资产负债表发展简史

一国国民财富即国家经济存量的全面核算和研究分析，与国民经济流量核算内容彼此联系，又相对独立，一直都是各国政府、国际组织和经济学研究者关注的重点内容。实际上，在统计学诞生之初，相对于收入而言，人们对于财富的关心要早很多。在公元前4000年的古埃及时代，政府已经进行财富调查。我国的财富调查起源也很早，公元前2250年著名的大禹治水时期，编纂的《禹贡》"九州篇"，依据山川土质、人口产物、贡赋多寡，实际就是区域财富状况，把全国分为九州。春秋时期诸侯实力的首要标志——兵车乘数，实质上就是军事力量方面的存量财富调查。

17世纪初，英国海关总监用租金资本化的方法，估算出1600年英国国民财富总值为8900万英镑，其中资本总值为7200万英镑，公布在《不列颠商人》上。这使英国成为近代历史上世界范围内最早进行国民财富估算的国家。17世纪下半叶，William Petty估算了英国1664年的国民财富，财富总量是25000万英镑，其中土地价值、房屋价值、牲畜价值和其他财富价值分别为14400万英镑、3000万英镑、300万英镑和4000万英镑。

17世纪英国初次估计其国民财富以来，国家存量资产估算逐渐和国民收入估算一样受到重视，不仅很多经济学家参与进来，很多国家的政府部门也表现出了极大的关注。从英国17世纪下半叶的初次估算开始一直到19世纪末，统计资料显示西方国家共计进行过95次国民财富估算，其中英国和法国分别进行了20次和38次，美国估算了10次，澳大利亚、意大利等国也都进行过国民财富的估算。

1920年以前，美国普查局的国民财富普查频率是每10年一次，最后一次安排该项普查的时间是在1922年。此后，随着世界性经济危机爆发，Keynes宏观经济学取得了巨大的发展，其关注的重点在于经济流量，广大经济学家和公众的注意力都被国内产品和收入流量核算吸引。这一时期国际上对存量财富核算的关注度有所下降，这种情况一直持续到"二战"以后，各国政府部门和学者才又开始重视国民财富核算。

1955年，耶鲁大学教授Raymond W. Goldsmith估算了美国1896—1949年的国民财富年度数字，公布在普林斯顿大学出版社出版的其著作《A Study of Saving in the United States》一书中，这是他对美国国民财富系统研究后，编制的若干年份的国民资产负债表理论和实践的全面总结。1962年，他又出版了《The national Wealth of the U. S. in the Postwar Period》，把国民财富的估算数扩展到了1958年。1963年，Raymond W. Goldsmith与Robert E. Lipsey合著了《Studies in the National Balance Sheet of the United States，Volume 1》，将编制国民资产负债表的方法和技术全面系统地进行了展示说明，这标志着该领域的研究在逐步走向成熟。此后，国民财富、资产负债表的研究开始和GDP核算一样受到各个国家和学者们的广泛重视，美国、苏联、英国、日本、印度等国家都陆续开始了对本国国民财富或国民资产负债存量的核算研究和实践。

1953年，联合国等国际组织联合出版的《国民经济核算体系》（System of National Accounts，SNA）就提出设想，在国民经济核算体系中设置分部门的资产负债表及其汇总表。随后SNA1968修订版本中，国民经济资产负债表被正式地纳入国民经济核算体系中。1977年，还发表了《关于国民经济核算体系的国民和部门资产负债表及协调账户的临时国际指导》，对国家资产负债核算有关账户和表式的设计进行了详细介绍，供各个国家参考使用。SNA1993 的一个重要改进是将核算期内资产负债全部变化均纳入积累账户进行核算，较大的变动是增加了资产其他变化这一新的账户。SNA2008 则为最新版本的 SNA，其在强调资产负债核算与其他核算内容关联关系的基础上，从账户设置、表式规范、部门分类、资产分类、核算口径、价格处理技术等角度对国家资产负债表的编制进行了全面阐述，方便各国在核算实践中进行参考，这是目前最为权威的，也是各国普遍参考的技术指导资料。

1.1.3 国家资产负债表的应用

运用国家资产负债表和机构部门资产负债账户，可以进行一系列的经济分析工作，最基本的分析有资产负债总量分析、结构分析和经济效益分析等几个方面。

（一）国民资产负债总量分析

总量分析第一个方面是总量水平分析。国民财富总量是我们编制国家资产负债表所关心的核心指标，它的大小是一国国力的重要标志，该指标也是国民经济核算的基本指标。分析应用中通常将国民财富总量指标与人口数量、劳动力数量等指标相关联，构造人均国民财富水平、劳动力技术装备程度等指标进行分析。同时，可以进行国际比较，分析同时期或跨时期一国在国际社会中所处的位置和相对实力的强弱。

总量分析的第二个方面是总量变动分析。这是资产负债总量动态分析的基本方法，即利用不同时期的财富总量，考察一国财富规模扩张/萎缩的情况。直观上可以通过计算国民财富名义增长率进行分析，进一步则可以分解出国民财富总量变动的价格因素部分和物量因素变动部分，分别进行分析。将持有资产的收益率变动从国民财富名义增长率中扣除，就可以得到国民财富的实际增长率，即国民财富指数。

（二）国家资产负债结构分析

资产负债结构分析包括三个主要方面：资产类别结构分析、资产部门结构分析、资产功能结构分析。

资产类别结构分析通常通过计算资产比例或比率指标来进行分析。常见的分析指标有：生产资产占国民财富总额的比例、有形资产与金融资产的比率、有形资产中可再生与不可再生部分的比率、土地价值与有形资产的比率、生产资产中固定资产与流动资产的比率、各类金融资产占金融资产总额的比重、负债总额与净值的比率等。

资产部门结构分析的主要内容是资产的部门机构。资产的部门机构直接反映生产资源的部门配置情况和比例，这是生产的部门机构的主要决定因素，因而经济分析中的关键领域便是资产的部门结构分析。在分析中，可以使用有形资产的部门比例、金融资产的部门比例、负债的部门比例、净值的部门比例等一系列分析指标。

资产功能的结构分析是指对资产的用途或者在经济运转中的功能进行分析，如生产使用的资产和消费使用的资产、军用资产和民用资产、资产按照服务的社会群体分类，以及按照资产价值变动对价格的敏感程度进行分类分析。

（三）国家资产负债的经济效益分析

在经济效益分析中，主要的分析对象是经济流量与存量的关系。在现代西方经济学理论中，使用经济流量、存量结合分析的领域比比皆是，如最常用的经济生产函数中，劳动力和资本的存量是决定经济产出的核心因素，在哈罗德-多玛经济增长模型中，存量资本系数也是起决定性作用的。

国民经济存量分析的经济效益指标可以分为两类：一类为静态指标，或者可以称为总量效益指标；另一类是动态指标，或称边际效益指标。前者使用产出或者收入指标如 GDP、国民可支配收入、利润总额等与存量指标进行对比，后者则是用产出、收入或资产的增量部分作为对比对象。

国家资产负债表中的相关指标数据，还可以服务于科技进步贡献率的测算。无形资产中的很大部分直接体现技术进步，资本形成中的 R&D 等项目也可以体现技术进步。把直接体现技术进步的国民资产的增量与产出增量进行对比，就是科技进步的贡献率。

1.2 国家资产负债表的理论、分类与特征

国家资产负债表理论是国民经济核算理论中的重要组成部分。在国民经济核算体系中，资产负债核算与投入产出核算、收入分配核算、投资与金融核算、国际收支核算一起构成了一国完整的经济运行过程及结果数据记录系统。资产负债核算用于记录经济运行的存量结果，是经济流量经年累计的最终表现。

1.2.1 理论基础

国家资产负债表的编制属于国民经济核算体系中资产负债核算的主要内容，一国现行的国民经济核算体系构成了其资产负债表编制的理论基础。国际上曾经流行的国民经济核算体系有两种：一种是苏联和东欧一些计划经济体制国家主要使用的物质平衡表体系（System of Material Products Balances，MPS）；另一种是美、英等市场经济体制国家使用的国民账户体系（System of National Accounts，SNA）。无论是MPS还是SNA，都是指导一国构建经济核算系统、进行经济核算实践的纲领指导性文件，全面回答"核算什么？怎么核算？"的核心问题。MPS与SNA相比，最重要的区别在于二者设定的生产概念不同，前者采用限制性生产的概念，而后者则采用更符合经济现实的全面性生产的概念。随着计划经济体制逐渐退出了世界主要国家的经济管理舞台，MPS也完成了自己的历史使命。目前世界上多数国家都采用的是SNA体系，该体系自1953年出版第一个版本以来，后续依次出版了1968年版、1993年版和2008年版。最新的2008年版的SNA由联合国、欧盟、经合组织、国际货币基金组织、世界银行等国际机构共同编制，是目前指导各国国民经济核算操作实践的最新国际规范。

1968年版的SNA属于第一个比较成熟的完整版本，其中明确提出为机构部门和经济总体设置资产负债表，没有设置章节进行详细介绍，但随后出版的操作手册中有《关于国家和部门资产负债表及国民经济核算体系

调整账户的暂行国际准则》。在1993年版的SNA中，资产负债表独立成为其中的一个章节，从资产负债表的表式结构、资产分类和特征、估价原则等角度对国家和机构部门资产负债表的编制方法进行了系统说明。2008年版的SNA则更加强调了资产负债核算与其他核算内容的关联性，重点对资产负债核算与收入分配与使用核算、金融与投资核算等内容的关联关系进行了说明；另外，还增加了对资产账户的概念、股权股价方法的详细介绍。在核算主体上，SNA2008对机构部门、金融资产、非金融资产等分类进行了非常具体、详尽的说明，这为各国的核算实践提供了非常重要的参考。在基本分类的基础上，各国可以依据本国国民经济核算体系的实际情况，来对更加具体的有关核算内容进行合并和分解，实用性、灵活性大大增强。

1.2.2 核算主体及内容主要分类情况

进行国家资产负债核算的首要问题就是回答"核算谁的什么？"，这里的"谁"和"什么"都涉及核算分类问题。前者是核算主体分类，后者是核算内容分类。只有把核算主体和核算内容首先确定下来，才能进一步延伸到"怎么核算"的问题上。

（一）核算主体分类

针对不同经济运行环节经济活动的参与主体特征，目前的国民经济核算体系中，将核算主体分为两类体系：产业部门分类和机构部门分类。产业部门是满足一定同质性要求的生产主体的集合，是立足于生产参与者这一视角，主要用于生产环节的投入产出核算。机构部门则是资金流量核算所采用的主体分类，是立足于生产活动以外的其他经济活动参与者视角，对收入分配与使用的参与者、投资与金融交易参与者、资产负债承担主体的分类单位。机构部门是同类机构单位的集合，SNA2008将机构单位定义为：能够以自己的名义拥有资产、发生负债、从事经济活动并与其他实体进行交易的经济单位。SNA将机构部门分为五类，分别是：非金融企业、金融机构、政府部门、为住户部门服务的非营利机构、住户部门。不同于资金流量表中包含"国外"内容,大部分国家在公布其国家资产负债总表时在核算主体上都不设置"国外"项目。实际上"国外"作为与一国机构部门对应存在的非常驻单位集合,其资产负债状况是作为国内经济部门总体即经济总体的资产负债"镜像"而存在,国内经济总体相应资产负债项目上的差额即为"国外"存量。

中国目前的国民经济核算体系将机构部门分成了四类,分别是:非金融企业、金融机构、政府、住户。非金融企业主要指货物和服务的生产企业。金融机构主要指提供金融服务的企业。政府是一个法律实体,是一定区域内通过政治程序设立的,具有立法、司法或行政权力的实体。住户指在一定的范围内共用生活设施,汇聚成员的部分或全部收入(财产)共同使用,集体性地进行货物和服务(如食物、住房等)的消费活动的一群人的集合。SNA分类中的为住户部门服务的非营利机构的功能在中国主要由企业和政府承担,没有进行独立区分。

中国资产负债核算过程中应该同样按照非金融企业、金融机构、政府、住户4个机构部门的划分方式,如此才能够与资金流量核算数据中核算主体分类全面衔接,符合我国的经济核算实际情况(见图1-1)。

$$
经济总体中的机构部门\begin{cases} 非金融企业部门 \\ 金融机构部门 \\ 政府部门 \\ 住户部门 \end{cases}
$$

图 1-1 中国资产负债核算中的机构部门分类

(二)核算内容分类

在回答了"核算谁"的问题之后,接下来需要回答的问题是"核算什么"。国家资产负债核算,顾名思义,核算的对象就是国家的资产和负债情况,完整地讲就是国家各个机构部门的资产与负债的具体情况。这里的资产和负债便是核算对象,资产和负债是一个事物的两个面,负债等于负的资产,资产是拥有权力,负债则是承担义务。

SNA中对资产的定义是:是一种价值储备手段,反映经济所有者在一定时期内通过持有、使用该经济实体，可以生成一次性或连续性经济利益，它是价值在不同核算期之间转移的载体。SNA 中定义的资产必须首先是经济资产，即所有权明确，能够给拥有者带来经济利益的资产才能够作为被核算对象。在现实经济中，资产有非金融资产和金融资产两大类。在现实生活中，很多东西在 SNA 中不能被定义为资产，如空气、名誉等。

SNA 中对负债的定义是：当一个单位（债务人）在特定条件下有义务向另一个单位（债权人）提供一次性支付或连续性支付时，负债即得到确立。一般情况下，负债都是债权人与债务人通过一定的有法律约束力的合同加以确定。合同中明确规定了付款期限、支付方式等，债务人应在合同条文下无条件支付。负债产生于经济单位之间经济利益交换的过程中，而经济利益的交换又依赖于货币等金融资产支付，因此 SNA 中认为负债仅指金融负债，不存在所谓的非金融负债。

在资产具体分类方面，SNA 中将非金融资产分为两大类：生产资产和非生产资产。生产资产为生产过程中产出的资产，非生产资产则产生于生产过程之外。生产资产主要又分为三类：固定资产、存货和贵重物品。非生产资产也有三类：自然资源，合约、租约和许可，外购商誉和营销资产。SNA 中的金融资产（分类）则包括国有的金融债权、公司股票或公司其他权益、被货币当局作为储备资产持有的黄金。

国家资产负债存量核算的分类设计，一方面要符合国际标准，另一方面也要和国内的其他核算内容相衔接。中国目前公布的官方数据中，分别在资金流量核算非金融交易与金融交易中进行非金融资产、金融资产与负债的统计。从分类上看，目前国内的核算体系中资产项分为两大类：非金融资产与金融资产。非金融资产包括固定资产、存货和其他非金融资产，流量相关指标目前记录在资金流量表（非金融交易）部分中。金融资产的种类则比较多，包括通货、存款、证券公司客户保证金、贷款、未贴现的银行承兑汇票、保险准备金、金融机构往来、准备金、证券、证券投资基金份额、库存现金、中央银行贷款、直接投资、国际储备、其他金融资产等，流量相关指标目前记录在资金流量表（金融交易）部分中。那么，我们在设计中国国家资产负债表时,应该采用的主体和内容的基本分类就可以此为基础进行设置。中国流量核算中的资产负债项目设置如图1-2所示。

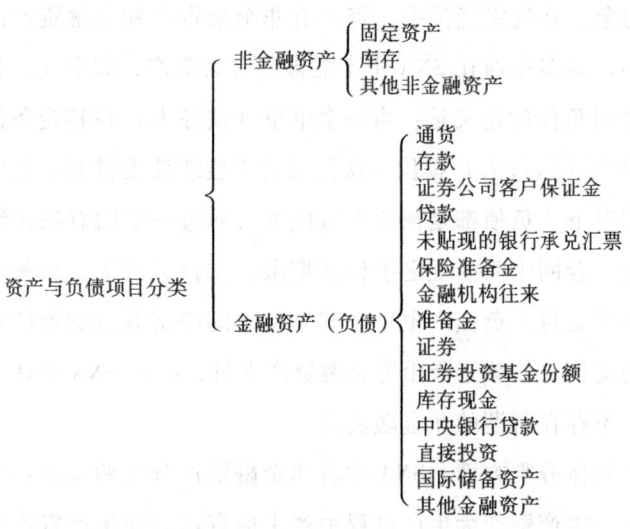

图1-2　中国资金流量核算中有关资产负债的项目分类设置

1.2.3　表式特征

与目前中国统计年鉴中公布的资金流量表一样,国家资产负债表也采用"交易×部门"的表式结构,行标题为"各资产负债项目",列标题为"部门",在每一个部门下再分列该部门在对应交易项目上的负债和资产金额。部门分类采用机构部门分类,交易项目分类则按照非金融资产、金融资产、金融负债的顺序排列。为了体现经济交易的完整性和实现数据的平衡,"国外"也作为对国内机构部门的补充,列入部门分类中,构成内容上表示与国内常住单位之间有经济往来的全部非常驻单位的集合。

一套完整的资产负债表包含三个主要部分:期初资产负债表用于记录期初存量,资产负债的变化表用于记录存量资产在期内的变动情况,期末资产负债表则用于记录流量变动后的存量结果。三个部分按照"基础—变动—结果"这一逻辑相连接。

期初资产负债存量 + 期内资产负债变化量 = 期末资产负债存量

资产负债表中记录某一个或一些机构部门能够支配的非金融资源和金融资源，是能够反映部门经济实力的指标综合。这些经济指标的最终平衡项是资产净值，即一个机构单位所拥有的全部资产减去负债后的净值。国内全部机构单位的资产净值之和即国民财富总额。

资产负债表在左、右两边分别记录资产、负债和资产净值，这与流量账户中的积累账户相同。表1-1中以部分资产数据为例，展示了经济总体资产负债表的基本结构。资产负债表记录的是时点存量，SNA中给出的这个例子完整显示了从期初存量到期末存量变化的全部内容。资产净值是一个平衡项，显示了核算主体资产与负债总额的差额。

表1-1 经济总体的资产负债账户

	期初资产负债	资本和金融	资产物量其他变化	重估价账户			期末资产负债
				名义持有损益	中性持有损益	实际持有损益	
非金融资产	4621	192	10	280	198	82	5103
生产资产	2818	175	-7	126	121	5	3112
固定资产	2579	137	-2	111	111	0	2825
存货	114	28	-3	7	4	3	146
贵重物品	125	10	-2	8	6	2	141
非生产资产	1803	17	17	154	77	77	1991
自然资源	1781	17	11	152	76	76	1961
合约、租约和许可	22	0	6	2	1	1	30
商誉和营销资产	0	0	0	0	0	0	0
金融资产	8231	436	3	84	136	-52	8754
货币黄金和SDR	770	-1	0	12	16	-4	781
通货和存款	1482	89	0	0	30	-30	1571
债务性证券	1263	86	0	40	25	15	1389
贷款	1384	78	0	0	28	-28	1462

续表

	期初资产负债	资本和金融	资产物量其他变化	重估价账户			期末资产负债
				名义持有损益	中性持有损益	实际持有损益	
股票和投资基金份额/单位	2614	107	2	32	26	6	2755
养老金和保险、基础担保计划	470	48	1	0	7	-7	519
金融衍生工具和雇员股票期权	21	14	0	0	0	0	35
其他应收/应付款	227	15	0	0	4	-4	242
金融负债	7762	426	3	76	126	-50	8267
货币黄金和SDR	0	0	0	0	0	0	0
通货和存款	1471	102	0	0	30	-30	1573
债务性证券	1311	74	0	42	26	16	1427
贷款	1437	47	0	0	29	-29	1484
股票和投资基金份额/单位	2756	105	2	34	28	6	2897
养老金和保险、基础担保计划	471	48	1	0	7	-7	520
金融衍生工具和雇员股票期权	14	11	0	0	0	0	25
其他应收/应付款	302	39	0	0	6	-6	341
资产净值	5090	202	10	288	208	80	5590

资料来源：SNA2008。

国家资产负债表中的基本平衡关系主要有：（1）每个部门的资金来源合计等于资金使用合计；（2）经济总体（含国外）的金融资产总额等于金融负债总额；（3）经济总体（含国外）的资产净值等于非金融资产合计。

1.3 本书的主要研究内容及创新

1.3.1 主要研究内容

本书的主要研究内容是国家资产负债表编制的基本理论、国际经验借鉴和实际编表的方法论问题，最终完成中国国家资产负债表简化表序列的编制，并进行一定的资产负债表分析应用研究。

资产负债表理论研究，主要包括经济循环与国民财富理论研究、资产负债表与宏观经济运行关系理论研究、资产负债表中的平衡关系研究、资产负债表编制方法研究等内容。国际上国家资产负债表编制和应用的借鉴，主要是分析、研究美国、德国、加拿大、澳大利亚、日本等发达国家编制实践经验。按资产类别划分的资产负债表编制理论与方法研究，包括生产资产的资产负债表编制理论与方法研究、非生产资产的资产负债表编制理论与方法研究、金融资产和负债的资产负债表编制理论与方法研究。资产重估价理论与方法研究，主要包括市场观测价值理论与方法研究、累积和重估交易理论与方法研究、未来收益现值理论与方法研究、以外币计价资产的处理与方法研究等。

资产负债表的实际编制研究。首先，进行资产负债表编制方法和国际经验的梳理总结，为下面的编表过程提供参考和借鉴。其次，进行机构部门资产负债表编制理论研究，重点突破中国机构部门资产负债账户与资产负债表设计，以及以此为基础的部门表探索性编制。再次，以部门表为基础组合构建中国国家资产负债表简化表，实际编制连续年份的中国国家资产负债表简化表。最后，在编制完成中国资产负债表序列表的基础上，对未来年份资产负债表进行预测，然后结合已有数据的年份，尝试进行一些国家资产负债表应用分析方面的探索，重点进行资产负债变动分析。

1.3.2 研究的重点、难点

本书研究的重点是构建国家资产负债表编制的理论与方法体系，把握国家资产负债表相关的经济学原理，厘清其中主要构成部分的经济关系，并对其与外部经济指标的关系进行考察。另外，编制国家资产负债表是一项技术性很强、对国民经济核算基础资料要求很高的工作，在操作过程中存在"部门分类"的划分、"资产范围"的界定、"非金融资产、金融资产与负债"分类的划分、"资料来源"的确定和资料准确性评估，以及"存量资产的估价问题"等一系列技术难点。具体研究中的难点主要有如下几点。

（1）理论层面的难点主要有：经济循环理论与国家财富理论的关系；经济存量与流量的理论关系；主要宏观核算内容与资产负债表关系；价格估算理论。

（2）技术层面的难点主要有：国民核算账户中流量与存量的平衡关系与测算方法；国家资产负债表的资产分类项目设置问题；各项历史形成的资产和负债按当期市场价格的重估价问题，尤其是非生产资产的估价问题；实物资产中的非生产资产、机构部门中住户部门和政府部门非金融资产项目数据处理等问题。

1.3.3 研究的思路和方法

研究思路和方法上主要把握以下三个关键要点。

一是理顺理论。在国家资产负债表理论研究方面，从经济学中的国家财富理论和经济循环理论的关系着手，重点考察主要经济变量、经济存量与流量的关系，进一步厘清国家资产负债表中所包含的经济指标及其运行的经济学原理，对 SNA 流量账户与国家资产负债指标之间的理论关系作出定义。

二是创新方法。在国家资产负债表编制方法技术的研究方面，以 SNA 中的相关技术标准为依据，参考国内外相关研究成果，依照详细步骤，结合中国统计数据现状，对其中的技术细节进行逐一探讨，寻找和创新解决问题的技术手段。最终在对可行方案比较的基础之上，构造出编表的最优（或较优）的技术解决方案。

三是与 SNA 接轨。以 SNA 为参考，设计符合中国国情及数据特点的国民资产负债表表式、内容、账户分类和编制方法。结合现有数据，辅之必要的推算数据，试编中国国家资产负债表简化表。在编表的技术方面，所需用到的方法众多，不同的构成部分要用到不同的编制方法，但整体上主要是应用复式账户平衡法和线性模型法，其他的如分类法、数据调整、修正和转移等方法也必不可少。

1.3.4 主要创新之处

本书试图在以下几个方面有所突破。

（1）建立符合中国国情的编制国家资产负债表理论体系。包括国家资产负债表编制原理、经济流量循环与存量平衡关系、实物资产存量形成理论、金融资产与负债与实物资产关系理论等。

（2）构建一套较完整的中国资产负债表编制方法体系。包括分类资产计价法、资产价值重估法、机构部门资产分解法、平衡项目衔接推算法等。

（3）设计一种专用的"金融资产（负债）永续盘存法"。在国家资产负债表中按金融资产的不同类别，分别对各类金融资产（负债）收支、结存数量予以记录。将传统的非金融资产核算方法引入金融资产核算领域。

（4）实现我国资产负债表编制与 SNA 全面接轨。我国现行的国民核算体系还没有按 SNA 标准编制和发布中国分年度连续的国家资产负债表，本书的研究可以为中国正式编制国家资产负债表做一些前期探索性的工作，填补中国国民核算在这一领域的空白，对各个地区资产负债表的编制也具有借鉴意义。

第 2 章　全球主要国家资产负债表介绍

以美、英等国家为代表，世界上很多国家关于资产负债表的研究和实际编制已有很长时间的历史，其资产分类、编制技术对我国具有一定的借鉴意义。因此，本章将主要梳理一些经济规模较大的国家的资产负债表编制现状、分类设计等内容，以期为我国的资产负债表的编制提供借鉴。

2.1　美国国家资产负债表简介

早在 20 世纪 50 年代，美国就有学者开始了与资产负债表编制有关的研究工作。1954 年，耶鲁大学的 Goldsmith 教授第一次总结出国家资产负债表在编制时应该涵盖的组成部分，指出利用已有的统计信息和数据开展资产负债核算工作时，需要按照金融机构、商业企业、家庭、政府这四种机构部门进行分类核算[1]。此后的 1963 年，Goldsmith 和 Lispey 教授进一步阐述了更为全面、完整的资产负债表编制方法，他们的研究成果涵盖了部门及项目分类、估值估价方法等内容[2]。随着研究工作的深入，学者们也开始将编表理论应用到编表实践工作中去，Goldsmith 与 Lispey、Mendelson 等学者们一起，成功编制了 1900 年到 1958 年的美国国家和各部门的资产

---

[1] Goldsmith R. W. The Share of Financial Intermediaries in National Wealth and National Assets [M]. Published by NBER, 1954.

[2] Goldsmith R. W., R. E. Lispey. Studies in the National Balance Sheet of the United States, Vol. 1 [M]. Princeton University Press, Princeton, New Jersey, 1963.

负债表①。随后，Goldsmith 又采用更为完善的资产负债表编制方法进行编表，并将编表年份从 1958 年延长到了 1975 年；与此同时，还开始了基于资产负债序列表的分析研究工作②。

此后，一些美国政府机构也开始了资产负债表的编制工作。20 世纪 90 年代开始，美联储就开始了国民净资产表的编制工作。之后，美联储在其每年公布的资金流量表中，涵盖了联邦政府、非金融公司及组织、居民和为居民服务的非盈利组织、金融机构、各州地方政府的资产负债表信息。

在美国国家资产负债表的具体核算分类上，20 世纪 60 年代，Goldsmith 教授（1963，1982）提出了完整的部门和交易分类理论。他将核算主体划分为 7 个部门，包括非农业家庭、非农非公司化的企业、农业部门、非金融的公司、金融机构、联邦政府、州与地方政府。

在核算具体内容上，Goldsmith 教授提出，在进行资产负债项目分类时，需要遵循一定的分类原则，来保证分类结果的合理性及科学性。首先，应该考虑所有以货币计价的资产和负债项目，因此，人力资本、免费的自然资源等项目不应包括在内。其次，经济主体在进行资产负债项目分类时，应在遵循统一标准的基础上③，自行完成资产负债的分类工作。最后，在进行资产项目分类时，应尽可能地使分类项目更加细化完整，从而使编制出的资产负债表涵盖更加丰富的信息。除此之外，在分类时，暂不涵盖专利等无形资产以及融资、租赁等经济活动。他最终给出了一个细化的多级核算项目分类体系，该体系在二级项目分类上，按照资产的形态应涵盖有形资产和金融资产两类；在三级项目分类上，有形资产项目应涵盖土地和可再生有形资产项目，金融资产则涵盖债权和股权项目。此外，就负债和权益项目来说，其二级和三级涵盖科目均与资产项目一一对应。

美国在实际编表过程中，将核算项目分为有形资产、金融资产、负债

---

① Goldsmith R. W., R. E. Lispey, M. Mendelson. Studies in the National Balance Sheet of the United States, Vol. 2 [M]. Princeton University Press, Princeton, New Jersey, 1963.

② Goldsmith R. W. The National Balance Sheet of the United States, 1953—1980 [M]. National Bureau of Economic Research Monograph Series, Chicago and London: University of Chicago Press, 1982.

③ 一般遵循《国民核算原则》（Principle of Social Accounting）。

以及权益四大类,然后,根据国民会计分类原则,将需要核算的经济活动归类到资产和负债等项目下的二级科目,使得其项目分类工作更加全面完善。其在开展核算项目分类工作时,在遵循国民核算分类原则的基础上,将所有以货币计价的经济活动进行分类。

对于资产和负债的估价工作来说,美国资产负债表一般采用历史成本作为计量的基础。同时,将可变现净值、公允价值等作为后期备择的计量方案。特别指出,公允价值方法不宜用来估算一些项目的价值,如"不动产、厂房和设备"等。

美联储公布的美国联邦政府资产负债表总表的基本表式如表2-1所示。

表2-1　　　　　　　美国联邦政府资产负债表　　　　　单位:100万美元

项目	2016年	2017年	2018年
总资产	5653691	5692355	6096270
非金融资产	3315429	3405625	3503752
建筑	1538136	1582149	1628407
设备	756465	767550	795386
知识产权产品	1020828	1055926	1079959
金融资产	2338262	2286730	2592518
货币黄金和特别提款权	48887	51868	50807
货币和存款	446127	275607	453664
债务性证券	493	493	493
贷款	1366793	1466009	1562902
股票和投资基金份额	66592	68056	69369
其他应收款项	376023	391489	422105
负债和净值总额	5653691	5692355	6096270
负债	18399690	19011557	20251042
特别提款权划拨	47476	50294	49117
货币和存款	25322	25322	25322
债务性证券	16008291	16455261	17865026
贷款	0	151678	0

续表

项目	2016年	2017年	2018年
保险、养老金和标准保障计划	2022476	2013944	1976713
其他应付款项	296125	315058	334864
资产净值	-12745999	-13319202	-14154772

资料来源：美联储网站 https：//www.federalreserve.gov/releases/z1/default.htm。

2.2 澳大利亚国家资产负债表简介

1945年，澳大利亚政府在其公布的联邦预算文件①上，发布了第一套较为正式的国民账户体系。随后，澳大利亚关于国民经济核算相关工作逐渐完善，公布的信息也越来越丰富。具体来说，1960年以后，澳大利亚开始按照季度和年度两种周期公布其国民账户数据。1988年，澳大利亚统计局以SNA1968为基础，重新修正、编制了其国民账户以及资产负债表核算系统。1990年前后，澳大利亚统计局开始核算金融流量和存量账户的有关信息。1995年，澳大利亚国家统计局第一次发布了其国家层面上的资产负债表。1997年，澳大利亚开始以年为周期，定期公布其各机构部门层面的资产负债表，不过一开始公布的表格中仅包含固定资本以及少量与固定资本消耗有关的统计数据。2009年起，澳大利亚又以SNA2008为标准，更新其相关国民核算工作。

澳大利亚的资产负债表编制工作由该国统计局全权负责，设置了专门的统计部门负责相关核算工作，在国民账户体系中的资产负债核算栏目中公布年度核算结果。就现有编制情况来看，澳大利亚编制的资产负债表只涉及国家总体层面。考虑到金融资产等数据在地区之间分摊的难度较大，因此，各地区的资产负债表编制工作暂未开展。

澳大利亚统计局在编制资产负债表时，所利用的数据主要来自国民账

---

① 澳大利亚联邦预算文件《国民收入和公共机构收入及支出估计》。

户核算相关数据,除此之外,还有相关税收数据,以及一些估价师所提供的估价数据等。具体来说,非金融资产的核算主要以各项调查数据、政府部门提供的行政往来记录为依据;金融资产的核算则主要以国家金融监管局提供的相关数据为依据,除此之外,金融信息调查数据也是重要的数据来源之一。

以国民经济核算体系为依据,澳大利亚统计局每年都会公布经济总体和6个部门的资产负债数据。这些部门主要按照核算所需的数据来源进行划分(见表2-2)。

表2-2　　　　　　　　澳大利亚资产负债表部门分类

部门分类	机构部门
经济总体	非金融公司
	金融公司
	一般政府
	住户
	非法人企业
	为住户服务的非盈利机构

与国际一般标准类似,在核算项目的大类上,澳大利亚资产负债表也是涵盖了非金融资产、金融资产与金融负债三大类。其中,非金融资产核算范围涵盖生产资产和非生产资产的核算;金融资产及负债则包括货币黄金和特别提款权的核算,以及货币和存款等项目的核算等。除此之外,澳大利亚资产负债表核算系统中还设置了备忘项目,主要是用来核算一些没有被列入资产核算范围,但是有重要核算意义的经济项目,有耐用消费品和直接投资两项。直接投资又分为外商在澳大利亚的直接投资和澳大利亚在国外的直接投资。另外,澳大利亚是自然资源存量十分丰富的国家,因此,澳大利亚政府也十分重视自然资源的存量核算工作。自1995年起,澳大利亚就将自然资源价值纳入资产负债表的核算工作,其核算的资源和环境项目主要包括6项,如土地、石油和天然气、林场树木等内容。除此之外,由于缺少相关数据,未统计水资源和渔业资源的存量价值。

一般来说，在可以得到市场价格数据的情况下，澳大利亚统计局推荐采用市场价格来估算资产的价值。但在很多情况下，市场价格数值并不容易获得，因此，需要明确资产的各类属性，然后选择合适的估价方法。总地来说，澳大利亚统计局常用的一些估价方法有以下几种：（1）重置成本法。常用方法是国际上惯用的永续盘存法，以固定资本形成额的流量数据为起点，借助相应的价格指数，逐年递推得到固定资产的重估价值，这种方法较多用于生产性固定资产、耐用消费品等项目的估值。（2）净现值法。净现值法常用于对自然资源项目的估值，首先需要计算出资产在未来的预期净收入流量，其次，以预期使用年限中的相应利率为基础，对资产价值进行贴现。特别地，自然资源核算项目的预期收益与预期的贴现后的经济租金流量相等。

澳大利亚国家统计局已公布的国家资产负债表详细分类情况如表2-3所示。

表2-3　　　　2016—2019年澳大利亚国家资产负债表　　　单位：10亿澳元

	2016.6	2017.6	2018.6	2019.6
总资产	14776.9	15080.6	15543.8	15898.4
非金融资产	12484	12713.1	12946.2	13155.5
生产性资产	5948.4	6064.2	6195.6	6292.6
固定资产	5769.7	5883.8	6012.3	6110.8
住宅	1975.9	2022	2066.5	2108.7
所有权转让费	290.9	291.2	291.4	287
非住宅建筑物	2572.4	2632.2	2701.8	2760.9
机器及设备	604.1	605.8	612.3	621.9
武器系统	49.8	52.5	55.9	59.4
培育性生物资源	24	24.6	24.6	23.7
知识产权产品	236.8	240.2	244.7	249.3
研究与开发费用	101.6	101	100.6	99.8
矿产和石油勘探费用	93.6	93.3	93	93
计算机软件	39.4	43.1	48.1	53.2
艺术作品	2.8	2.9	3	3.2
存货	178.7	180.5	183.3	181.8

续表

	2016.6	2017.6	2018.6	2019.6
私人非农场	153.9	155.8	159.4	158.7
农场	11.2	11.3	10.7	10.8
公共当局	3.6	3.7	3.6	3.3
人工培育的森林	9.9	9.6	9.7	9
非生产性资产	6540.2	6653.2	6754.5	6862.9
自然资源	6537.6	6649.3	6750.8	6858.6
土地	6015.7	6061.8	6106.9	6148.3
矿产和能源	525.8	579.9	633.5	689.1
自然森林资源	1.8	1.7	1.8	1.8
无线频率资源	15.5	17.7	18.1	19.3
资源使用许可	2.7	3.9	3.7	4.3
频率资源使用许可	2.7	3.9	3.7	4.3
金融资产（含国外）	2302.1	2368.3	2598.2	2743
货币黄金和特别提款权	9.6	9.3	9.8	11
通货和存款	77.9	101.1	110.8	107.2
股份以外的证券	570.5	500.7	541.5	618.1
贷款和配售	376.4	366.3	364.8	323.8
股票和其他权益	1114.7	1224.7	1396.9	1509
保险技术准备金	13.2	13.4	13.3	12.9
其他应收项目	139.8	152.8	161.1	161
金融负债（含国外）	3310.1	3315.9	3561.9	3715.6
货币黄金和特别提款权	5.9	5.6	5.8	5.9
通货和存款	253.4	246.5	239.6	224.2
股份以外的证券	1487.4	1390.7	1495.7	1571.1
贷款和配售	427.6	428.8	442.5	468.7
股票和其他权益	1081	1186.2	1317.5	1371.1
保险技术准备金	3	3.2	3.3	3.4
其他应收项目	51.7	54.8	57.5	71.1
资产净值	11466.8	11764.7	11981.9	12182.8
备忘项目				
耐用消费品	367.4	376.1	386.7	402.2
外商在澳大利亚的直接投资	877.2	926.4	1019.6	1060
澳大利亚在国外的直接投资	624.4	679.6	763.7	816.6

资料来源：澳大利亚国家统计局，https：//www.abs.gov.au/AUSSTATS/abs@.nsf/DetailsPage/5204.02018-19?OpenDocument。

2.3 加拿大国家资产负债表简介

加拿大作为资产负债表编制历史悠久的国家之一，早在1961年就开始按年公布金融资产和负债的核算数据。此后，1968年，加拿大统计局开始以季度为周期，公布相应的金融流量、存量统计数据。2000年以后，加拿大统计局开始公布既涵盖账面价值信息，又涵盖市场价值信息的国家资产负债表。2009年，加拿大发布了修订的金融和财富账户中的部门和项目分类内容，在新的修订内容中，国民金融账户表包含了经济活动中涉及的全部金融交易。而且，加拿大统计局还重新整合了资产负债表中的部门及项目类别，使记录的经济信息更加完善。目前，加拿大公布的资产负债表中，涵盖了每个季度、每个部门所持有的实物及金融资产的统计信息；除此之外，还体现出了债务货币价值的详细信息。

加拿大统计局在编制本国资产负债表时，主要按照加拿大国民账户体系（CSNA2012）进行编制。总地来说，CSNA2012与SNA2008核算体系基本保持一致，在基本框架、交易分类的设定方面，存在很大程度的相似之处。部门分类也与SNA2008一致，主要分为6个部门。加拿大的部门资产负债表主要涵盖经济部门、公司部门以及政府部门的资产负债表，其中，经济部门的资产负债表又包括个人及非公司制企业、公司等部门；政府部门的资产负债表则涵盖了30个不同部门的资产负债表。加拿大资产负债表中涉及的核算项目主要包括资产、负债及净值的核算。其中，资产又可以划分为非金融和金融资产两类，非金融资产由居民/非居民建筑物、消费类耐用品构成，金融资产则由官方储备、流通货币及存款和消费信贷等项目构成。

自2004年起，加拿大开始公布既涵盖账面价值信息，又涵盖市场价值信息的资产负债表。估价方面主要利用永续盘存方法对有形资产进行估价，使用市场价值或面值完成金融资产（金融负债）的估价工作。对于那些以外币计价的资产来说，则利用期末汇率，将资产价值转换成以加元计价的资产。目前,加拿大公布的自然资源存量账户中,涵盖了以实物量和价值量分别计算的年度净现值的估计值。

加拿大国家资产负债表中非金融资产分类有13项,金融资产和负债分类多达40个项目,规格十分庞大,显示的经济存量细节内容非常丰富(见表2-4)。由于规模所限,本部分不再展示加拿大国家资产负债表总表,只展示一个汇总的分类目录。

表 2-4　　　　　　　　加拿大国家资产负债表项目分类表

分类1	分类2	项目
非金融资产	生产资产	住宅建筑物
		非住宅建筑物
		机械设备
		知识产权产品
		耐用消费品
	库存	
	武器系统	
	非生产资产	土地
		自然资源
		其他非生产性非金融资产
金融资产/负债	金融资产/负债	官方国际储备
		黄金
		外币存款和证券
		国际货币基金组织（IMF）的储备头寸
		特别提款权
		货币总额和存款
		债务性证券
		贷款
		股权和投资基金份额
		人寿保险和养老金
		其他应收账款

资料来源：加拿大统计局。

需要特别说明的是,为了解决好环境与发展之间的关系,加拿大政府颁布实施了"加拿大绿色计划",并且加拿大政府还推出了与环境和资源有关的会计核算系统,这一核算系统包含3个组成部分:一是自然资源存量账户;二是矿产和能源流量账户;三是环境保护支出账户。就自然资源存量账户来说,该账户主要采用实物和货币两种计量方式,来记录自然资源项目的存量数据及其变动。自然资源存量账户又可以细分成3个子账户:一是地下资源子账户;二是木材子账户;三是土地子账户。就矿产和能源账户来说,该账户主要涵盖矿产和能源的流量统计数据,并且该账户的设立主要是为了核算温室气体排放、能源等项目。另外,加拿大统计局从1967年起开始计量海底资源价值,从1981年开始计量水源及温室气体的价值。就环境保护支出账户而言,该账户的设立主要是为了核算一类特定活动所引起的支出,这类特定活动专指保护环境等活动,引起这类支出的主体有4方面,分别是家庭、政府、政府与部门以及企业主体。就目前环境保护支出的计量方式来看,加拿大主要采用商业调查的方法进行计量。

2.4 英国国家资产负债表简介

1966年,Jack Revell教授在国民经济核算数据的基础上,对英国国家层面上的资产负债数据进行了估算,并编制了1957—1961年的简化国家资产负债表[①]。20世纪70年代中期,从英国国家统计局每年定期公布的蓝皮书中,可以查阅到较为详细的国家资产负债表的全部信息。此后,1987年,英国国家统计局在内部刊物上,首次公布出更为完整的国家资产负债表数据;与此同时,还详细地介绍了资产负债表编制过程中所需要的编制技术、数据基础以及实际编制方法。1995年,欧盟提出了更符合其实际情况的国家账户体系(ESA1995)[②],此后,英国便按照这种核算体系重新修

---

① Revell, Jack. The National Balance Sheet of the United Kingdom [J]. Review of Income and wealth, 2010, 12 (4): 281-305.

② European Commission. The European System of National and Regional Accounts [J]. 2010. DOI: 10.2785/16644.

订了 1987—1997 年的资产负债表编制方法及结果。

目前英国在编制资产负债表时，主要遵循的是 SNA2008 相关标准及欧盟提出的 ESA 相关标准。在具体核算过程中，首先需要遵循基本的核算恒等式，这样可以将资产在期初和期末的价值有效连接起来，这一恒等式具体是：

资产负债表期末资产存量价值＝期初资产存量价值＋交易获得的资产价值－处置资产价值－固定资本消耗＋资产的其他正负物量变化价值＋资产价格变化而产生的正负名义持有价值

在进行资产负债的核算工作时，还应该遵循复式记账原则。具体来说，对于机构部门之间发生的有关资产负债的交易活动，应该在交易发生的同一时点进行核算。就二级核算科目而言，如非金融资产的计量，仅在资产持有者的资产项目进行计量，而由于金融资产与金融负债具有同时发生、金额相等、方向相反等特点。因此，在进行计量时，持有金融债权的机构部门所计量的数额，应与持有债务的机构部门所计量的数据相等。

英国国家统计局将其编制资产负债表时涉及的核算部门分得非常详细，包括非金融企业（私人非金融企业、公共非金融企业），金融企业，一般政府（中央政府、地方政府），住户和为住户服务的非盈利机构，公共部门（一般政府、公共非盈利企业）等一系列分类口径。

与 SNA2008 及 ESA 相关标准中提到的资产分类方法类似的是，英国统计局在编制资产负债表时，将核算项目逐级分类，第一级核算项目主要包括资产、负债及净值这三类总量。然后，按照核算的交易活动的基本性质，逐渐按级进行细分。如资产的二级科目包括非金融资产和金融资产两类。英国国家统计局又按照非金融资产的生产性质，将其分为生产和非生产资产两类。对于固定资产、存货等重要的核算项目，将其纳入生产资产类别进行核算；对于非生产资产来说，则按照资产的形态，将其划分为有形和无形资产两种。金融资产项目则主要涵盖货币黄金、特别提款权等核算项目，负债核算项目与金融资产核算项目一一对应。

英国国家统计办公室公布的 2018 年年末英国国家资产负债表基本表式结构如表 2-5 所示。

表 2-5　　英国国家资产负债表（2018 年年末）　　单位：100 万英镑

		非金融企业	金融企业	一般政府	住户和为住户服务的非盈利机构	公共部门	经济总体
生产性非金融资产	住宅	327005	—	—	1424263	84848	1751268
	其他建筑和构筑物	910204	42368	435597	157207	448989	1545376
	机械、设备和武器系统	510120	25868	110536	20591	113718	667115
	培育性生物资源	7681	—	—	404	—	8085
	知识产权产品	196040	16960	21305	39491	31888	273796
	合计	1951050	85196	567438	1641956	679443	4245640
	存货	276316	587	166	26125	6252	303194
	生产性非金融资产合计	2227366	85783	567604	1668081	685695	4548834
非生产性非金融资产	土地	1667307	24921	257937	4087008	503659	6037173
	自然资源合计	1667307	24921	257937	4087008	503659	6037173
	特种活动许可	—	—	—	3256	—	3256
	合同、租赁和许可证合计	—	—	—	3256	—	3256
	非生产性非金融资产合计	1667307	24921	257937	4090264	503659	6040429
非金融资产合计		3894673	110704	825541	5758345	1189354	
金融资产	货币黄金和特别提款权	—	—	20427	—	20427	20427
	货币和存款	756487	5323590	105386	1675385	113314	7860848
	债券	85113	3442367	92175	24178	93585	3643833
	贷款	318535	5001059	204355	18776	205313	5542725
	股票和投资基金份额	1124470	3147921	183525	1011870	185493	5467786
	保险、养老金和基本担保计划	3717	819749	622	3719709	622	4543797
	金融衍生品和员工股权	45617	3616074	-3733	6724	-3733	3664682
	其他应收应付账款	122319	60705	131844	217956	142544	532824

续表

		非金融企业	金融企业	一般政府	住户和为住户服务的非盈利机构	公共部门	经济总体
金融资产合计			2456258	21411464	734601	6674598	757565
金融负债	货币黄金和特别提款权	—	—	11102	—	11102	11102
	货币和存款		7838732	191275		191275	8030007
	债券	399655	2031236	2058036	3721	2059963	4492648
	贷款	1316967	1728260	128356	1783103	141049	4956686
	股票和投资基金份额	2762473	2552467	—	—	133440	5314940
	保险、养老金和基本担保计划	692490	3807013	8927	50736	8927	4559166
	金融衍生品和员工股权	60959	3545823	1264	1275	1264	3609321
	其他应收应付账款	222824	122462	100647	81280	115142	527213
总金融负债		5455368	21625992	2499607	1920115	2662162	31501080
净金融资产		-2999110	-214528	-1765006	4754483	-1904597	-224158
净资产		895563	-103824	-939465	10512828	-715243	10365105

资料来源：英国国家统计办公室 https://www.gov.uk/government/statistics/the-uk-national-balance-sheet-estimates-2018。

2.5 德国国家资产负债表简介

在 20 世纪 50 年代时，德国就成功编制出了较为完整的主要核算国家层面的金融资产和负债的资产负债表。1965 年，德国开始研究非金融资产负债表如何编制。此后，随着编制理论与核算系统的不断完善，1971 年，德国开始核算各部门所持有的金融资产和金融负债交易项目的价值。1978 年，德国国家统计局首次正式公布了可再生资产项目的核算结果，但是，这时的估算工作还不全面，像一些土地、耐用消费品等项目的价值就未涉及。早期德国金融和非金融资产负债表的编制工作分别隶属于联邦统计局和联邦银行,直到近几年,德国才开始资产负债表的汇总合并工作。2017年10月,德国正式发布了1999—2016年的涵盖整个经济体和各部门的资产负债表的汇总结果。

德国在划分金融资产负债表的核算部门时,以国民账户体系为原则,将所有的核算部门划分成4类:非金融企业、金融企业、政府、居民和私营非盈利组织。相应地,德国早期公布的金融资产负债总表也涵盖了经济总体和上述4个分部门的资产负债表。但是,德国统计局关于涉及实物投资的部门分类有所不同,德国直到2007年以后才开始以国民经济核算原则为基础进行部门分类,因此,2007年之前,德国主要以公布公共行政部门、国内其他部门两张表来公布实物资产;2007年之后,德国开始公布上述4个部门的实物资产核算结果。

德国各部门资产负债表的编制工作隶属于不同的政府机构,因此,为了使编制过程更加清晰、编表结果更易于汇总,各机构在编表时,对所编制部门做了进一步的划分。德国在编制资产负债表时,基本遵循SNA2008和ESA95的相关标准规定。具体来说,资产项目主要涵盖金融和非金融资产两类,其中,金融资产主要包括通货、存款、有价证券及其他债权4种。非金融资产则主要包括生产性资产和非生产性资产,所不同的是,生产性资产中仅核算固定资产项目,非生产性资产则只核算土地项目。资产负债表中涉及的负债则与金融资产一一对应,分别计入资产负债表的借方和贷方项目中。

德国国家统计局公布的经济总体资产负债表如表2-6所示。

表2-6　　　　德国总经济体资产负债表各项目分类情况　　　单位:10亿欧元

	2000年	2016年
资产	12515.4	22281.2
非金融资产	9216.1	14024.9
固定资产	6782.9	9999.5
有形固定资产	6495.1	9483.4
耕种资产	7.2	9.1

续表

	2000 年	2016 年
机械设备	987.3	1293.4
建筑物和结构	5500.5	8180.8
住宅	3149.7	4949.8
其他建筑物和结构	2350.8	3231.0
知识产权产品	287.8	516.1
土地	2433.2	4025.4
包括：土地基础建筑物和结构	2163.9	3457.2
金融资产相对于世界其他地区	3299.3	8256.3
负债	12515.4	22281.2
相对于世界其他地方的负债	3333.3	6742.2
国民财富（＝净值）	9182.1	15539.0
附加表：		
国民财富（1）	9182.1	15539.0
家庭耐用消费品（2）	831.7	1042.8
家庭总耐用消费品（＝（1）＋（2））	10013.8	16581.8

资料来源：德国国家统计局。

2.6　日本国家资产负债表简介

早在 18 世纪，日本就有学者开始了国民核算的研究工作，但当时学者们的关注点主要集中在实物资产领域，并且由于当时的统计数据比较零散，因此，他们的估算结果也较为粗糙。20 世纪初期，著名学者五十岚荣吉与高桥秀臣一起，第一次展示了他们关于日本国民财富、净资产的估算数据。与此同时，日本的银行也开始了关于国民财富的调查研究，调查周期为 3～5 年。此后，由于"二战"等原因的影响，日本的国民财富调查工作出现暂停，到 20 世纪 90 年代末期时，日本才开始正式公布国家资产负债表，此后每年从《日本统计年鉴》中都可以查阅到资产负债表的相关信息。

日本的国家资产负债核算可以分为以下几项内容：按年度进行的国家资产负债总量核算、产业部门固定资产存量核算，按季度进行的机构部门金融资产与负债存量核算，以及按季度进行的私人非住宅固定资产、私人住宅固定资产、公共固定资产、财政投资与贷款存量核算。就资产的核算项目而言，也将资产分为金融和非金融资产两类，其中，金融资产包括货币黄金、通货等项目；非金融资产则包括生产资产和非生产资产，生产资产主要核算固定资产、存货等项目，非生产资产则主要核算土地、地下资源、渔场等项目。负债项目主要核算债券、贷款等项目。日本资产负债核算的主要特色体现在非金融资产的核算上，按照产业部门进行固定资产存量核算和按季度进行的私人非住宅固定资产、私人住宅固定资产、公共固定资产、财政投资与贷款存量核算让日本存量数据的分类更加丰富，对经济存量的研究分析也多了很多视角。

日本统计局公布的国家资产负债核算总表如表 2-7 所示。

表 2-7　　　　　　　　日本国家资产负债表　　　　　　单位：10 亿日元

	2014 年	2015 年	2016 年
非金融资产	2940999	2957707	3001544
生产资产	1791832	1800348	1812593
固定资产	1724010	1736961	1747083
住宅	370388	368523	367913
其他建筑与构筑物	993967	1004059	1012206
机械、设备	212737	215129	214643
防卫设备	8633	8920	9437
培育性生物资源	693	834	880
知识产权产品	137592	139496	142004
库存	67821	63387	65511
材料和用品	9742	9311	9581
在制品	11583	11751	11280
制成品	14451	13968	13612
批发零售业库存	36056	32159	34993
（-）资本形成总额的消费税	4010	3802	3955
非生产资产（自然资源）	1149167	1157360	1188950
土地	1142974	1151386	1182635

续表

	2014 年	2015 年	2016 年
矿产和能源	1412	1442	1414
非培育性生物资源	4781	4532	4902
金融资产	6977735	7246504	7495124
货币黄金和特别提款权	7236	6469	6864
通货和存款	1606339	1734836	1886743
债券	1354072	1364627	1398241
贷款	1225264	1222311	1267386
股票和投资基金份额	930283	1024430	1016660
保险，养老金和标准化担保计划	538429	548623	549102
金融衍生产品和员工股票期权	90489	76917	83519
其他应收款	1225622	1268191	1286609
总资产	9918733	10204211	10496668
负债	6614326	6907287	7146012
货币黄金和特别提款权	2133	2050	1934
通货和存款	1605771	1723924	1874831
债券	1379294	1394792	1441225
贷款	1341200	1355933	1410331
股票和投资基金份额	1150520	1271394	1246637
保险，养老金和标准化担保计划	538429	548623	549102
金融衍生产品和员工股票期权	99341	83535	89338
其他应收款	497638	527036	532615
净资产	3304408	3296924	3350656
负债 + 净资产	9918733	10204211	10496668

资料来源：日本统计局网站，http://www.stat.go.jp/english/data/nenkan/67nenkan/1431-03.html。

2.7 法国国家资产负债表简介

目前法国的资产负债表编制主要依据 SNA2008 相关标准，并且基本核算工作主要由国家统计局完成。在进行核算时，遵循从下到上的核算思路，首先完成各部门的资产负债核算，然后汇总为国家层面的资产负债表。因而，机构单位的资产负债核算内容是资产负债表编制的重要组成基础。在国民经济基础核算中，国家统计局着重关注每个机构单位所产生的各项经济行为，基础统计指标框架设计和基础数据的搜集工作进行得比较扎实。资产类别比较完善，基本涵盖了 SNA 中给出的主要统计项目，是法国国家资产负债表的一个典型特征。

与国际标准接轨，法国国家统计局将机构部门分成 5 个类别：非金融公司、金融公司、广义政府、家庭、服务于家庭的非盈利机构。核算方法上与欧洲其他国家类似，主要参考了 ESA 标准，与 SNA 中介绍的相关技术基本一致。

法国国家资产负债表的分类项目也十分庞杂，因篇幅所限，这里只展示法国国家资产负债表核算项目的汇总目录（见表 2-8）。

表 2-8　　　　　　　　法国国家资产负债表项目分类

分类 1	分类 2	项目
非金融资产	生产性非金融资产	固定资产
		建设住宅
		其他建筑和构筑物
		住宅以外的建筑物
		其他构筑物
		机械和工具
		交通设备
		ICT 设备
		其他机器和设备
		武器系统
		培育生物资源
		知识产权产品
		研究和开发
		计算机软件和数据库
		娱乐、文化和艺术品原件
	存货	
	贵重物品	
	非生产性非金融资产	自然资源
		土地
		矿产和能源储备
		水资源
		合同、租约和许可证
		商誉和营销资产

续表

分类1	分类2	项目
金融资产	金融资产/负债	货币黄金和特别提款权
		货币和存款
		债务性证券
		贷款
		股票和投资基金份额
		上市股票
		保险、养老金和标准化担保计划
		金融衍生品和员工股票期权
		其他应收/应付账款

资料来源：法国国家统计局。

2.8 全球主要国家资产负债表编制情况概述

7个主要发达国家中，目前由其国家统计局来编制国家资产负债表的有6个国家，包括英国、日本、澳大利亚、加拿大、法国和德国。目前采用联合国国民账户体系（SNA）标准的有3个国家，包括美、日、韩三国。英国、法国和德国采用的是欧洲国民账户体系（ESA）标准。澳大利亚和加拿大有自己独立的标准，即澳大利亚国民账户体系（ASNA）标准和加拿大国民账户体系（CSNA）标准。其中，ESA、ASNA、CSNA都是基于SNA的标准、依据各国经济核算的实际情况设计而来。

发达国家主要按照SNA体系进行编制，大类方面与国际标准一致，资产包括金融资产、金融负债和非金融资产。其中，生产性资产和非生产性资产构成了非金融资产，金融资产和负债的具体项目是各类金融工具。但在项目细分上，这些发达国家中，只有法国统计资产类型最为全面，涉及SNA所有资产类型，未统计贵重物品的国家有澳大利亚、加拿大、日本、美国，英国未统计土地以外的其他自然资源，德国也仅统计了部分资产。对于金融资产和负债账户，所有7个国家的资产负债表中都统计了SNA中包含的所有金融交易项目。对于非金融资产和负债数据，全部国家都统计了分部门的非金融资产和负债数据。对于金融资产和负债数据，所有国家都统计了分部门的金融资产和负债数据。对于非金融资产核算数据，按季度发布的有澳大利亚、加拿大、美国，剩余的其他国家都按年度发布数据。对于金融资产和负债数据，所有国家都按季度发布数据。

机构单位是 SNA 划分机构部门的最小标准，基本的国民经济部门是同类机构单位的集合，主要包括：金融企业部门、非金融企业部门、一般政府部门、家庭部门和非营利机构、其他。就金融资产和负债来说，所有的发达国家都发布了至少包括 SNA 体系中的各个部门和金融工具分类的数据。就非金融资产来说，所有的发达国家都发布了使用 SNA 体系的主要部门划分和资产分类的数据。另外，资产负债表反映了国家的特色，例如，澳大利亚和加拿大自然资源丰富，这两个国家的环境和资源核算技术就较为成熟，核算技术发展与国家经济社会特征紧密关联，通过相关资产负债表，反映了国家的该领域的存量财务状况，对于促进国家环境和资源核算的发展意义重大。

加拿大的金融资产和金融负债项目分类较为复杂，与其他国家存在一些区别。具体来说，加拿大将金融资产（负债）分为官方国际储备、黄金、外币存款和证券、国际货币基金组织（IMF）的储备头寸等项目。英国对非金融资产的分类，与其他国家有所不同。按照资产的实际形态，英国将非金融资产分为有形资产和无形资产两类。其中，住宅类建筑、农业资产、商业、工业和其他建筑等项目为有形资产；无形资产包括不可交易的房屋租赁权与其他无形资产。德国在编制资产负债表时，将非金融资产划分为固定资产和土地两项，并且按照资产的形态，继续对固定资产进行划分，如有形固定资产包括耕种资产、机械和工具以及建筑物和结构，而无形固定资产则包括知识产权产品。德国非资产负债表中涵盖的金融资产和负债项目，与其他国家有所差异，具体表现为金融资产和金融负债的核算项目并不一一对应。他们将金融资产划分为货币和存款、证券及保险技术储备等三大类；将负债划分为借款和自有资金两类，其中，自有资金又包括股票和其他股权及净值。日本非生产资产分类较为详细，包括土地、地下资源、渔场等，金融资产和负债分类与 SNA 和 IMF 的建议保持一致，包括货币黄金、特别提款权、通货、债券、贷款等。

在计价方式上，公允价值计价方法是各国在技术可能情况下的优先选择。只是即使是对同种资源，不同国家的估值方法也不尽相同，在计量属性上也可能存在较大差异。如大部分国家提供的是资产负债表的账面价值信息，加拿大则提供了账面价值和市场价值两类信息。

尽管很多国家都编制了国家和分部门的资产负债表，但总地来说，其详细程度较低，具体表现为：（1）各国之间的资产负债表之间不可比，这主要是由于各国之间社会经济等因素的影响，例如，各个国家之间的汇率水平和物价水平都有所差别。另外，就资产负债表中涉及的因素来说，这些国家的分类不尽相同，与 SNA2008 存在一些差异，因此，这使得不同国家的资产负债结果直接的可比性较差。（2）从时间维度上来看，各国编制的资产负债表在纵向上可比性也较差，这主要是因为在纵向比较资产负债水平时，应该比较的是以不变价格计算的资产和负债的结果，但现在满足这一条件的国家很少，只有澳大利亚、法国、日本等国家。（3）各国在处理存量、交易和流量的积累账户等相关问题时所采用的方法不尽相同，使编制结果缺乏综合性。

第 3 章 国家资产负债表编制的估值与估价方法

编制国家资产负债表首先要解决的就是数据问题，包括在已有国民经济核算流量数据基础上从流量到存量数据的转换、对接，缺失数据的推算，分类资产由历史价格到当期价格的重新计价、估值等。数据的准确性和数据推算的合理性是确保编表质量的核心问题，需要做到有理有据，不仅要有理论支撑，还要有合理论证、有操作可行性。本章讨论编表过程中的估值与估价问题，为后续的实际编制中的方法选择提供依据。

3.1 资产负债表编制中的估值方法研究

3.1.1 SNA 中建议的估值方法

估值要解决的是可比性问题，为了使所估算出的资产和负债价值在不同部门之间可以进行加总，并且可以进行时间维度上的纵向比较，根据统计学原理，需要对资产和负债的价值进行估算，SNA2008 中给出如下常用方法。

（1）市场价值法。对那些存在交易市场的资产或负债来说，如土地、居民住宅等资产项目，通常采用市场价值法来估算这些资产的价值。需要注意的是，对于那些虽然不存在交易市场，但是可以通过其他办法得到市场价值的一类资产来说，也可以使用市场价值法进行估值，这类特殊的资产主要有住房抵押贷款、债券等。

（2）重置成本法。重置成本法的基本含义是对那些在过去时点产生的资产和负债，需要按照现行重置价格进行估价。这种方法主要适用于那些没有交易市场，或是没有收益，无法确定其市场价格的资产，例如学校、医院等。

（3）减值重置成本法。减值重置成本法是在重置成本法基础上的估值方法，其相对于重置成本法来说，需要考虑资产折旧这一因素。这种方法主要用来估算固定资产和存货的价值，并且，最常用的方法之一是我们耳熟能详的永续盘存法，即在固定资本总量历史数据信息、预计使用年限以及相应价格指数的基础上，估算资产价格的一种较为科学合理的方法。

（4）未来现值收益法。这种估值方法的核心在于如何科学合理地测算资产在未来时期的收益，然后在选择合适折现率的基础上，计算出资产的现值。这种方法通常被用来估算无形固定资产、非生产资产等资产的价值。

（5）面值。账面价值，指的是需要偿还的并且没有经过贴现的本金额，这种方法只能用来估算索偿权和债务的价值。

3.1.2 统计学常用数据推算方法

统计学上的很多估值方法也可以应用于国家资产负债表编制中的数据估算。具有代表性的方法有以下几种。

（1）均值插补法。均值插补法是较为简单的一种统计学估值方法，这种方法的基本思路是利用样本观测数据计算出均值，然后将均值作为缺失数据的代替值。通常来说，这一方法会扭曲数据的分布，导致结果误差较大，效果比较不理想。因此，现在常用的均值插补法主要按照局部进行，即首先将数据分组，然后在每一组数据进行均值插补。除此之外，还有比率均值插补方法。例如，邹国华等学者提出了涵盖无回答信息的比率均值插补方法，但是没有考虑到不完全的辅助信息[1]。

---

[1] 刘礼，邹国华. 缺失数据下 Jackknife 方差估计量的渐近设计无偏性 [J]. 系统科学与数学，2006，26（4）：491-503.

(2) 线性插补法。线性插补法（LIM）与均值插补法有所不同，其主要依赖于时间和样本值之间的关系，来估算样本数据中的缺失值。具体计算公式如下：

$$Y(t_j) = Y(t_i) + [Y(t_k) - Y(t_i)]/(t_k - t_i) \times (t_j - t_i) \quad (3-1)$$

其中，t_i、t_k 时刻对应的观测值分别为 $Y(t_i)$、$Y(t_k)$；其中，t_j 时刻的样本值 $Y(t_j)$ 缺失，且存在有 $i < j < k$。

(3) K-最近邻插补法。K-最近邻插补法（KNNM）是指对缺失数据来说，设定一定的计算规则，找到缺失数据附近的 K 个数据点，然后通过加权等方式，求得缺失数据的估算值。其中，数据之间距离的计算公式为：

$$D_t = \frac{1}{|t_j - t_i|} \quad (3-2)$$

(4) 多项式插补法和样条插补法。多项式插补法（PIM）主要分成两步：首先，用多项式进行线性拟合；然后，在此基础上对缺失数据进行估值。样条插补法（SIM）的原理较为特殊，其通过三次分段，然后利用多项式进行插补。相对于简单的多项式插补方法来说，这种方法的拟合结果更加平滑，估算的数据误差较小。

(5) 多重插补法。以上几种插补方法都可以归为单一的插补法，这种方法得到的估计量的方差往往偏小，从而使结果误差很大。基于这种考虑，多重插补方法得以提出。多重插补法的基本思想是以模拟为基础，得到同一个缺失数据的多个插补值，然后，运用相应的评价标准，选择更为合理的插补值，从而进行整体推断。

就目前多重插补法的研究情况来看，大都以可忽略的缺失机制为基础，并且，现在常用的多重插补方法主要有回归预测法、倾向得分法及 MCMC 法等。回归预测法的基本思路是利用数据完整的现有变量来估算数据缺失的某一变量。具体来说，以数据较为完整的先前变量当作协变量，通过建立回归模型，来插补缺失值。对那些存在单调缺失值的数据，只要重复这一回归过程即可。倾向得分法是在获得协变量相关数据的情况下，通过条件概率的赋值,来计算每一个缺失值的倾向得分,从而衡量缺失值缺失的概率,然后利用近似贝叶斯方法进行插补。MCMC 方法是利用马尔科夫链,基于数据的多维概率分布,通过伪随机抽样,获得缺失数据的估计值。即 MCMC 方法的核心是通过模拟缺失数据的后验分布,得到未知数据的后验估计,然后利用相应的数据扩充算法,得到未知数据的多组插补值。张香云将 MCMC 算法应用到线性回归模型上去,通过实证研究表明,多重插补方法的效果较好[1]。

3.2 国家资产负债表编制中的估价方法研究

3.2.1 存量资产估价方法简介

存量资产的估价是指根据现行市场交易价格,对机构部门所拥有的资产存量在核算时点进行重新价格核算的工作。这项工作的开展,有助于得到更加贴近现实情况的存量估值结果;并且,还可以直观地展示出真实的国民资产情况,使现存核算体系相互衔接。

在对资产进行估价时,涉及许多重要的技术,其中一个关键的环节是利用资本存量价格指数,将存量资产从历史价格转化为可比价格,剔除价格因素的影响,从而使估算出的资产具有可加性,使估算结果具有一定的现实可比性。在这一部分中,我们将详细介绍资产负债核算过程中所须用到的关键价格指数的计算。

在国家资产负债表编表的过程中,我们的研究对象是资产和负债的存量数据。为了解决跨期数据的可加性问题,我们需要对这些存量数据进行价格处理。处理的方法就是使用适当的价格指数进行价格平减,将跨期存量数据中所包含的价格波动去除掉,让其转换为可累加的数据。需要特别

---

[1] 张香云. 缺失数据的借补方法及在林分生长模型中的应用研究 [D]. 江苏:苏州大学,2006:21-26.

注意的是，不同于常见的经济流量价格指数，这里需要用到的是经济存量价格指数。

很多学者在存量核算的研究过程中都进行了对存量价格指数的讨论，研究主要集中在流量价格指数到存量价格指数的转换使用方面。以贺菊煌的研究成果为例，作者在公布的《国民收入统计资料汇编：1949—1985》相关经济流量数据的基础上，推算出了固定资本形成价格指数的时间序列数据①。随着越来越多的宏观数据的公布，学者们关于固定资本形成价格指数的推算也越来越多。例如，何枫等学者根据《中国国内生产总值核算历史资料：1952—1995》，查找到了现价的资本形成总额数据、资本形成总额数量指数数据，然后估算出了我国历年的固定资本形成价格指数②。除了这些估算的研究外，一些学者则考虑如何用已有的资料来代替该价格指数，在现有研究中，使用到的价格指数主要有工业品出厂价值指数③、GDP平减指数④、全国建筑材料价格指数等⑤。自 1991 年起，我国统计局开始公布固定投资价格指数，自此以后，学者们也大都采用该价格指数来计算资产存量。

需要注意的是，固定投资价格指数是流量价格指数，而资产负债表核算的是存量数据。存量数据的价格调整需要使用对应的存量价格指数来进行，使用流量价格指数来调整存量数据的办法是完全错误的，二者之间不具有可替代性。

3.2.2 存量资产估价方法国际参考

我国在编制资产负债表时，一些发达国家的价格指数编制经验也可以

---

① 贺菊煌. 我国资产的估算 [J]. 数量经济技术经济研究, 1992 (8)：24-27.
② 何枫, 陈荣, 何林. 我国资本存量的估算及其相关分析 [J]. 经济学家, 2003 (5)：29-35.
③ 谢千里, 罗斯基, 郑玉歆. 改革以来中国工业生产率变动趋势的估计及其可靠性分析 [J]. 经济研究, 1995 (12)：10-22.
④ 沈坤荣. 1978—1997 年中国经济增长因素的实证分析 [J]. 经济科学, 1999, Vol. 21 (4)：14-24.
⑤ 宋海岩, 刘淄楠, 蒋萍, 等. 改革时期中国总投资决定因素的分析 [J]. 世界经济文汇, 2003 (1)：44-56.

供我们参考。其中，加拿大是发达国家中拥有完善且详细计价体系的国家之一，因此我们还将对加拿大计价体系中主要类别的计价方法做一个简要介绍，资料主要来源于《加拿大国民账户体系使用指南》《住宅折旧及存量的测算方法》等。本部分将按照加拿大资产负债的核算项目，对其中涉及的估价方法进行介绍。

3.2.2.1 金融资产和负债的计价

从 2003 年开始，加拿大统计局便开始采用市场价值来编制本国资产负债表。当时，加拿大统计局采用市场价值核算了一些可交易资产、负债项目的价值，但对于一些未上市的股票来说，还是用账面价值进行计价。SNA2008 提出，历史价值不宜用于金融资产和负债的估值上，相反，应当使用当期价值来进行计量。在这样核算标准的要求下，加拿大统计局在其国民账户体系（CSNA2012）中，提出使用当期价值来估算未上市的股票以及国外直接股权投资等项目。需要注意的是，针对未上市的股票的估值方法较为特殊，由于在市场上不易获得未上市股票的具体公开市场价格，因此，常用的估值方法主要有两种：一是近期交易价格法；二是市场资本化法。对于近期交易价格法来说，主要应用于未上市大型公司的估值，而对于市场资本化法来说，则主要通过资本化率的选取，计算尚未上市的公司所持有的股票价值。

3.2.2.2 非金融资产计价

就非金融资产来说，由于其涵盖的核算项目较多，并且每种核算项目的特点也不同，因此，针对非金融资产下每类资产的特点，加拿大统计局采用了不同的方法进行计价。就现在计价状况来看，加拿大统计局对住房、厂房以及机器的估价技术均有所差别。以二手资本货物的估价为例，由于其市场价值难以获得，因此，通常使用永续盘存法来对该项目进行估价。除此之外，本部分还将介绍存货、耐用消费品等核算项目的一般估价方法，具体内容如下。

（1）存货。就存货的估价方法来说，加拿大统计局主要采用两种估价方法，对其存量价值进行估算。具体来说，关于农产品存货的估价较为简单,在数据上表现为牲畜及农作物数量乘以市场价格后得到的结果。相比之下,非农产品存货的估价则显得较为复杂。首先,需要以收入和支出账户为依据,将非农产品存货的账面价值转换成存量变动;然后,利用永续盘存法来估算资产存量。

(2) 耐用消费品。就耐用消费品的估价技术来看,与可再生固定资产的估价存在一些相似之处。具体来说,永续盘存法有三种类型,分别是以服务年限估计、以折旧模式估计以及以价格使用估计的耐用消费品总量。然后,通过组合这些变量,可以得到耐用消费品净存量的估计值。

(3) 住宅价值存量:就住宅价值存量的计价方法而言,主要遵循加拿大统计局公布的相关文件①,基本计算公式如下:

t 期的住宅存量 $= t-1$ 期住宅存量 $+ t$ 期新增住宅总额 $- t$ 期住宅拆除价值 $- t$ 期折旧

第 t 期折旧 $=$ 折旧率 $\times$ 第 $t-1$ 期的住宅存量 $+$ 折旧率 $/2 \times$ 第 t 期新增住宅总额

计算过程中涉及的数据来源问题主要有如下几个方面。

A. 初始住宅存量价值数据

加拿大统计局在核算过程中,使用1941年的相关经济普查结果作为基期初始值。并随着研究的深入,加拿大统计局认为初始值误差对后续存量估算工作造成的影响较小,因此可以忽略不计。

B. 住宅固定资本形成总额

这一核算项目主要涵盖了三方面的内容:一是新建住宅项目;二是与装修相关的税费;三是其他一些与住宅交易有关的活动产生的税费。就新建住宅所需的数据来看,数据来源主要有三方面:一是加拿大统计局开展的建筑许可调查;二是加拿大抵押调查;三是加拿大住房公司开展的住宅项目开工和完工的调查数据。就装修和其他相关税费问题来看,数据主要来自国民核算的相关统计数据。

---

① 加拿大统计局:《住宅折旧及存量的测算方法》。

C. 住宅拆除价值和折旧率

就与住宅拆除有关的价值而言，这一部分数据主要依靠建筑许可调查公布的相关资料获得。加拿大统计局规定住宅的折旧率为2%。

D. 价格指数

对于不同的核算项目来说，选取的相应的价格指数也有所不同。如对于新建住宅而言，主要使用新建房屋价格指数进行核算。对于装修价值项目而言，则按照将劳动力成本和原材料价格进行加权之后得到的价格指数进行计算。

总地来说，永续盘存法是使用最多的估价方法；除此之外，还可以使用调查和估价的方法，来估算住房存量价值。

(4) 土地存量价值

相比于上述提到了资产的估价方法而言，土地存量价值的估价较为复杂，在估价过程中存在一些难点。首先，难点之一是如何将土地附属物的价值从土地总价值中剔除。其次，在核算的土地中，用于交易目的的土地只占少数，这导致该类土地的市场参考价格难以确定。最后，像公共土地这一类性质的土地不能被交易，因此，这类土地也缺乏相应的市场参考价格。基于上述核算难点，加拿大统计局在核算土地存量价值时，只核算那些商业用地，也就是说，只关注住宅、农业用地等部分土地，对具有公共性质的土地则不进行核算。

3.3 资产重估价方法研究

在上一部分内容中，我们主要整理了在编制资产负债表中所涉及的关键的估价技术，以及加拿大是如何对资产项目进行估价的。但是，在对资产进行估价的同时，还应考虑到，由于所核算的资产的形成时点不同，并且，在经济体持有资产的一段时间内，经济、社会等多种因素会影响资产的市场价格。除此之外，市场利率随着时间的变动，也会引起资产的增减值的变动。因此，为了消除这些因素的影响，需要重新估算资产及负债的价值。资产的重估价工作可以使得资产的价值和财富规模更加真实可靠。因此，重估价是指对金融和非金融资产的所有者在核算期内由于价格变动而产生的资产持有损益进行核算。

3.3.1 重估价理论

总地来说，重估价指的是针对以经济主体在核算期内持有的资产为对象，核算价格水平变动对这些资产持有损益的影响。在重估价过程中，需要考虑多方面因素，如因为交易等因素造成的资产数量的变动、一些其他原因造成的资产物量的变动等。但总地来说，由价格变动造成的资产价值变动，是持有收益出现的根本原因。换句话说，利用重估价方法估算资产的持有收益的必要性，并不是由于资产数量变动导致的，归根结底，是由于资产的价格变动造成的影响。并且，由于价格变动涵盖了许多不同范围，可以按照这些范围，将价格变动造成的持有收益分为以下三种。

第一种是资产的名义持有损益，是指因为核算资产的价格的变动，或者资产价值随时间的变动，使核算资产产生持有损益。导致这种现象出现的原因有货物、服务等资产的价格的变动。

第二种是资产的中性持有损益，主要是由资产的通货膨胀率等因素的影响，造成核算资产持有损益的变动。该种持有损益的内涵在于通过价值增值，使资产的实际价值不变。

第三种是资产的实际持有损益，这类型的持有损益主要是资产的相对价格变动造成的。

三种持有损益之间存在如下关系：

名义资产持有损益 = 中性资产持有损益 + 实际持有资产损益

3.3.2 持有损益的计算

如前所述，资产的价格变动导致的持有损益包含三种，但我们需要重点关注的是实际持有收益。为了获得实际持有收益，需要利用重估价方法，计算得到名义和中性的持有收益，然后根据三者之间的等量关系，将名义和中性的持有收益作差，即可得到实际持有收益。在实际核算过程中，所用到的方法主要有以下几种。

3.3.2.1 主要资产（负债）的名义持有损益计算方法

就固定资产的名义持有收益来说，其核算工作主要借助于期初、期末两个试点的资产负债表信息。具体来说，在得到固定资产价值的相应数据之后，与交易总价值（涵盖固定资产折旧）、其他物量变动价值作差，即可得到固定资产的名义价值。但是，需要注意的是，在期初、期末时点上的固定资产存量价值需要扣除累计折旧，并且，前述提到的交易总价值也必须扣除相关的资产折旧数据①。一般计算式如下所示：

某类固定资产的名义持有收益 = 期末该类固定资产净值存量 - 期初该类固定资产净值存量 - 核算年度该类固定资本形成净额 - 核算年度该类固定资产其他物量变化价值

由于我国现行公布的统计数据中关于存货等方面的数据较为缺乏，因此，存货的名义持有收益的核算工作较为困难，在实际中，需要采用特定的方法来估算存货的名义持有收益。

首先，将核算工作涉及的存货交易按照交易主体分为两类：第一类是企业与外部发生的存货交易；第二类是企业内部之间发生的存货交易。然后，对这两类交易分别按照不同的方法，估算存货的名义持有收益。具体估算方法如下。

A. 企业与外部发生的存货交易

对于企业与外部发生的存货交易而言，核算工作主要针对原材料、产成品②以及转卖商品等核算项目进行，除此之外，这类交易涉及的核算对象还有导致企业存货持有量变动的一些交易活动，如出售产成品等。对这些交易进行核算，需要根据其现价对这些交易进行基本的估价，然后再利用以下公式计算存货的名义持有收益：

---

① 折旧值以核算期内相应资产的平均价格进行估价。
② 产成品，指已经完成全部生产过程，并经过质量检测，但尚未办理入库手续的产品。

原材料、产成品及转卖商品等库存的名义持有收益 = 按期末价格估计的期末存货价值 - 按起初价格估计的期初存货价值 - （按入库和出库时的价格估计的入库价值 - 出库价值和现期损失价值） - 存货其他物量变化的价值

其中，现期损失是指由于管理不当造成了存货的经常性浪费或者是由于某些偷盗等行为造成一定的损失，通常将这样的现期损失与出库价值一起核算。

B. 企业内部发生的存货交易

就企业内部发生的存货交易来看，其主要目的是满足自身内容结构变动的需求，并且，交易形式主要有原材料和在制品、在制品和产成品之间的相互转换等。但是，不同形态产品的计价方式也存在一定的差异，例如，应当按照入库价格对产成品进行计价，按照出库价格对原材料进行计价。

在实际核算过程中，使用的计价方法有 3 种：一是对于在制品的增加值来说，需要按照"约当产量"将其折合成产成品，然后按照产成品的计价方式进行计价；二是按照（产成品出库价格 + 原材料入库价格）/2 来估算资产的价格；三是按照在制品增加值占生产总成本的比重，以及产成品的入库价格进行估价。计算过程中涉及的关系式如下所示：

在制品净增加的价值 = 在制品的净增加量 × 在制品价格

在期初资产负债表中，由上一个核算期转来的在制品按"约当产量"及期初产成品价格计算其存量价值。而在期末资产负债表中的在制品按"约当产量"及期末产成品价格计算其存量价值。

在制品的名义持有收益 = 期末期初在制品存量价值之差 - 核算期内在制品净增加的价值

为了使计算结果更加简便，可以对存货的价格及数量变动进行一定的假设，即按照一定的线性比例变动，此时，计算公式如下：

因交易和其他物量变化引起的存货价值变化 = 存货的平均价格 × （期末存量 - 期初存量）

存货的名义持有损益 = 存货的平均余额 × （期末价格 – 期初价格）

其中，存货平均价格和平均余额均为期初、期末的平均值，即存货平均价格 = （期初价格 + 期末价格）/2，存货平均余额 = （期初存量 + 期末存量）/2。

C. 具有固定货币价值的金融资产负债

对于那些具有固定货币价值的金融资产和金融负债项目而言，如通货、存款、保险准备金等项目，该类资产或负债的数量是一定的，所以，其估算价格也是一定的。因此，该类资产或负债的名义持有收益恒为 0。

D. 债券、债务类金融资产负债

对于像债券、股票等性质的金融资产或金融负债类项目来说，这类核算项目并没有偿还性质，但是，为了符合国民核算的原则，在进行资产负债编制工作时，将其归入债权债务类的资产，从而进行相应的处理。然而，这类核算项目真实的经济含义并不是这样。众所周知，持有债券、股票等资产可以得到相应的利息，所得利息的逐渐积累，债券或股票的价格反映出一种上升的态势，但这种上升实质上是由于资产规模的数量变动引起的，这种变动并不会引起持有收益的变动。但是，对于这类资产来说，市场利率的变动是造成持有收益发生的常见原因之一。因为，当市场利率变动时，这类核算项目的市场价格也会发生变动，并且，这二者之间的变动方向是相反的，所以，二者之间会产生数量相等的名义持有损益。具体来说，当市场利率上升时，发行人会出现名义持有收益，而持有人则会出现数量相等的名义持有损失；反之，当市场利率下降时，发行人会出现名义持有损失，而持有人则会产生数量相等的名义持有收益。

3.3.2.2 中性持有收益的计算方法

就中性持有收益来说，其根本含义是价值增值，目的在于使一定时期内的资产实际价值不发生变动。计算中性持有收益的目的在于使实际持有收益的计算更为简便，从而分析实际持有收益的相关问题。

从理论上来说，在计算过程中，一个关键的环节是确定一个综合物价指数，而这个综合物价指数需要涵盖尽可能多的核算项目，如货物、服务等内容。在实际核算过程中，由于数据及统计资料的可获得性，通常使用"最终支出综合物价指数""通货膨胀率"等指数进行核算。

就涵盖在整个核算期内的资产而言，存在如下等量关系：

中性持有收益＝期初资产负债表中的价值通货膨胀率

中性持有收益＝期初资产负债表中的价值综合物价指数

对涵盖在核算期内，进行获得或处置的核算项目来说，获得这类资产的现价难度较大，因此，不易计算出这类资产的中性持有收益。

综上所述，核算资产的中性持有收益具有一定的难度，这主要是因为这类资产的现行价格难以确定，因此，需要确定出资产的相对价格变动，从而进行相应的核算，具体计算公式如下：

某类资产相对价格变化系数＝综合物价指数/该类资产物价指数

3.3.2.3 实际持有收益的计算方法

实际持有收益是否可得，取决于是否能计算出名义和中性持有收益。一般来说，利用差额法计算资产的实际持有收益，具体计算公式如下：

某类资产的实际持有收益＝该类资产的名义持有收益该类资产的中性持有收益

3.3.3 重估价方法的具体操作

就现有的重估价方法而言，较为常用的重估价实际操作方法主要有市场价值观测法、累积和重估交易法等四种。本部分将详细介绍这四种操作方法的含义、过程以及具体的应用。

3.3.3.1 市场观测价值法

从理论上来说，市场观测价格法最为精确，主要以在市场上直接观测到的价格为依据，或以将前述观测到的价格进行一定的估算后的价格为计算依据。

在实际重估价过程中，市场观测价值法主要包括两种：第一种是市场价格参照法。顾名思义，这种方法旨在从市场上找到相同或类似的核算项目对应的市场价格，从而核算资产的重估值。以未上市的股票为例，其市场价格难以确定，因此，可以通过比较证券交易所的相关信息，来计算未上市股票的价值。第二种方法是价格指数法。在实际核算过程中，较为常见的是，此种方法经常用于固定资产的重估价工作。首先，将基础价格的年份设定在购置相应资产的年份，然后通过价格对比，构建该资产在一定时期内的价格变动指数，最后以价格变动指数为依据，对该项资产的当期假期进行重估。从这类方法的特点来看，这类方法可以用来重估那些机器设备的价值，但不能用来重估经过很多次翻修之后的房屋建筑等资产的价值。

总地来说，这类方法以市场价格为依据，着重关注资产的销售价格来进行重估价，因此，这类方法相对来说较为灵活，且应用范围较广。但是，在实际操作中，难以遵循统一的标准进行重估价。

徐衡借助于价格指数调整的办法，完成城市基础设施的重估价工作[①]。其提出，可以通过固定资产投资价格指数，或者建筑工程价格指数，将资产形成或购置时点的价格转换成估价时点的价格，从而计算资产的存量价值。在得到估算时点价格计算的存量价值之后，将其乘以成新率，即可得到现存基础设施的存量价值。

陈汉琪[②]在价格指数法的基础上，结合使用了永续盘存法，根据可获得的固定资产投资总额数据，以及固定资产投资环比价格指数数据[③]，得到建筑业在2003—2007年的固定资产存量数据。下面我们就以2007年存量资产数据的计算为例，来对具体的估算操作过程进行说明：

A. 计算固定资产投资定基价格指数

根据定基指数等于环比指数的连乘积这一基本统计原理，计算与2002年价格相比的2007年固定资产投资定基价格指数。对2003—2007年国家公布的固定资产投资价格指数（上年=100）求连乘积，即可得到2007年的固定资产投资定基价格指数。

---

① 徐衡. 城市基础设施估价的理论与方法 [J]. 城市, 1999 (4): 37–38.
② 陈汉琪. 论国民资产估价途径及方法选择 [J]. 统计与决策, 2009 (16): 116–117.
③ 数据来源:《2008年中国统计年鉴》。

B. 对当年价固定资产投资数据进行价格缩减

用 2007 年的固定资产投资当年价数据，除以上一步骤计算出来的固定资产投资定基价格指数，即可得到按照 2002 年价格计算的 2007 年固定资产投资数据。

C. 确定固定资产使用年限，计算固定资产折旧

根据查阅到的各类资料汇总，综合考虑由于固定资产的有形、无形损耗，以及其他原因引起的资产耗减，最终确定资产使用年限为 15 年，则年度折旧率为 1/15。那么，2007 年的固定资产折旧就等于 2006 年的年末固定资产存量加上 2007 年按照固定价格计算的资产增量乘以折旧率。

D. 计算定基价格的固定资产存量

定基价格的固定资产存量等于期初存量加期内增量再减去期内折旧，具体而言，2007 年按定基价格计算的固定资本存量就等于 2006 年按定基价格计算的固定资本存量加上 2007 年按定基价格计算的固定资产投资总额，再减去固定资产折旧。

E. 换算当年价的固定资产存量

按照当年价计算的固定资产存量等于按照固定价格计算的当年固定资本存量乘以定基价格指数。

以上内容基本描述了很多学者常用的存量盘存的基本过程，这个过程有两个关键问题。一是期初存量的确定，如何计算期初存量是一个问题；二是价格指数不是存量价格指数，从始至终使用的都是固定资产投资流量价格指数，而非存量价格指数，环比转定基的过程只是改变了流量价格指数的期初，没有改变价格指数的流量性质。总地来说，由于统计资料的制约，作者的估算结果存在一定的误差，但作者提出的重估价方法，对我们来说具有一定的借鉴意义。

3.3.3.2 累积和重估交易理论与方法研究

SNA2008 中提出，大部分非金融资产在获得或购置时点的成本，会随着寿命的延长，由于固定资本消耗等原因而逐渐减少。因此，对于仍在寿命期内的资产而言，在某一时刻其估价是在扣除累积折旧的基础上得到

的,这一估价也被称作"折后重置成本"。对于那些已经使用了一定年限的资产来说,在难以获得其现行市价即不能使用市场观测价值法的基础上,可以使用该种方法,获得资产市价的合理近似值。

在利用累积和重估交易理论实现资产的重估价时,有很多种办法。其中,最常用的是重置成本法。这种方法的含义是对于那些在过去时点获得的资产来说,利用现在时点的重置价格,重新估计其价值。也就是说,尽管其使用寿命已经减少,但仍按照其在全新状态下的重置成本计算,将这种重置成本扣除各类损耗之后估算资产的价值。

这种方法主要适用于两种资产:第一种是可再生、可重新构建的资产,并且这种资产具有有形和无形损耗两种特性。例如,房屋建筑物、机器设备以及版权等资产。第二种是可重建、可购置的整体资产。例如,宾馆、剧院等。

在采用重置成本法计算时,需要考虑成本消耗、价格、费用水平等因素,基本关系式如下所示:

评估值 = 重置成本 - 实体性陈旧贬值 - 功能性陈旧贬值 - 经济性陈旧贬值

如公式所示,在对资产进行重估价时,须用重置成本扣除实体性贬值、功能性贬值及经济性贬值。

首先,实体性贬值是指由于磨损等原因导致的资产贬值。这类贬值的计算公式为:

设备实体性贬值 = 重置成本 × (1 - 成新率)

其次,功能性贬值是指由于无形损耗导致的资产贬值。在计算这类资产贬值时,需要考虑机器设备的成本及效益等因素,从而确定功能性贬值的大小。

最后,第三种资产贬值是经济性贬值,这是因为外部环境变动导致的一系列设备贬值等现象。在具体估算时,主要依据闲置资产价值等因素来估算。

从经济意义上来说,实体性贬值、功能性贬值以及经济性贬值与重置成本的比值成为实体贬值率、功能性贬值率以及经济性贬值率,这三者贬值率合称为综合贬值率。因此,前述重置成本的基本关系式又可以表述为:

评估价值 = 重置成本 × (1 - 综合贬值率)

下面就以机电设备评估为例(李攀艺,陶传彪,齐芙蓉,2015),介绍重置成本法在机电设备中的应用研究。作者们较为全面地考虑了机器设备的各种损耗,并且以综合性贬值为依据,建立了一整套完整的因素集,以及较为科学的设备价值的估算方法。

A. 重置成本

机电设备的重置成本通常涵盖在重构或建造与核算对象相同或相似的全新的设备时,需要耗费的合理的费用。这些费用的确定可以通过以下3种方式:一是向制造商或销售商询价;二是以销售者价格目录为依据确定费用;三是以最低售价作为费用的替代。

B. 实体性贬值的计算

就机器设备的实体性贬值来说,需要全面地考虑各项影响因素,然后借助于调整系数来调整综合成新率。具体计算公式如下:

如果设调整系数为 K,则 K = 设备工作条件调整系数($K1$)× 权重 + 维修保养状况调整系数($K2$)× 权重 + 设备品牌质量调整系数($K3$)× 权重 + 设备故障经历调整指数($K4$)× 权重

其中,各调整系数的权重可以通过层次分析法得到。进一步,实体性成新率 =(理论成新率 × 权重 + 勘查成新率 × 权重)× K

C. 功能性贬值的计算

就机器设备的功能性损耗来说,通常涵盖超额的运营及投资成本两部分。就超额投资成本对应的功能性贬值来说,主要表现为设备的复原和更新后重置成本的差值。

功能性贬值既可以由超额投资的成本引致,也可以由超额运营成本所引致。计算超额运营成本引致的功能性贬值的大小,需要事先估算未来的超额运行成本,进而结合所得税率和年金现值系数来计算功能性贬值数

据。计算公式具体是：

功能性贬值 = 年超额运营成本 × （1 − 所得税税率） × 年金现值系数

另外，超额运营成本还可以从机器设备超额运营成本的成新率来计算：

功能性贬值 = 被评估设备设计生产能力 / 新型设备设计生产能力

D. 经济性贬值的计算

在计算机器设备的经济性贬值时，通常使用指数法进行计算，一般计算公式如下：

$$经济性贬值率 = \left[1 - \left(\frac{设备的实际生产能力}{设备的设计生产能力}\right)^x\right] \times 100\%$$

其中，X 为规模效益指数。

3.3.3.3　未来收益现值理论与方法

未来收益现值法，顾名思义，是将资产在未来时期获得的收益，转换成现在时点的现值，然后估算资产价值的一种办法。在确定资产在未来时期的收益额时，需要考虑多方面的因素，从而得到较为全面、准确的价值。

通常来说，未来收益现值法适用于估算整体资产以及可以预测未来时期收益的单项资产（朱荣，2003）。并且，这种方法适合于估算那些有固定年收益的投资项目，除此之外，还可以估算收益延迟（如林木）或持续时间较长（如地下资产）的项目（SNA2008）。总地来说，使用这种方法估算资产价值时，需要依据已有信息对估算内容做出推断，然后选取适当的折现率，将未来时期的收益折现成现值。

从上述方法介绍可以看出，在运用未来收益现值法进行估值时。需要确定 3 个基本的参数：一是核算项目的预期收益；二是折现率；三是核算项目收益期和持有期。本部分将详细介绍如何较为科学地确定上述三个参数：收益额、折现率和收益期限。

收益额是指对资产的持有者来说，在持有资产的过程中可以得到的回报额。在实际情况中，确定收益额主要有 3 种办法：第一种是将利润总额作为资产的收益额。其中，利润总额指的是资产持有者在经营时段内能够得到的全部税前利润。使用这种办法确定资产的收益额，较为科学客观。但是，考虑到利润总额中已经扣除掉了负债导致的利息支出，因此，这种方法会低估资产的价值。第二种是将税后净利润作为资产的收益额。其中，税后净利润指的是资产持有者因为持有资产，可以在经营期内得到的持有和支配净收益的数额。第三种是将净现金流量视作资产的收益额。其中，净资金流量是指资产所有者在未来所持有的资金与所流出的资金之间的差额。国际上较为通用的也是这种方法，主要是因为在核算过程中，许多国家大都沿用收付实现制原则来核算现金流量。因此，采用这种办法估算资产收益额，可以避免折旧政策等因素带来的影响。

折现率的基本含义是指未来收益与现值之间进行转换的比例。从经济意义上来说，折现率代表着投资主体的期望的报酬率。通常来说，折现率涵盖无风险报酬率和风险报酬率两方面。前者衡量的是在没有风险及通胀因素等条件下的社会平均报酬率，主要表现为政府发行的债券的利率或者银行提供的储蓄利率等；后者则须考虑风险等因素，并随着风险的大小而变化。在实际估价过程中，要求选定的折现率应与收益额的核算口径保持一致。

收益期限指的是资产所有者可以获得利润的时间，一般按年计量。在实际核算过程中，通常采用下列方法来确定收益期限：第一种方法是合同年限法。例如，为了评估具有出让年限规定的土地的使用权，通常采用规定的出让年限与已使用年限的差值作为确定的土地收益期限。第二种方法是经济寿命法，其中，经济寿命的含义是指所核算的资产项目的最经济的使用期限，也可以称为资产的总的寿命。对于这种方法来说，确定的资产的收益期限就等于资产的总的寿命与核算时点资产已使用年限的差值。第三种方法是永续年限法。这种方法一般适用于国民经济基础行业，但不能用于高新技术产业的核算。

未来收益现值法通常用来估算土地、林地以及房地产等资产的估价工作中去。下文现以林地估价为例①，介绍收益还原法在资产估价中的具体应用。总地来说，在使用未来收益现值法进行估价时，需要先计算出林地的总收益，然后将其扣除总费用后获得的是收益净值。之后，选定一定的收益还原率，将求得的收益净值进行还原。最后，将得到的还原的数据进行一定的修正，获得林地的最终收益价格。

A. 林地总收益的确定

作者提出，林地总收益应该等于林地产品相应产量与市场价格的乘积。对于那些涵盖主、副产品的核算项目来说，应同时将主、副产品涵盖在内来计算林地总收益。并且当不能找到产品的市场价格时，以用途相当的替代品的市场价格来计算。

B. 林地总费用的确定

从理论上来说，林地总费用主要涵盖两方面，分别是基础配套设施的开发费用，以及生产所需的经常性费用。就开发费用来说，主要涵盖像沟渠、路等的配套费用；对经常性费用来说，则主要包括像苗种费、肥料费等项目的费用。除这两种费用以外，涉及承包合同的，还应计入承包合同中规定的费用。最后，对于林地的投资者来说，其投资对应的利息也应计入林地总费用中。

C. 林地收益还原的确定

林地收益还原率，主要是指将林地纯收益转换成低价所需要的比率。究其本质而言，林地还原率代表了资本投资活动对应的收益率，并且，该种收益率随着风险的大小而变动。但是，林地的还原率较低，这主要是因为针对林地的投资活动风险较低，较为安全。

3.3.3.4 以外币计价资产的处理与方法研究

SNA 2008 中提到，以外币计价的资产价值，可以通过本币的中间价以及核算时点的汇率来转换。并且，核算时点的汇率指的是货币进行交易

---

① 单胜道，尤建新. 林地价格评估方法体系研究 [J]. 中国生态农业学报，2003，11（2）：126 – 128.

时，买进和卖出价格的中间值。在用外币进行计价时，资产可能产生名义持有收益，这主要是因为两方面原因：一是本币的资产价格的变动；二是汇率的变动。对于外币计价资产的中性持有收益来说，则与其他资产的计价方式一样。也就是说，假定以外币计价的资产的价格变动与国内保持一致，然后计算出名义持有收益，根据差额法，扣除中性持有收益之后的差额就是实际持有收益。

3.4 中国固定资产存量价格指数的估算

在以往学者的相关研究中，误用、错用资存量价格指数的情况普遍存在，主要原因是我国目前没有公布过资产存量价格指数。很多学者由于对相关统计指标的经济内涵不清楚，或者没有找到较为科学的存量价格指数计算方法，才造成了这种误用。而流量价格指数和存量价格指数是完全不同的两类价格指数，在实际经济数据计算中是不能混用的。在这样的背景下，曾五一等学者推算出了分别按历史价格、重置价格和不变价格计算的资本存量价格指数，来弥补之前研究存在的不足[①]。固定资本存量价格指数也是下文后续存量测算过程中的一项关键指标，这里将在曾五一等学者的构建思路基础上，修订其计算过程，将其所采用的一次性折旧方法修订为线性折旧法，设计计算我国的资本存量价格指数。整体思路是在考虑折旧的基础上，先分别估算出按照历史价格和不变价格计算的年度固定资本存量数据，然后将二者的对比作为固定资本存量价格指数。具体计算过程如下。

3.4.1 按历史价格计价的固定资本存量

简单而言，就是按照固定资本形成当年的价格直接累计，扣除相应折

---

① 曾五一，任涛. 我国固定资本存量估算的价格问题研究[J]. 经济统计学（季刊），2016.

旧部分之后的存量。这里涉及的关键问题便是折旧率的确定，前人的研究普遍采用20年为周期进行固定资产折旧处理，有一次性折旧、线性折旧、非线性折旧等方法。曾五一等人的研究中便采用了一次性折旧法，即使用20年后一次性计提折旧。这与经济实际情况差别较大，现实中固定资产折旧应该是"逐期递移，渐进计算"的，微观企业的资产负债表中也一般不会采用一次性计提的方法。为了更加贴近现实，下文采用20年线性折旧计提的方法进行处理，每年计提1/20的折旧比例。如此一来，按照历史价格计算的固定资本存量可以记为：

$$SCF_t^{history} = \sum_{i=0}^{19} \left(CF_{t-i} \times \frac{20-i}{20} \right) \qquad (3-3)$$

其中，$SCF_t^{history}$ 表示 t 年按照历史价格计算的固定资本存量；CF_t 表示 t 年按照当年价格计算的固定资本形成总额。

3.4.2 按照不变价格计算的固定资本存量

按照不变价格计算的固定资本存量，需要平减当年价固定资本形成总额中的价格因素，将每年的固定资本形成总额中的价格水平转换到同一水平，尔后进行扣减折旧之后的累计。计算公式可以记为：

$$SCF_t^{fix} = \sum_{i=0}^{19} \left(CF_t^{fix} \times \frac{20-i}{20} \right) \qquad (3-4)$$

其中，SCF_t^{fix} 表示 t 年按照不变价格计算的固定资本存量，CF_t^{fix} 表示 t 年按照不变价格计算的固定资本形成总额。

3.4.3 固定资本形成流量价格指数

从当年价固定资本形成总额 CF_t 到不变价格固定资本形成总额 CF_t^{fix} 的转换过程中，需要用到固定资本形成流量价格指数。我国统计年鉴中直接公布的只有固定资产投资价格指数，而没有直接公布固定资本形成价格指数。该指数我们需要分两个阶段分别进行推算，《中国国内生产总值核算历史资料：1952—2004》中公布了1952—2004年按照当年价格计算的中国固定资本形成总额和按不变价格计算的固定资本形成总额指数。我们可以依据这两列数据进行固定资本形成价格指数的推算，计算公式为：

$$PI_t = \frac{CF_t/CF_{t-1}}{VI_t} \quad (3-5)$$

其中，PI_t 表示固定资本形成流量价格指数，CF_t 表示 t 年按照当年价格计算的固定资本形成总额，VI_t 表示固定资本形成总额指数（不变价）。

2004 年至今的固定资本形成流量价格指数的计算略显复杂，我国目前的官方统计资料中没有直接公布固定资本形成总额指数（不变价），需要我们进行推算。推算过程中需要用到不变价 GDP、资本形成总额贡献率和当年价固定资本形成总额。计算公式为：

$$PI_t = \left(\frac{CF_t}{CF_{t-1}}\right) \Big/ \left[\frac{(CDP_t - CDP_{t-1}) \times CTR_t}{CF_{t-1}^{fix}} + 1\right] \quad (3-6)$$

其中，PI_t 表示固定资本形成流量价格指数，CF_t 表示 t 年按照当年价格计算的固定资本形成总额，CDP_t 表示不变价计算的 GDP，CTR_t 表示资本形成总额贡献率，CF_t^{fix} 表示按照不变价格计算的固定资本形成总额。

3.4.4 固定资本存量价格指数的计算

依据以上的步骤，我们已经可以分别估算出按照历史价格和不变价格计算的年度固定资本存量数据，下面只需要对二者进行对比，即可得到固定资本存量价格指数。结果公式为：

$$SPI_t = \frac{SCF_t^{history}}{SCF_t^{fix}} \times 100 \quad (3-7)$$

其中，SPI_t 便是固定资本形成存量价格指数。

我们从国家统计局网站和《中国国内生产总值核算历史资料：1952—2004》中搜集相关数据，得出按历史价格和不变价格计算的固定资产存量数据之后，将二者作比即可得到固定资产存量价格指数。计算结果如表 3-1 所示。

表 3-1　　　　　　　　固定资产存量价格指数计算结果

年份	当年价固定资产形成总额（亿元）	固定资产形成价格指数（上年=100）	不变价格计算的固定资产存量（亿元）	历史价格计算的固定资产存量（亿元）	固定资产存量价格指数（1992=100）
1971	610.4	101.1	3908.5	3804.3	59.3
1972	628.6	101.2	4248.5	4131.6	59.2
1973	669.3	100.1	4601.3	4472.0	59.2
1974	751.0	100.2	5008.4	4866.6	59.2
1975	882.9	101.2	5509.2	5362.3	59.3
1976	867.8	100.7	5951.2	5805.9	59.4
1977	914.1	101.5	6394.3	6263.2	59.7
1978	1079.3	100.6	6960.9	6849.3	59.9
1979	1162.5	102.2	7550.4	7481.2	60.3
1980	1310.2	103.0	8211.6	8224.3	61.0
1981	1345.4	103.0	8829.2	8961.2	61.8
1982	1517.4	102.3	9523.3	9814.5	62.8
1983	1696.5	102.5	10282.0	10780.0	63.9
1984	2134.1	104.1	11285.4	12109.4	65.3
1985	2768.9	107.2	12589.2	13981.8	67.6
1986	3212.4	106.4	13997.2	16177.1	70.4
1987	3720.4	105.2	15545.4	18740.4	73.4
1988	4713.9	113.6	17280.6	22127.5	78.0
1989	4399.1	108.5	18481.1	24979.2	82.3
1990	4527.4	105.4	19519.4	27759.9	86.6
1991	5656.3	108.5	20833.6	31470.6	92.0
1992	8252.8	113.0	22853.6	37525.6	100.0
1993	13232.0	125.1	25743.8	48178.5	114.0
1994	16751.0	110.3	29119.3	61722.3	129.1
1995	19837.9	106.0	32890.4	77552.9	143.6
1996	22723.3	103.9	37016.3	95321.3	156.8
1997	24714.1	101.7	41315.4	113987.6	168.0

续表

年份	当年价固定资产形成总额（亿元）	固定资产形成价格指数（上年=100）	不变价格计算的固定资产存量（亿元）	历史价格计算的固定资产存量（亿元）	固定资产存量价格指数（1992=100）
1998	28014.5	100.0	46242.4	134764.4	177.5
1999	29467.0	99.6	51272.3	155646.9	184.9
2000	32668.7	101.1	56752.2	178315.8	191.4
2001	37087.6	100.4	63034.7	203835.8	196.9
2002	42672.1	100.2	70395.4	233153.1	201.7
2003	52574.5	102.2	79671.3	270315.1	206.6
2004	63974.9	106.2	90393.1	316333.6	213.1
2005	73852.0	104.0	102187.7	369137.2	220.0
2006	84978.6	104.6	115009.0	429513.2	227.4
2007	102344.6	110.7	128711.6	503166.9	238.1
2008	124700.7	111.5	143473.9	594245.5	252.2
2009	152691.1	100.6	162361.0	707315.1	265.3
2010	181041.1	107.5	182912.5	841320.2	280.1
2011	214017.2	110.5	204233.6	999475.6	298.0
2012	238320.7	102.8	226839.8	1171516.5	314.5
2013	263979.9	102.3	250859.2	1357713.3	329.6
2014	282241.6	100.7	275593.5	1549634.3	342.4
2015	289970.2	98.0	300544.2	1736009.4	351.8
2016	310144.8	100.6	326392.7	1929052.5	359.9
2017	348300.1	106.8	352644.6	2145879.8	370.6
2018	393847.9	106.4	379910.1	2392075.6	383.5

我们搜集了1952年以来中国的固定资本形成相关数据，依照以上计算过程，在20年线性折旧计提的前提下，计算出了中国1971年以来的固定资本存量价格指数。从计算结果看，2018年中国固定资本存量价格约是1971年的6.47倍，中国资产存量价格的快速上起步于20世纪80年代末，之后开始提速，1992年以来年均增速为5.4%。与学者们以往惯用的固定

资产投资价格指数和GDP缩减指数两个流量指数相比,三者趋势相同,但存量资产的价格指数平均增速稍快。尤其需要注意的是,固定资产存量价格指数与固定资本投资价格指数相差较大,二者从构造原理到实际经济含义上都是不可混用的(见图3-1)。

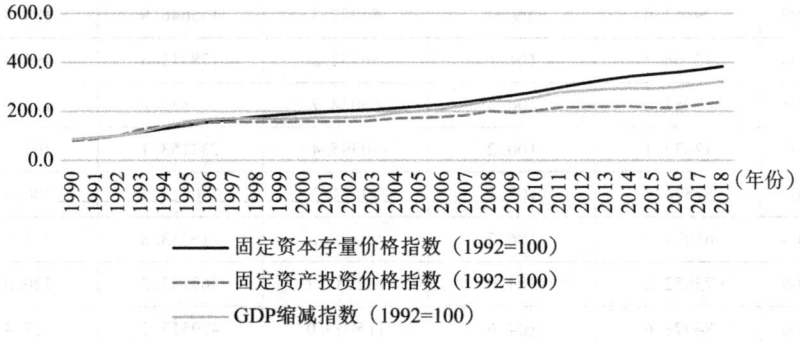

图3-1 固定资本存量价格指数与常用流量价格指数的比较

第4章 非金融企业部门资产负债表编制研究

非金融企业部门是市场上那些以生产货物、提供非金融服务为主要活动的企业的集合。这些公司包括全部的常驻的非金融公司（与股东的国籍无关）、属非常驻企业但在本国经济领土内长期从事非金融服务生产的分支机构、作为货物和非金融服务提供者的非盈利机构。按股权性质划分，非金融企业部门包括国有或集体所有的非金融企业、本国私营的非金融企业、外资控制的非金融企业。

4.1 非金融企业部门资产负债表编制研究综述

4.1.1 编制理论研究综述

就资产负债表的编制来看，西方国家已有较长的研究与编制历史，迄今为止，一些西方国家已经形成了较为完善、全面的编表理论体系。从19世纪30年代起，国外就有学者开始了资产负债表的研究工作。首先，美国学者Dickinson提出，在宏观国家资产负债表的编制问题上，可以借鉴使用一些成熟的微观企业资产负债表的编制方面的方法与技术[①]。在Dickinson这一设想的基础上，一些学者就开始了关于实际编制工作的研究，如耶鲁

---

① Dickinson F, Green F, Eakin A F. A Balance Sheet of the Nation's Economy [M]. University of Illinois, 1936.

大学的 Goldsmith 教授、英国的 Lispey 教授等，在这些学者的带领下，宏观层面上的资产负债表编制技术逐渐成熟起来。

作为宏观层面资产负债表领域的开拓者，Goldsmith 教授做了许多开创性的工作。比如，他划分出了资产负债表的构成要素，具体来说，他选取了近6000万的家庭、企业以及政府单位作为研究对象，将其划分为四大部门，分别是金融中介机构、商业企业、家庭以及政府[①]。在这些分类工作的基础上，Goldsmith 逐渐开始尝试编制完整的国家资产负债表[②]。此后，1963年，Goldsmith 和 Lispey 根据其研究成果，出版了《美国国家资产负债表研究（卷1）》著作。在这本书中，作者给出了国家资产负债表编制理论的详细介绍，如部门分类、资产负债项目分类、资产负债的估价估值方法、部门报表的合并方法等诸多内容[③]。同年，Goldsmith、Lispey 和 Mendelso 编制了美国1990—1958年的较为完整的国家和分部门的资产负债表[④]。

进入20世纪80年代之后，Goldsmith 在之前的编表基础上，改进了一些编制方法，并且将编表年份从1990—1958年更新到了1953—1975年，在编制出1953—1975年的资产负债表之后，还分析了这一时期的资产负债变动趋势[⑤]。

自20世纪80年代起，世界上的一些国家开始受到债务危机的威胁，此时，资产负债表作为分析债务状况的强有力的工具，也受到了许多国家的重视。在这样的背景下，一些国家开始定期编制以及公布其自身的资产

---

① Goldsmith R. W. The Share of Financial Intermediaries in National Wealth and National Assets [M]. Published by NBER, 1954.

② Goldsmith R. W. A Study of Saving in the United States [M]. Princeton University Press, Princeton, New Jersey, 1955.

③ Goldsmith R. W. , R. E. Lispey. Studies in the National Balance Sheet of the United States [M], Vol. 1. Princeton University Press, Princeton, New Jersey, 1963.

④ Goldsmith R. W. , R. E. Lispey, M. Mendelson. Studies in the National Balance Sheet of the United States, Vol. 2 [M]. Princeton University Press, Princeton, New Jersey, 1963.

⑤ Goldsmith R. W. The National Balance Sheet of the United States, 1953—1980 [M]. National Bureau of Economic Research Monograph Series, Chicago and London: University of Chicago Press, 1982.

负债表相关数据，这些代表国家主要有英国、澳大利亚等。例如，从1975年开始，英国国家统计局（Office for National Statistics，ONS）每年公布的蓝皮书中，涵盖了其国家和部门资产负债表。澳大利亚统计局（Australian Bureau of Statistics，ABS）从1995年开始编制国家资产负债表，1997年起定期公布国家和部门资产负债表。

在一些国家研究如何编制其国家资产负债表的同时，一些国际组织也开始了关于国家资产负债表的研究进程，其主要目的是通过制定相关资产负债表的编制标准，为其成员国的编制工作提供一定的帮助。目前，最常使用的标准体系是由联合国、欧盟委员会等组织联合公布的《国民账户体系（SNA）2008》[1]。具体来说，SNA2008提供了一套较为完美且明确的理论标准体系，来指导一些国家编制国家及部门资产负债表。这套标准体系不仅包括如何估算资产、负债以及净资产等项目的价值，还提供了完整的核算规则，以便更好地全面记录、刻画各个部门之间的经济活动及成果。但较为遗憾的是，SNA2008作为编表的指导体系，其涉及的场景较为理想化，在实际编制过程中，可能与现实情况出入较大，从而对编表工作增加一定的难度。

除SNA2008标准体系外，其他一些国际组织考虑其自身实际情况，按照国民经济核算体系的相关内容，公布了符合自身实际需求的资产负债表相关标准体系。国际货币基金组织（IMF）公布了最新修订的《2014年政府财政统计手册》（《Government Finance Statistics Manual 2014，GFSM2014》），在该手册中，相应指标的定义与分类与SNA2008基本一致，并且，该手册内容涵盖范围较广，主要包括IMF早期公布的一些手册，如《国际收支平衡手册》《货币金融统计手册》等[2]。类似地，欧盟委员会则公布了更适合其地区经济环境等需要的欧洲国家和地区账户体系（The Eu-

---

[1] United Nations, European Commission, International Monetary Fund, Organization for Economic Co-operation and Development, World Bank. System of National Accounts 2008, New York 2009. http://unstats.un.org/unsd/nationalaccount/docs/SNA2008.pdf.

[2] IMF. Government Finance Statistics Manual 2014 [M]. Washington, DC: Washington DC International Monetary Fund, 2014.

ropean System of National and Regional Accounts，ESA2010）[1]；OECD 公布的国民经济核算体系大致与 SNA2008 一致，但存在一些不同之处。例如，就资产负债分类而言，OECD 将固定资产按照资产形态划分为有形固定资产和无形固定资产两类，而 SNA2008 在对固定资产进行分类时，主要将其划分为住宅、其他建筑物和构筑物以及非住宅建筑物三类[2]。

在借鉴这些国际标准体系的基础上，一些西方国家逐渐完善了其资产负债表的编制理论和技术等内容。就美、日、英等发达国家的现有编制情况来看，按照 SNA2008 标准进行编制的国家主要有日本、韩国及美国 3 个国家，按照 ESA2010 标准进行编制的国家主要有英国、法国、德国及意大利 4 个国家。除此之外，一些国家按照其自身公布的标准体系完成相应的编制工作，如澳大利亚统计局按照澳大利亚国民账户体系（ASNA）中涵盖的相关标准编制其国家和部门资产负债表；类似地，加拿大按照加拿大国民账户体系（CSNA）中公布的相关标准体系完成编制工作。需要说明的是，ASNA、CSNA 都是以 SNA 相关标准体系为基础，结合其自身实际情况，经过一定的演变得来。

就我国关于资产负债表编制的研究情况来看，该项工作开展起步较晚，直到 20 世纪 90 年代，随着政府在全国范围大力推行《中国国民经济核算体系（试行方案）》[3]，以及向社会公众普及资产负债核算工作的展开，我国一些学者也开始逐渐关注资产负债表的一些相关问题。例如，肖德中最早研究了与资产负债表编制的有关问题，并且其研究成果的发布，表明我国正式开始了关于资产负债表的研究。肖德中最早提出了编制中国资产负债表的方法构想，他指出，可以先从微观资产负债表的编制入手，在微观资产负债表的基础上，进而估算编制中国宏观层面上的资产负债表[4]。随后，一些学者对资产负债表进行了更为全面的研究。例如，吴超从资产

---

[1] European Commission. The European System of National and Regional Accounts［J］. 2010. doi：10.2785/16644.
[2] 余斌. 国家（政府）资产负债表问题研究［M］. 北京：中国发展出版社，2015.
[3] 《中国国民经济核算体系（试行方案）》（国家统计局印行，1991 年 12 月）.
[4] 肖德中. 论资产负债表的编制［J］. 统计研究，1991（2）：30 – 34.

负债表的重要性及意义入手，详细介绍了我国编制资产负债表的原因及意义①。王益煊、刘文元和高俊丰从资产负债的含义出发，详细介绍了与资产负债核算有关的一些概念及其内涵②③。赵同录则研究了资产负债的账户问题，其先介绍了资产负债表的基本形式和内容，并且归纳出了不同资产账户之间存在的一些区别和联系④。除此之外，作者还指出，在利用直接法和间接法编制资产负债表时，可以根据现有的一些资产负债表资料，通过一些归类、分解和转换等方法，完成数据搜集工作。吴优、邹志新、王涛和路春艳等学者对资产负债表的地位意义、发展过程以及一些基本的编制原理等内容进行了较为全面的阐述⑤⑥⑦。

另外，由于我们在编制非金融企业部门资产负债表时，是借鉴微观企业资产负债表的编表技术来进行的，因此，许多学者也比较研究了宏、微观层面上的资产负债核算内容。如向蓉美最早关注指标的衔接问题，从这一角度出发，阐述了宏、微观资产负债核算的相似及差异之处。除此之外，其还解决了如何对宏、微观资产负债表进行转换这一难题⑧。刘有章阐述了两种资产负债核算的基本思路，比较研究得出其相同和不同之处⑨。陈珍珍则着重比较研究了宏、微观资产负债核算的具体内容，在比较国民经济核算和企业资产负债核算内容的基础上，其指出，宏、微观资产负债表在编表目的、编表基础、核算内容等方面都存在很大的差异⑩⑪。因此，作者认为，需要对微观资产负债表中的数据进行一定的调整，才能将其应

---

① 吴超．我国建立资产负债核算的原因与实施步骤［J］．中国统计，1996（7）：32.
② 王益煊．资产负债核算的基本概念［J］．中国统计，1996（9）：36－37，42.
③ 刘文元，高俊丰．资产负债核算［J］．统计与咨询，1998（3）：37.
④ 赵同录．资产负债账户［J］．中国统计，1996（9）：29－30.
⑤ 吴优．国民资产负债核算的地位作用和基本原理［J］．中国统计，1996（8）：23－25.
⑥ 邹志新．国民资产负债核算［J］．统计与决策，1996（5）：38－39.
⑦ 王涛，路春艳．国民资产负债核算［J］．统计与咨询，2013（6）：39－41.
⑧ 向蓉美．新核算体系和新会计制度中资产负债表的比较研究［J］．统计研究，1993（6）：23－26.
⑨ 刘有章．协调两种资产负债核算方法研究［J］．统计与决策，1999（12）：13－14.
⑩ 陈珍珍．国民资产负债核算中的宏观与微观协调问题［J］．统计研究，1994（4）.
⑪ 陈珍珍．从企业资产负债表到国民资产负债表［J］．中国经济问题，1997（3）：58－62.

用到国家资产负债表中去。类似地，肖腊珍[①]、张占茹和曹志瑜[②]着重比较研究了宏、微观资产负债表的表式。杨文雪通过对比研究宏、微观层面上的资产负债核算，阐述了宏观层面上非金融企业部门在编制资产负债表时遇到的一些问题，并给出了相应的解决思路[③]。

4.1.2 编制及应用研究综述

4.1.2.1 编制技术研究

在编制非金融企业部门资产负债表的过程中，涉及的技术主要有部门和项目分类、表式设计、数据来源、估价和重估价等几方面内容。

就部门、项目分类，表式设计等问题来看，大部分国家都以 SNA2008 相关标准体系为基础，按该标准体系中公布的部门机构分类相关理论、资产负债表标准表式等内容，来设计、编制本国的资产负债表，我国官方统计机构给出的编制规范指导也是如此。但是，SNA2008 提供的是较为理想化的场景，因此。考虑到本国的实际情况，许多国家都将 SNA2008 相关标准进行一定的调整，从而制定出适合本国实际情况的资产负债核算体系。例如，澳大利亚统计局采用澳大利亚国民账户体系（ASNA）的标准编制其国家和部门资产负债表，这一核算体系基本与 SNA2008 涵盖的一些做法一致，但又在一定程度上，根据澳大利亚的实际情况进行了调整。具体来说，二者在一级部门分类上的做法基本一致，即都将部门划分成非金融公司、金融公司、政府、居民和国外部门，但二者在划分子部门时的做法有些许差异。SNA 在划分出二级部门分类后，又在其下设置三级部门，但 ASNA 只划分出二级子部门。国内学者在编制中国资产负债表时，采用了 SNA2008 提出的一级部门分类方法，在划分下级子部门时，则考虑本国的实际情况作出了一定

[①] 肖腊珍. 两种资产负债核算的比较分析 [J]. 中南财经大学学报, 1998 (3): 85-88.
[②] 张占茹, 曹志瑜. 宏微观资产负债核算的比较研究 [J]. 上海统计, 2000 (12): 11-14.
[③] 杨文雪. 完善非金融企业部门资产负债核算的思路和对策 [J]. 统计与决策, 2005 (1): 53-55.

的调整。

一些学者还研究了资产负债表的表式设计问题,他们着重研究了如何将 SNA 中涵盖的标准表式调整成适合中国实际情况的资产负债表表式。如刘凯和罗勇从核算项目设计的视角介绍了我国编制资产负债表的构建思路,并给出了这些项目所对应的数据来源[1]。此外,陈敏、孙娜和李晓详细阐述了 1992 年之后我国资产负债表的变迁历程,并且,还着重研究了 2006 年公布的《企业会计准则》中的资产、负债及所有者权益等项目,从而指出资产负债项目及计量基础的变动[2]。裴沈华提出,相较于微观层面上的企业资产负债表编制而言,宏观层面上的资产负债表编制技术较为落后,因此,其就资产负债表的一些具体项目的编制技术进行了阐述,如资产、负债、所有者权益等项目[3]。曲瑞涵则在现有研究的基础上,探讨、研究了资产负债项目的分类标准问题[4]。李金华进行了更为全面的研究。首先,其阐述了与编表有关的相关理论,如项目分类等问题。其次,从中国国家资产负债表谱系概念入手,研究了静态和动态资产负债表的编制原理[5]。

就数据来源而言,一些国家在编制其资产负债表时,主要按照一些公布了的国民收支、资产负债等数据进行编制。例如,澳大利亚统计局(ABS)自 1990 年起就开始公布资产负债数据,这些连续、全面的数据对其编制资产负债表提供了很大程度的帮助。除此之外,一定假设条件下的数据估算也是很有必要的。具体来说,关于资产负债的核算主要有两方面内容:一是在期初、期末时点的存量总额核算;二是在期初、期末时点之间的存量变动核算。因此,就我国相关数据的公布现状来看,在实际编表过程中,在一定的假设下核算基期存量十分必要。就这方面的研究内容来

---

[1] 刘凯,罗勇. 地区资产负债核算方法探讨 [J]. 统计与决策,1996(11):20-21.
[2] 陈敏,孙娜,李晓. 我国资产负债表的变迁与发展 [J]. 会计之友,2010(4).
[3] 裴沈华. 国家资产负债表研究 [J]. 科学发展,2013(12).
[4] 曲瑞涵. 关于资产负债表项目分类标准的探讨 [J]. 中国管理信息化,2013(12):9-12.
[5] 李金华. 中国国家资产负债表谱系及编制的方法论 [J]. 管理世界,2015(9):1-12.

看，张军扩①、贺菊煌②等扩展了该领域的研究，并且引起了人们的广泛关注。随后，邹至庄③、张军④等又更新了估算资本存量的方法，从而使这一领域的研究方法更加完善。

在进行资本存量的估算时，不容忽视的一个计算步骤是价格指数的选取，如前所述，就现有研究情况来看，不少学者都研究了存量核算过程中涉及的价格指数，并且他们的研究主要集中在流量价格指数方面。但是，资产负债表核算的是存量数据，因此，需要对应的存量价格指数来进行价格调整。在这样的研究背景下，曾五一等学者推算出了分别按历史价格、重置价格和不变价格计算的资本存量价格指数，从而弥补了之前研究存在的不足⑤。而本书也将借鉴曾五一等学者的做法，用计算出的资本存量价格指数进行价格调整。

就目前我国关于资产负债表的研究情况来看，主要有3个团队深入测算了我国的国家和部门资产负债表，这3个团队分别是复旦大学研究团队（由德意志银行大中华区首席经济学家马骏牵头）、中国银行团队（由中国银行首席经济学家曹远征牵头）、中国社科院团队（由中国社科院副院长李扬牵头）。这3个团队采用的编制方法存在一定的区别。其中，曹远征牵头的中国银行团队采用的是推测法，该团队以国家统计局历年公布的涉及企业的相关经济流量数据为基础，再对其进行价格处理和盘存，从而得到连续年份的非金融企业资产负债总量的时间序列数据⑥。马骏牵头的复旦大学研究团队按照估值法编制资产负债表，具体来说，该团队从资产的价格波动着手，估算了非金融企业分类资产的价格变动，然后逐项估算企

---

① 张军扩. "七五"期间经济效益的综合分析：各要素对经济增长贡献率测算 [J]. 经济研究，1991（4）：71-75.
② 贺菊煌. 我国资产的估算 [J]. 数量经济技术经济研究，1992（8）：24-27.
③ 邹至庄. 2010年我国经济增长前景 [A]. 快速增长没有终结：中外专家看中国经济增长潜力 [C]. 北京：中国财政经济出版社，2000.
④ 张军，章元. 对中国资本存量K的再估计 [J]. 经济研究，2003（7）：40-47.
⑤ 曾五一，任涛. 我国固定资本存量估算的价格问题研究 [J]. 经济统计学（季刊），2016.
⑥ 曹远征，马骏，等. 问计国家资产负债表 [J]. 财经，2012（6）.

业资产的存量价值，编制出非金融企业资产负债表①。从最终编制结果与非金融企业 GDP 变动序列的累计的对比情况来看，采用这种编表方法，可以缩小编制结果与 GDP 累计结果之间的差距。相较来看，李扬所在的团队所测算编制的非金融企业部门资产负债表更加清楚准确②，该团队使用的非金融企业部门资产负债表编制方法是一种汇总方法，参考了王佳采用的直接法、汤铎铎采用的间接法以及在 SNA 指导下以资金流量表数据进行部分资产推算方法。就王佳③采用的直接法来看，其基本思路是将工业、房地产业等七大行业的资产总和作为非金融企业部门的总资产，然后借用非金融企业上市公司的资产负债率，计算得到非金融企业部门的总负债。除此之外，借助非金融企业上市公司的财务报表相关数据，还可以用资产和负债的各项占比对估算出的总资产和总负债进行结构分解。就七大行业的资产估算过程来看，作者首先利用现有规模以上企业资产数据，采用一定假设，推算出全部工业、房地产业、建筑业以及批发零售业的资产。在得到这四大行业资产之后，再利用 2004 年、2008 年及 2013 年公布的经济普查数据，估算交通运输业、其他第三产业和住宿餐饮业的资产。具体来说，先计算出普查年份中其他三大行业资产分别占其行业 GDP 的比重数据以及四大行业资产占 GDP 的比重，将二者作比即可得到经济普查年份中三大行业的占比，将其求平均数作为估算所用比例，然后将该比例乘以估算年份该行业的 GDP 数据，即可得到估算年份三大行业的资产数据。最后，将估算出的四大行业和其他三大行业的资产数据进行加总，即可得到我国非金融企业部门资产的时间序列数据。在得到总资产数据之后，可以计算出我国非金融上市公司历年的资产负债率数据，继而得到我国非金融企业部门负债的时间序列数据。就总资产和总负债的具体构成项目的估算来看，可以根据非金融上市公司公布的财务报表数据，计算出各构成项目的

---

① 马骏，张晓蓉，李治国. 中国国家资产负债表研究 [M]. 北京：社会科学文献出版社，2012.

② 李扬，张晓晶，常欣. 中国国家资产负债表 2013：理论、方法与风险评估 [M]. 北京：中国社会科学出版社，2013：58－145.

③ 王佳. 非金融企业资产负债表 [C]. 北京：中国社会科学出版社，2013 (4)：42－51.

占比,然后分解估算出的总资产和总负债数据,得到具体构成项目的估算结果。就汤铎铎①使用的间接法来看,其基本思路是借助于国家统计局公布的资金流量表(实物交易)数据进行估算,并采用中国人民银行编制的资金流量表(金融交易)进行辅助测算,在估算的基础上,对2004年、2008年及2013年的经济普查数据进行调整、修正。具体来说,根据现有数据,提出了具体的计算非金融企业部门总资产和总负债的公式。就非金融企业当年总资产的测算来看,其主要由四个项目的和构成,这四个项目分别是上年总资产、当年资产运用总额、当年资本形成总额以及当年其他非金融资产获得减处置。而当年非金融企业的总负债数据,则由上年总负债数据、企业债、贷款、其他对外债权债务以及净金融投资构成②。在最近的研究成果中,李扬团队则开始以国民经济核算理论为基础,遵循 SNA2008 标准下的核算框架,以资金流量表、经济普查数据、金融统计数据等为基础,按照"拼拼图"的方式,估算非金融企业机构部门的资产负债表③。

除上述涉及的编制技术研究以外,由于资产负债表反映的是一定时点上的存量数据,因此,在编制资产负债表时,需要对资产进行估价和重估价工作。所谓国民资产估价,指的是用现行市场交易价格,估算经济主体在某一时点所持有的经济资产存量的活动。通过对国民资产进行估价,可以反映出经济主体拥有的较为客观、真实的资产存量情况;并且,国民资产的估价活动有助于衔接存量和流量核算活动。除资产的估价工作以外,还须计算核算期内价格变化而导致的资产所有者持有收益的变动,即我们所说的重估价工作④。就目前的估价和重估价工作的开展来看,大多数国

---

① 汤铎铎. 非金融企业资产负债表 [C]. 北京:中国社会科学出版社,2015 (4):27 – 35.

② 估算中所涉及的各项科目分别由实物交易资金流量表和金融交易资金流量表共同决定。

③ 李扬,张晓晶,常欣. 中国国家资产负债表 2018 [M]. 北京:中国社会科学出版社,2018:132 – 154.

④ 国家统计局国民经济核算司. 中国资产负债表编制方法 [M]. 北京:中国统计出版社,1997.

家都基于 SNA2008 给出的估价方法，来完成核算项目的估价工作。就重估价来看，SNA2008 也给出了一些具体的重估价方法，不过大多数国家都在结合本国实际情况的基础上，选择适合自己的重估价方法。以澳大利亚为例，其在进行资产的估价和重估价工作时，一般通过重置成本法和净现值法来近似计算现行价格[1]。

就中国的研究状况来看，不少学者也研究了资产的估价和重估价问题。就估价问题来看，石敬研究了我国土地资产的估价问题。他认为土地是有形的且不能再生的资产，并且提出了在完成土地资产估价工作时应遵从的一些原则以及一些估价方法[2]。就资产的重估价问题而言，袁寿庄的研究较为系统、全面，他先从重估价的原则入手，然后探讨了一些重估价的具体计算方法。除此之外，他还研究了可持有资产收益与重估价之间的关系[3]。就持有收益的研究情况来看，向书坚指出，主要有两个因素影响着核算期内资产存量价值的变化，这两个因素分别是资产数量和资产价格的增减波动。除此之外，他还指出，根据不同的考虑问题的角度，测算的持有资产收益的概念也不同，具体可分为名义、中性以及实际持有收益三种概念，并且对这三种持有收益而言，测算方法也不尽相同[4]。关铁军 (1997) 重点研究了资产负债表中的调整账户，作者指出，仅计算期初、期末的差额是不够的，还需要反映出价值变化的结构特征。因此，作者认为可以通过在调整账户下设立两个子账户，从而反映因为价格变动而产生的虚拟收益和实际损益[5]。

4.1.2.2 应用研究

非金融机构部门资产负债表，是分析实体经济部门资产负债状况必不可少的重要工具，许多学者从应用的角度，对其进行了深入的研究。就国外研究状况来看，学者们关于非金融机构部门资产负债表的应用主要可以

---

[1] 解明明. 澳大利亚国家资产负债表编制简介 [J]. 中国统计，2016, 5.
[2] 石敬. 浅议资产负债表中土地估价问题 [J]. 现代财经，1994 (5)：48-51.
[3] 袁寿庄. 资产负债核算中的重估价 [J]. 统计研究，1994 (2)：27-31.
[4] 向书坚. 资产负债核算中持有资产收益的测算 [J]. 统计与预测，1996 (3)：27-29, 40.
[5] 关铁军. 完善我国资产负债核算之我见 [J]. 统计研究，1997 (4)：28-29.

分为三个层面。第一个层面是金融危机相关问题的研究。学者们主要通过资产负债表研究了金融危机产生的原因和途径。例如,伯克南指出,经济周期与非金融机构部门资产负债表的波动方向大体一致①。再者,就金融危机爆发的原因来看,许多学者从公允价值规则的角度出发,认为这一规则对资产负债表带来的影响可能会引起金融危机。第二个层面是公允价值角度的研究。Boyer 指出,历史公允价值的存在增加了非金融企业机构部门的风险,具体来说,在历史公允价值的影响下,非金融企业部门的一些资产利得糅杂在一起,这一现象增加了该部门的不确定性,然后扩大了长期经济价值和金融资产价格之间的差距②。类似地,Enria 指出,对非金融上市公司的财务状况来说,公允价值规则对其有较为显著的周期性的影响。具体来说,处于上升态势的金融市场使非金融上市公司的股票价格也处于上升趋势,此时,资产负债表的相应收益增加,表现为公司的利润也处于上升趋势,这些信号使投资者的信心出现较大幅度的增加,这会导致公司资产价格泡沫的产生。反之,如果公司股票价格下跌,资产负债表中的相应收益下降,此时,投资者的信心处于下降的趋势,这会进一步对公司的股票价格产生影响,从而加大相关风险③。除此之外,资产负债表衰退也会增加金融风险。日本学者辜朝明提出了资产负债表衰退的具体含义,并且指出自 20 世纪 90 年代以后,企业资产在泡沫期过度扩张是造成日本经济萧条的主因,其间企业资产的大幅缩水,关键就是由于经济泡沫破灭后资产价格暴跌所造成,进而企业资产负债表发生严重失衡,负债难以为继,自此开始陷入技术性破产的窘境④。Brian Cevallos Fujiy 借用基于资产负债表衰退(BSR,Balance Sheet Recession)的一般均衡模型,分析

---

① 伯南克. 经济周期数量模型中的金融加速器机制 [M]. //向松祚、邵智宾编著. 伯南克的货币理论和政策哲学. 北京:北京大学出版社,2008.

② Boyer, R. Assessing the Impact of Fair Value upon Financial Crises [J]. Socio - Economic Review,2007 (5):279 - 307.

③ Enria, A. et al. Fair Value Accounting and Financial Stability [J]. European Central Bank Occasional Paper Series,No.13,2004:128 - 141.

④ 辜朝明. 大衰退:如何在金融风暴中幸存和发展 [M]. 喻海翔,译. 北京:东方出版社,2008.

得到 BSR 对发达经济体增长的消极影响①。第三个研究②层面则是围绕非金融机构部门资产负债表的具体指标应用展开，如资产负债率、杠杆率等。例如，Lars 和 Stefan 选取美国非金融上市公司为研究对象，选取其 1990—2010 年的相关财务数据，研究了杠杆率等因素对资产负债表造成的影响。Ruscher 以及 Wolf 选取德国、日本等 30 个国家作为研究对象，全面、深入地研究了非金融机构部门资产负债率调整的相关问题③。

与国外应用研究层面类似的是，我国学者目前对非金融企业资产负债表的应用研究也主要集中在三个方面。首先是对适用于金融危机的非金融企业资产负债表模型的研究。例如，邢勇和谭本艳选取了我国 522 家非金融上市公司作为研究对象，通过收集其 2001—2007 年的相关财务数据，借用动态面板模型，研究了金融危机情况下，非金融企业资产负债表模型分析经济问题的适用性与可靠性④。除相关模型的研究外，还有一些学者集中研究了公允价值周期效应对资产负债表造成的一些影响。例如，黄静如和黄世忠提出，公允价值造成的非金融机构资产负债表波动，并不完全呈现出周期性的变动，而是受到市场环境的影响⑤。除上述研究之外，大多数学者基于其编制的相应年份的资产负债表数据，进行负债端和杠杆率等方面的研究。如李扬团队在其编制的 2012—2013 年的资产负债表基础上，估算了中国整体以及各部门的杠杆率水平，对杠杆调整与风险管理的关系进行了分析⑥。类似地，马骏研究团队对国家资产负债表未来所面临的风险进行了一系列专题分析和预测，但其成果中资产与负债在部门和机构上

---

① Cevallosfujiy B. A Model of the Balance Sheet Recession [J]. 2015.

② Lars N., Stefan V.. Corporate Leverage and the Collateral Channel [J]. Journal of Banking & Finance, 2013 (37): 202 – 207.

③ Ruscher, E., Wolf, GB. Corporate Balance Sheet Adjustment: Stylized Facts, Causes and Consequences. Bruegel Working Paper, 2012 (3): 63 – 72.

④ 邢勇，谭本艳. 金融危机企业资产负债表模型对我国的适用性检验——基于动态面板数据模型的分析 [J]. 科研管理，2011，12: 128 – 135.

⑤ 黄静如，黄世忠. 资产负债表视角下的公允价值会计顺周期效应研究 [J]. 会计研究，2013 (4): 3 – 11.

⑥ 李扬，张晓晶，常欣. 中国国家资产负债表2015——杠杆调整与风险管理 [M]. 北京: 中国社会科学出版社，2015.

存在不对称性,具体表现在:非金融资产中包括政府机关、事业单位和部分国有企业,但是在金融资产和负债中却没有对相应部门的资产和负债情况进行全面测算。另外,王桂虎还估算了1991—2015年中国非金融企业的资产负债率,并且运用动态 GMM 模型和固定效应模型对资产负债率的影响因素进行实证研究①。

4.2 非金融企业资产负债表编制理论

编制非金融企业部门资产负债表,实质上是对非金融企业部门的资产和负债存量进行核算,然后以资产负债表的形式,直观、完整地展现出非金融企业部门资产负债水平。迄今为止,学术界关于非金融企业部门资产负债表的编制理论已基本完善,从宏观层面上来看,非金融企业部门资产负债表主要由资产和负债两大类项目构成,这些项目可以较为全面地反映出该部门资金的来源和去向。另外,将这些核算项目反映出的经济问题与经济循环过程结合分析,可以明确非金融企业部门在宏观经济循环过程中所处的地位,从而反映该部门对其他核算主体的影响。从微观层面来看,美国学者 Dickson 早于 1936 年就提出,可以将微观企业资产负债表的编制理论、技术和经验应用到宏观层面上的资产负债表的编制工作中。因此,现阶段发展完善的微观企业资产负债表编制核算理论,也是我国编制宏观非金融企业部门资产负债表时必不可少的理论依据之一。除此之外,SNA2008 中也提出了相应的编制理论依据。

4.2.1 经济循环理论

国民经济核算,是指以一国的经济主体为核算对象,旨在反映该经济主体在一定时期内的经济运动过程及相应结果。总地来说,国民经济核算

---

① 王桂虎. 1991—2015 年中国非金融企业资产负债的估算与负债率的实证研究 [J]. 上海经济研究, 2017 (9): 59-68.

涵盖两方面的内容：一是资金流量核算；二是存量核算。这些核算工作中涵盖的经济活动以及联系，构成了我们通常所说的经济循环理论。具体来说，在资金流量核算工作中，主要涵盖了实物循环和资金循环两方面。其中，实物循环反映的是生产要素和产品的投入与使用，而资金循环则着重反映非金融部门中的金融资产交易及变动情况。在存量核算工作中，涉及的内容更为全面，如期初、期末时点经济主体所持有的资产和负债规模等。除此之外，必不可少的工作之一是关于本部门在一定时期内的生产、消费等经济活动成果的核算，这是衔接期初和期末时点存量的重要内容之一。

由上述分析可知，在国民经济核算中，存量与流量核算是密切相关、互不可分的，二者共同实现完整记录经济系统内容的任务。可以说，这两种核算工作组成了国民经济核算工作的全部。就国民经济核算中涉及的存流量含义来说，经济流量指的是核算主体在一定时期内发生的经济行为造成的经济后果，经济存量则代表着一定时点核算主体拥有的资产或负债的累积情况。并且，在整个国民经济运动过程中，经济流量和经济存量之间存在一定的转换关系。在核算期初经济存量的基础上，伴随着经济活动的发生，经济流量随之产生，随后，经济流量逐渐积累，转化成期末的经济存量。因此，二者关系密切，互相影响。

以非金融企业部门为例，其在经济运行过程中主要遵循着"期初资产负债规模—生产—收入分配—消费和积累—国外—期末资产和负债规模"的经济循环过程，这一循环过程体现了流量核算和存量核算的统一。具体来说，非金融企业部门的资金流量核算工作，可以体现出两方面的内容：首先是该部门的产品实物循环的详细信息，如非金融企业部门生产最终产品并将其用于消费和资本形成等环节的过程；其次，资金流量核算中的金融交易核算部分，可以反映出该部门在核算期内由于交易而引起的金融资产和负债变化，这种变化是期初、期末金融资产和负债存量变化的主要原因。再者，该核算工作还可以解释非金融机构部门在资金盈余或资金短缺时，怎样调整金融资产或金融负债的持有量，从而与其他部门产生经济联系，在一定程度上反映整个经济的资金融通过程。

如前所述，非金融企业部门的资产负债核算工作，是指对非金融企业部门所拥有的资产和负债的核算。在进行资产负债核算时，不仅需要进行特定时点的存量核算工作，还要核算资产负债的变动过程。总地来说，经济循环理论是编制非金融企业部门资产负债表的经济学基础，其中最为突出的是关于流量和存量的核算工作。

4.2.2 微观资产负债核算理论

微观资产负债核算，就是以小型经济体主要是企业为主，以其所包含的资产、负债等内容为对象，对其进行核算，从而达到编制微观资产负债表的目的。完整的微观负债表能够表现出企业的经营行为以及构成情况。不仅如此，针对核算结果还能够计算出企业的财务比率，为企业的经营、股东以及其他投资者提供帮助。

纵观微观资产负债表的变迁历程，从私有制出现以后，微观资产负债表便开始慢慢发展形成了，至今为止已有上千年的历史，现已形成较为完善的发展理论。在此基础上，经济学家开始关注运用企业资产负债体系核算宏观经济资产负债的研究问题，这标志着学者们开始关注宏观层面上资产负债表的相关领域。所以，由此可以看出，宏观资产负债表是在微观资产负债表的基础发展壮大的。另外，微观资产负债表为宏观资产负债表提供了数据基础。从宏观上来说，国家这一主体就是由众多的企业以及居民等微观经济活动组成的，国民经济运行是由众多微观经济体的经营、生产、消费等众多活动构成。所以，宏观资产负债表的数据基本也是运用微观资产负债表的计算方式汇总得来的。

综上所述，宏观资产负债表就是在微观企业资产负债核算的基础上进行计算的，所以两者需要采用一致的方法论，如二者均以"资产＝权益＝负债＋所有者权益"这一会计恒等式为编制依据，借助复式记账原则，按照相应的估算方法，得到各自的资产负债表。但是，宏观和微观资产负债表的核算目的和出发点有所不同，所以在具体的编制过程中存在一定的不同，主要表现在如下几个方面。

对核算的主体来说，微观企业资产负债表是以企业为核算主体，对其资产负债数据加以估算，其涵盖的资产负债关系较为细微且复杂。而对于国民资产负债核算而言，其主要核算范围是经济总体和各类企业总体。因此，相对于微观层面上的资产负债核算而言，宏观核算层次、资产负债关系都较为简单。

对于资产负债项目的分类问题，企业的资产负债核算一般按以流动性质的划分为主、其他分类方式进行补充的划分标准进行分类。细分来说，资产依照流动性质能够分成五类，如流动资产、固定资产等。其中，根据资产的变现能力，可以对流动资产做进一步的划分；按照负债的偿还时间长短，可以将负债划分为流动性负债和长期负债两种。在国民资产负债核算中，主要按照国民经济核算原则来划分资产和负债的类别。具体来说，资产主要由金融和非金融两类资产构成，在此划分基础上，再对金融和非金融资产的详细类别进行划分。例如，可以将非金融资产细分为三类，分别是固定资产、存货和其他非金融资产。金融资产则可以进一步划分为黄金、存款等项目。负债所采用的分类方法与金融资产大致相同，仅仅是把金融资产变更为金融负债。不仅如此，因为两者的资产负债所采用的分类方式有所不同，导致其在核算方式上也不相同。其中，微观企业资产负债核算依据会计的资产负债分类方法，并根据财务会计制度来核算需要进行资产负债核算的会计科目。也就是说，只要满足会计准则中规定的资产和负债的定义，就应该把其归入资产负债项目。而对于国民资产负债核算来说，是依照国民经济核算的原则，对宏观资产负债进行分类。该核算的方式是根据资产负债分类的项目来进行归纳，如果符合资产负债的相关要求，也需要将其纳入资产负债的项目。

并且，这两者所运用的计价方式也有所区别，微观企业资产负债的核算主要是运用历史成本进行计价，也就是使用资产负债等项目产生时点的成本进行计算。但是在国民经济核算中，因为存在通货膨胀等原因，有时候历史成本价格不能够准确反映出经济活动的累积成果。所以，国民资产负债核算使用现行市场价格计量资产负债价值。具体来说，国民经济核算主要以历史价格计量的资产负债价值为基础，考虑估价和重估价等因素，使用现行市场价格计量的资产负债价值来反映核算期期初、期末的资产负债情况。

总地来说，企业资产负债表和国家资产负债表之间存在紧密的联系，而且企业资产负债是宏观层面资产负债表的理论基础。然而，由于在实际中两者所考虑的目的和方法会有所不同，考虑各种因素，国家资产负债表的编制不能照搬企业资产负债表的编制方法。由此，就需要在原有的企业资产负债表编制技术上提出适合国家资产负债的编制方法。

4.2.3 国民账户体系（SNA）理论

SNA核算体系，是以经济学原理为基础，完整地测算经济活动的相关国际标准。它利用流量和存量系统，较为全面地展现出了经济活动及其内在价值的变化过程。就SNA标准体系中提到的核算内容来看，其主要遵循经济运动过程中的恒等式，换句话说，对于一个核算主体来说，该主体在一定时期内生产的货物和服务等产品应当应用于消费、资本形成等环节，或者用于满足出口的需要。对该核算主体所使用的货物和服务的来源问题来看，主要有两个来源，一是国内，二是进口。SNA2008指出，为了更好地衡量核算主体在一段时间内发生的流量变动，需要设置经常账户和积累账户，从而进行更好的核算。而对于存量工作的核算来说，则主要依靠资产负债账户进行。并且，资产负债账户按照编制时点与功能又可以分为期初、期末资产负债账户以及专门测算存量变动的资产负债变动账户。总地来说，核算主体在核算期内产生的经济流量，从经常账户转移到积累账户以后，通过资产负债变动表汇总积累账户中体现的数据，将这些数据转换为期初、期末资产负债账户的基础数据。从这一层面来看，核算工作通过账户之间数据的转换，使流量和存量核算工作有机地联系在一起，最终构成核算工作的全部内容。

以非金融企业部门为例，流量账户主要用来体现出非金融企业部门开展生产、收入形成等活动，并且，每个账户的设置可以同时反映来源与使用两方面的内容。除此之外，还可以通过相应的指标信息，查找到非金融企业部门与其他部门之间发生的经济联系。从 SNA2008 的相关内容来看，SNA2008 详细阐述了核算所需账户的具体内容。例如，对于生产成果的核算来说，需要将非金融企业部门的进入市场的产品都纳入核算，但像中间消耗等内容不应计入。除此之外，对于那些有争议的项目，应该进行归类整理。例如，SNA2008 指出，对部门主体提供给员工的培训和教育活动等项目来说，应该将这类活动视为人力资本的投资，因此，应该将其纳入固定资本形成总额。

综上所述，SNA2008 以经济理论为基础，提出了较为完整的资产负债表的编制理论和编制方法，但是，在编制我国资产负债表时，并不能完全按照 SNA2008 中提供的理论与方法，而应在借鉴相关标准理论的基础上，根据我国实际情况，对编制理论与编制方法等内容加以改进，使其更适合我国实际编表需要。

通过对非金融企业部门资产负债表编制情况进行分析可知，大部分国家公布的非金融企业部门资产负债表的数据较为完整、详细，除了英国、加拿大、日本、澳大利亚等这些发达国家外，一些发展中国家也开始定期发布本国非金融企业部门资产负债表，南美洲的巴西为其中的一个代表①。例如，加拿大目前公布的非金融企业部门资产负债表中，涵盖了全面的有关实物资产和金融资产的数据信息，除此之外，还公布了核算期末的债务货币价值数据。自 2004 年起，加拿大开始公布分别以账面价值和市场价值计价的资产负债表。就美国的编制现状而言，还没有发布出完整的国家层面上的资产负债表，目前只有一些官方机构编制发布了单个部门的资产负债表，如美联储，而且美国统计局也会按年公布非金融企业部门的资产负债表。这些国家在进行编表时，大都将资产分为金融资产和非金融资产两大类，但在金融和非金融资产的分类处理上有所不同。如，澳大利亚、加

---

① 林忠华．编制国家和政府资产负债表问题研究 [J]．哈尔滨市委党校学报，2014，1.

拿大将非金融资产分为生产性资产和非生产性资产两类，而英国则按照资产的形态，将非金融资产划分为有形和无形两类。

国家及各部门资产负债表，皆是从宏观角度编制而成，所以与企业资产负债表的编制相比，其数据不可能来自各种微观原始数据，而是基于可获得的微观会计报表、微观汇总数据等信息，通过一定的假设，推算出资产负债相应的存量数据。国民资产的估价，指的是使用现行市场交易价格来估算核算期时点，核算主体所持有的资产负债存量的价值。开展有关于国民资产的估价工作，有助于反映真实的国民资产现状，并且有助于更好地完成存量的估算工作，从而与现行的流量核算体系相互衔接。

从会计学和经济学涉及的估价方法来看，现在常用的方法主要是历史成本法和市场价值法两种。历史成本法指的是采用资产或负债形成时点的成本进行计价，并且一般采用原始单据作为相关依据。市场价值法指的是采用市场交易时的价格进行计价的方法，相较于历史成本法来说，这种方法的实时性和可实现性更高。

在编制资产负债表时，需要衡量资产及负债的价值，在实际编制工作中，主要依据现有的会计原则和SNA2008中提供的相关估价标准，对资产和负债项目开展估价和重估价工作。以SNA2008提供的估价方法为例，其主要按照编表时资产负债的价格进行计价，主要目的是使资产负债表与积累账户一致。并且，SNA2008还提出了一种较为理想的估价方法，即使用可观测的市场价格作为资产和负债项目的计价标准。

考虑到资产负债表衡量的是整个核算主体所拥有的资产和负债的存量价值，但这些核算项目的形成时间不同，即其所对应的成本现行市场价格也不同，那么，采用历史成本法或市场价值法估算的不同时点形成的资产负债的存量价值就不具有可比性。因此，在核算某一时点时经济主体的存量价值时，需要开展重估价工作，从而反映出真实的资产负债价值和财产规模。

国民资产的重估价工作，指的是在一定核算期内，衡量资产负债的价格变化导致的资产持有收益的变动。就现有的重估价方法来看，常用的主要有 4 种方法。首先，从理论角度上来说，最为准确的方法是市场观测价值法，即直接利用市场中可获得的相关资产的价格，或基于市场可观测价格而推算出的价格，对资产和负债存量进行重估价工作。其次，较为常用的是累积和重估交易法，这种方法主要针对非金融资产的重估价而言，用相应资产的价值变动来衡量市场价格的变动。并且，在估算资产获得成本时，需要考虑核算期内的固定资本折旧等因素。在市场观测价值法不能起作用的时候，使用这种方法能够得到一个市场价格的合理估计值。除上述两种方法之外，还可以通过预测未来收益的现值来完成资产负债的重估价工作，这种方法就是未来收益现值法。在具体估算过程中，需要考虑未来收益额、折现率等指标。就现有研究成果来看，需要考虑诸多因素综合确定未来收益额。并且，较多使用的折现率一般由银行利率加总风险利率而成。除此之外，SNA2008 还提供了基于外币的计价方法，其具体思路是将现期得到的外币价值调整为本币的中间价，并结合编表时点的汇率进行重估价，需要注意的是，所用汇率应为金融交易买入和卖出的中间价。总地来说，上述四种重估价方法各有其优劣，因此，在开展重估价工作时，需要根据实际核算指标的具体需要进行选择。

4.3 非金融企业部门资产负债表的编制

根据上述 SNA 中提供的关于非金融企业部门资产负债核算理论的分析，我国在实际编制该部门资产负债表时，需要在 SNA 相关理论的基础上，建立起符合我国数据公布、实际核算特点的编制框架。具体来说，中国非金融企业部门资产负债表的编制可以按照"从分项到汇总"以及"从总体流量到总体存量"的两套思路进行编制。

就"从分项到汇总"的整体思路而言，主要是利用我国现有公布的一些统计数据，以上市公司资产负债数据为基础，经过一定的统计推算求出分行业的总资产和总负债数据，再按照非金融上市公司的财务数据，计算出相应资产和负债项目的比例，从而分解估算出的总资产和总负债数据。

就"从总体流量到总体存量"的整体思路来说，是一开始就从我国非金融企业部门的流量核算总量数据着手，基于我国公布的资金流量表、非金融机构部门的核算数据，构造从流量到存量的数据转化技术，处理好不同期限的存量价格，采用永续盘存法求得资产负债总量及结构年度数据，以此为基础构建完整的非金融企业部门资产负债表。我们简称其为结构推定法。

考虑到"从分项到汇总"中间涉及从企业层面到行业层面。再到宏观经济总体层面的推算，同时中间很多个步骤还涉及比例推算的问题，这会导致最终估算结果与现实经济差距较大，也有悖于 SNA 给出存量核算指导意见。在下文的中国非金融机构资产负债表实际核算操作中，我们就以更加符合 SNA 规范的"从总体流量到总体存量"方法为基础，构建非金融企业资产与负债的从流量到存量的估算技术，进而编制中国非金融机构资产负债序列表。我们简称其为永续盘存法。作为对比，我们也同时给出很多学者使用的"从分项到汇总"的结构推定法编表技术编制的最终结果，供研究者比较参考。

4.3.1 核算主体及分类

4.3.1.1 核算主体范围

非金融企业部门的资产负债表指的是在某一特定时间点编制的，记载了该部门所持有的资产和负债价值存量的报表。SNA2008 中明确规定，其核算主体主要由生产市场性货物、提供非金融服务的公司构成。其中，按照营业性质，核算主体由 3 个子部门构成，分别是公营、本国私营和国外经营的非金融公司。虽然一些非金融公司涵盖了一定范围的金融活动，如生产商在向消费者提供货物的同时，还提供了一定的消费信贷活动，但由于这些金融活动处于次要的位置，且其主要以经营非金融业务为主，该类公司仍被视为非金融企业部门。

就中国非金融企业部门的资产负债表而言，其主要反映的是非金融企业部门在某一特定时点所持有的资产负债存量数据，以及资产负债项目的构成情况。根据我国公布的相关定义来看，非金融企业部门是由所有常住的非金融企业构成的，这些企业大都以营利作为其主要目的，并且主要从事一些非金融的经济活动，如提供农产品的企业，货物的生产商或零售商等。除此之外，我国关于非金融企业部门资产负债表的核算主体还包括遵循企业会计制度的一些事业单位，一些独立核算的下属单位也被纳入核算主体的范围。

总地来说，对资产负债表核算过程中涉及的其他核算主体而言，非金融企业部门的独特性在于其涵盖的国民经济活动范围。如上所述，在核算非金融企业部门资产负债时，我们主要关注那些提供非金融产品和服务的企业。但是，在核算其他部门的资产负债时，关注的国民经济活动则大有不同。以金融部门为例，其主要关注那些提供金融产品和服务的常住公司。

4.3.1.2 核算项目分类

当核算主体确定以后，就要明确资产负债表的核算对象，并将核算对象详细分类。非金融企业部门资产负债表主要以一些资产和负债项目作为核算对象，其中，资产根据其特性可以分为两部分，一是金融资产，二是非金融资产。负债则与金融资产项目一一对应，而非金融资产无对应负债项目。因此，在核算非金融企业负债存量时，核算对象分类与金融资产分类相对应。依据SNA2008相关界定标准，非金融资产按其属性可划分为两部分，分别是生产资产和非生产资产。而生产资产按照用途和属性的划分标准，又能够分为固定资产、存货、其他非金融资产三项。

根据SNA2008国际标准及我国的实际核算情况，所核算的资产项目主要包括金融和非金融资产两项，这两项资产下面还细设了三级、四级核算项目，如在非金融资产下，又进一步核算了固定资产、存货以及其他非金融资产三项。其中，其他非金融资产指的是除固定资产和存货以外的非金融资产。就固定资产下的核算项目来说，我国采用会计的核算标准来划分固定资产项目，理论上应该将固定资产按其形态划分为有形和无形两类，但由于数据资料的可获得性，在实际流量核算过程中，固定资产的下级核算项目只包括有形固定资产一类。在资产负债表中，除非金融资产项目的核算外，还须衡量金融资产（负债）的存量价值。从我国非金融企业资金流量核算的分类出发，同时考虑1992年以来金融资产分类的变化衔接，以及与其他机构部门的交易分类匹配，最终我们将非金融企业部门的金融资产分类项目设定为包括通货、存款、贷款、保险准备金、债务性证券、股权和投资基金份额、国际储备和其他金融资产8个类别，金融负债与金融资产相对应存在，他们核算的项目保持一致。

4.3.2 表式设计及平衡关系

4.3.2.1 表式设计

就我国非金融企业部门资产负债表所采用的表式来看，其基本按照SNA2008中提供的标准表式进行设计。并且我们参照资金流量表的形式构建出了我国的非金融企业部门资产负债表。从表4-1可以看出，我国的非金融企业部门资产负债表分为左右两部分。总地来说，左边记录资产项目，右边记录负债项目。

表4-1　　　　　中国非金融企业部门资产负债表简表

总资产	余额	总负债	余额
非金融资产			
固定资产			
存货及相关资产			
其他非金融资产			
金融资产		金融负债	
通货		通货	
存款		存款	
贷款		贷款	
保险准备金		保险准备金	
债务性证券		债务性证券	
股权和投资基金份额		股权和投资基金份额	
国际储备		国际储备	
其他（含金融衍生品）		其他（含金融衍生品）	
		资产净值	

4.3.2.2 平衡关系

在非金融企业部门资产负债表中,主要体现了该部门资产和负债的存量信息。就该核算主体的资产存量信息而言,其主要体现了该部门的价值储备信息,并且反映出一定时期内,该主体凭借其所拥有的资产而获得的经济利益。从其形成过程来看,它是该主体的价值储备在核算期之间结转的基础。除此之外,从上述内容可以看出,在对资产进行核算时,需要按照金融资产和非金融资产的划分分别核算,并且,对于金融资产来说,其都存在着相对应的负债项目。就该核算主体的负债存量信息而言,当单位之间存在义务支付关系时,这两个单位之间就相应产生了负债关系,需要核算的负债项目也得以建立。总而言之,资产负债表是以复式记账为原则,反映资产负债存量信息的报表,并且,这些存量信息是经过不断结余转换得来的,因此,在非金融企业部门资产负债表中,有静态和动态两种平衡关系。

A. 动态平衡关系

如上所述,资产负债表中所体现的存量信息,是由流量不断结余转换形成的,因此,存量和流量的相互转换构成了资产负债表中的动态平衡关系。对于某一核算期而言,存流量的变动主要遵循以下规律,即核算期期初的资产存量,加上核算期内资产或负债的变化量,即可得到期末资产存量。可以表达为:

期初经济存量 + 期内经济流量增加 − 期内经济流量减少 = 期末经济存量

B. 静态平衡关系

非金融企业部门资产负债表中体现出的静态平衡关系,主要源于会计理论中提出的"资产 = 权益"平衡式。具体来说,某一数量的价值可以从两个角度进行解释:一是从资产的角度来衡量,其代表着企业所拥有的物质存在;二是从权益的角度来衡量,其代表着企业所拥有的要求权,即资产和权益和一定量资产的两个方面。因此,从数量上说,上述等式恒成立。并且,根据相关会计研究成果,权益由两部分构成,分别是负债和所有者权益,因此,上述恒等式可以扩展为"资产=负债+所有者权益",这一平衡关系对宏观层面上的资产负债表依然适用。

除此之外,按照资产负债表中所衡量资产和负债项目的详细构成可知,资产等于金融资产和非金融资产加总的结果。另外,金融资产/负债包括货币黄金和特别提款权(SDR)、通货和存款等八类资产的加总。就非金融资产而言,其总量为固定资产、存货和其他非金融资产的合计,即非金融资产=固定资产+存货+其他非金融资产。其中,固定资产=固定资产原值-累计折旧+在建工程+固定资产清理+待处理固定资产损失;存货=原材料+在制品+产成品+库存商品;其他非金融资产=珍贵物品+资源资产+无形资产+其他。

4.3.2.3 变量符号设定

由于在实际编表过程中,涉及的指标过多,相应的指标所对应的符号也很多。因此,在这里给出相应符号的定义与说明。在永续盘存法中,由于采用永续盘存法需要进行价格调整,并且,对于非金融资产来说,需要考虑折旧的因素。再者,在计算过程中,又涉及相应的存量和流量数据,因此,需要详细区分当年价存量和流量的表示。以资本形成总额为例,G_t 表示第 t 年的当年价资本形成总额,G'_t 表示第 t 年的当年价资本形成总额存量。所涉及的全部符号及含义如表4-2所示。在结构推定法中,涉及的指标主要有折旧率、固定资产折旧额、固定资产原值、资产存量、价格指数、各行业的资产、各行业的 GDP 等。在进行符号设定时,原则上采用通用的符号进行设定,如折旧率用 δ 表示,下标 t 代表相应的年份。在既涉及年份又涉及行业时,上标表示对应的行业,下标表示相应的年份,如 A_t^{jiao} 代表第 t 年交通运输业的资产。

表4-2 相关变量的符号表达

符号	含义	符号	含义
δ_t	第 t 年的折旧率	D_t	第 t 年固定资产折旧额
I_t	第 t 年固定资产原值	K_t	第 t 年的资产存量

续表

符号	含义	符号	含义
η_i	相应的价格指数	A_t^{jiao}	第 t 年交通运输业的资产
GDP_t^{jiao}	第 t 年交通运输业的 GDP	A_t^{total}	第 t 年四大行业的总资产
α^{jiao}	交通运输业贡献同等 GDP 所需比例	GDP_t^{total}	第 t 年四大行业的 GDP
$G'_t/F'_t/S'_t$	第 t 年的资本形成总额/固定资本形成总额/存货存量（当年价）	$G_t/F_t/S_t$	第 t 年的资本形成总额/固定资本形成总额/存货
$G_t^s/F_t^s/S_t^s$	第 t 年的资本形成总额存量/固定资本形成存量/存货增加存量（1992 年价）	$D_t^{total}/D_t^{fixed}/D_t^{stock}$	第 t 年的总折旧/固定资本折旧/库存折旧

4.3.3　永续盘存法编制过程

所谓永续盘存法，是依据国家统计局历年公布的资金流量表中的数据，通过永续盘存，得到资产负债存量数据。永续盘存法采用"由分到总"的整体编制思路，即先盘存资产和负债的分项存量，再将其加总得到总的资产和负债存量数据。由于我国公布的资金流量表分为金融交易和非金融交易两张表，因此，在借助资金流量表进行盘存时，可先盘存金融资产和金融负债项目，再盘存非金融资产项目。采用这种方法，可以直接获得资产负债各分项项目的盘存数据。在盘存时，所遵循的原则与资产负债表中的动态平衡关系保持一致，用公式可以表示为：

期初经济存量 + 期内经济流量变动 = 期末经济存量

考虑到 1992 年以前的经济交易数额较小，且我国从 1992 年开始公布资金流量表，因此，在实际盘存过程中，我们将 1992 年作为基期进行盘存。具体来说，金融资产和金融负债不涉及折旧等问题，在盘存时将 1992 年相关数据作为基期存量，然后逐年加总资金流量表中的数据，即可得到历年的金融资产和金融负债的存量数据。

然而，非金融资产的工作较为复杂，需要考虑诸多因素。具体来说，首先需要估算出基期，即 1992 年的非金融企业部门总资产存量数据，然后，利用已有的或计算出的折旧系数和价格指数，通过永续盘存，得到 1992 年价的资产存量数据。需要注意的是，为了反映出核算当年非金融资产的实际水平，还须利用价格指数，将计算出的 1992 年价资产存量数据还原为当年价的非金融资产存量数据。下文提出针对非金融资产盘存的一般性公式如下：

$$\begin{cases} K_t^s = K_{(t-1)}^s + \dfrac{K_t}{\eta_t} \times 100 - D_t \\ K_t' = K_t^s \times \eta_t / 100 \end{cases} \quad (4-1)$$

其中，K_t^s 表示第 t 年的资产存量（1992 年价），K_t 表示第 t 年的资产形成额；K_t' 表示第 t 年的资产存量（当年价）；η_t 表示第 t 年的固定资本存量价格指数（1992 = 100）；D_t 表示第 t 年的资产折旧额。

4.3.3.1 数据来源

中国国家统计局目前主要公布两张资金流量表，分别涵盖金融交易和非金融交易。这两张表结构基本一致，横向表示金融企业、非金融企业等核算主体，纵向表示核算的具体的交易项目。除此之外，每个核算主体下又分设运用方和来源方，以便直观地显示出该部门资产和负债的基本情况。在进行具体核算时，将核算项目位于运用方的数据作为资产数据，位于来源方的数据作为负债数据，从而得到核算项目所对应的资产和负债当年流量数据，然后再借助永续盘存法，盘存核算项目。

就永续盘存法而言，数据来源主要是国家统计局公布的 1992—2016 年资金流量表（金融交易）和资金流量表（非金融交易）。除此之外，在进行盘存时，还涉及计算出的固定资产存量价格指数（1992 = 100），在这一环节用到的数据主要有《中国国内生产总值核算历史资料（1952—2004）》、固定资本形成总额（当年价）、历年的国内生产总值指数（不变价）、国内生产总值（当年价）、资本形成总额对 GDP 增长的贡献率（不变价）等数据。

4.3.3.2 对金融资产和负债的盘存

就金融资产和金融负债的盘存而言，一方面，金融资产和负债不存在折旧问题，另一方面，为最大限度地接近实际结果，我们将尽可能地向前追溯最早能获取的数据，并以此为基期进行资产负债存量推算。能查到我国最早公布的资金流量表为 1992 年表，之前由于金融交易规模非常小，如 1992 年金融资产交易总规模为 3534 亿元，仅为 2000 年金融资产交易流量总规模的 6.59%，前期资产累积有限。由于我国金融市场的发展也基本是从 20 世纪 90 年代初才开始，之前金融市场上不仅交易规模小，而且交易项目有限，我国也没有开展该项内容的全面核算，不能以 1992 年为基期向前进行数据推算。综合考虑以上情况，并经过试算、对比住户部门的实际情况，即 2012 年中国发布的金融稳定报告中公布了住户部门 2004—2010 年的金融资产负债表，以该表为基础，使用资金流量表公布的数据向前盘存至 1992 年，发现当年存量与流量规模基本相当。于是，我们就以 1992 年为基期，将 1992 年的资金流量表中非金融企业部门的金融资产和负债各项数值视作期初存量，则进行盘存时其金融资产、负债及其分项项目的总额不变，从 1993 年开始，盘存后的金融资产总额等于 1992 年与 1993 年金融资产加总的和，负债总额等于 1992 年与 1993 年负债项加总的结果。分项项目的盘存与此类似。以通货项为例，由于其在运用方，所以被划分到资产项下的通货项目，其 1993 年的存量等于 1992 年的通货运用方数值加 1993 年的通货运用方数值。以此类推，可得到 1992—2017 年盘存的金融资产和负债的存量总额，以及各分项的存量。

4.3.3.3 对非金融资产的盘存过程

就非金融资产的盘存而言，主要思路是采用永续盘存法对资产项进行盘存；并且，非金融资产需要考虑折旧和价格调整等问题，计算结果较为复杂。具体来说，就非金融资产的盘存而言，我们仍然以 1992 年为基期，这主要是因为 1992 年之前的数据较小。此外，在盘存非金融资产时，主要包括资本形成总额、固定资本形成总额、存货以及其他非金融资产获得减处置 4 个项目的盘存，具体过程如下：

A. 初始存量的计算

在具体盘存过程中，需要在获得1992年资本形成总额存量、固定资本形成总额存量、存货存量数据的基础上，利用期初和期末经济存量之间的关系，完成整个盘存工作。

为了计算出上述存量数据，我们首先需要计算出1992年的当年价全社会资本形成总额存量，然后将其按照一定的比例分解，即可求得上述三项存量数据。在计算过程中，我们主要借鉴贺菊煌的研究结果，即资本存量与国内生产总值之间的比例关系（资本存量/国内生产总值 = 3.668），来估算出1992年的全社会非金融资产资本形成总额的存量。具体来说，以统计年鉴公布支出法 GDP 的1992年核算值为基础，根据以上比例关系（GDP 总额×3.668 = 99799.05），这里的99799.05亿元即可被视为是1992年的当年价全社会资本形成存量总额。

在计算出1992年的当年价全社会资本形成总额存量的基础上，需要按照部门结构将这一全社会总量分解至非金融企业部门分量。这里假定资本存量水平决定资本形成能力，用1992年全社会资本形成总额中，非金融企业部门资本形成总额的比重来进行分解。按照相应资产的占比，可以计算出1992年非金融企业部门的资本形成总额存量、固定资本形成总额存量。非金融企业部门1992年的当年价资本形成总额存量的计算公式为：

$$G^s_{1992} = \frac{G^s_{(social,1992)} \times G_{(non-financial,1992)}}{G_{(total,1992)}} \quad (4-2)$$

其中，G^s_{1992} 表示1992年的非金融企业部门当年价资本形成总额存量，$G^s_{social,1992}$ 表示1992年的当年价全社会资本形成总额存量，$G_{non-financial,1992}$ 表示1992年的非金融机构资本形成总额，$G_{total,1992}$ 表示1992年的非金融、金融、住户、政府4个机构部门的资本形成总额之和。同理，采用1992年固定资本形成总额占资本形成总额的比例，可以计算出1992年的当年价固定资本形成总额存量数据。对于存货项目1992年的存量，考虑到存货项目价格变动较小且多为新品，我们直接将计算出的1992年的资本形成总额存量减去固定资本形成总额存量的结果作为1992年的存货存量数据。

B. 从期内流量到期末存量

如前所述,在利用永续盘存法对非金融资产进行盘存时,主要是按照"期初经济存量+期内经济流量变动=期末经济存量"的关系进行盘存,因此,在获得1992年非金融企业部门的各项存量数据之后,我们还须找到在相应核算期内的相应项目的流量数据,而这些流量数据则主要来源于国家统计局公布的1992—2017年的资金流量表(非金融交易),具体数据如表4-3所示。

表4-3　　　　非金融资产构成项目对应流量数值　　　　单位:亿元

年份	资本形成总额	固定资本形成总额	存货增加	其他非金融资产净获得
1992	7549	6456	1093	0
1993	12199	10468	1731	0
1994	15362	13397	1964	0
1995	19036	15966	3070	0
1996	20614	18092	2521	0
1997	21458	19205	2254	0
1998	22202	20977	1225	0
1999	23140	22306	834	0
2000	24058	23254	804	446
2001	27733	25193	2540	970
2002	30661	29167	1493	1809
2003	36367	33970	2397	4799
2004	44090	40459	3631	5011
2005	47515	44266	3249	4635
2006	62000	57518	4482	6344
2007	76259	69989	6270	9633
2008	95648	88272	7375	8758
2009	110710	105105	5606	14101
2010	129794	122601	7194	21689
2011	147080	137961	9119	23626
2012	163348	155414	7934	20770
2013	172643	164614	8029	30833

续表

年份	资本形成总额	固定资本形成总额	存货增加	其他非金融资产净获得
2014	191859	182738	9121	23924
2015	200718	192556	8162	21346
2016	228318	219125	9193	29323
2017	258780.1	246650.3	12129.8	41101.3

资料来源：历年中国统计年鉴。

4.3.3.4 对非金融资产的逐项盘存

分项资产盘存的过程首先需要注意的是，由于过程中涉及对存量数据进行价格转换的工作，因此，我们需要采用相应的存量价格指数进行价格调整。就固定资产存量价格指数的计算来说，我们借鉴曾五一的做法并改进了其盘存计算过程。在计算出1992年各项资产存量数据以及相应年份的资产存量价格指数之后，按照公式（4-1）和公式（4-2），可以分别得到1992年价和当年价的固定资本形成总额、固定资产和存货的历年存量数据。具体计算过程如下。

A. 资本形成总额项目盘存

在盘存资本形成总额项目时，主要在以上4.3.3.1部分中获得的资本形成总额存量数据，以及4.3.3.2部分中查找到的历年资本形成总额流量数据的基础上，基于公式（4-3）进行盘存，得到1992—2017年的当年价资本形成总额存量数值。

$$\begin{cases} G_t^s = G_{t-1}^s + G_t/\eta_t - D_t^{total} \\ G_t' = G_t^s \times \eta_t \end{cases} \quad (4-3)$$

其中，G_t^s 表示第 t 年的资本形成总额存量（1992年价）；G_t 表示第 t 年的资产形成额；G_t' 表示第 t 年的资产存量（当年价）；η_t 表示第 t 年的固定资本存量价格指数；D_t^{total} 表示第 t 年的总资产折旧额，采用线性折旧法进行计算。在折旧额的计算中需要用到非金融企业固定资产折旧率，在以往的研究中，很多学者借鉴毛军的0.029为折旧率，按照线性折旧假定，据此测算企业固定资产使用年限将长达近35年，这明显与实际情况不符。我们使用网络上能获取到的上市公司资料，进行了多次估算，最终认为将企业固定资产使用年限设定为 20 年较为合理，折旧率为 0.05。

B. 固定资本形成总额项目盘存

如前所述，在对固定资本形成总额项目进行盘存时，与资本形成总额项目的盘存过程较为类似，主要利用公式（4-4）进行盘存，具体如下：

$$\begin{cases} F_t^s = F_{t-1}^s + F_t/\eta_t - D_t^{fixed} \\ F'_t = F_t^s \times \eta_t \end{cases} \quad (4-4)$$

其中，F_t^s 表示第 t 年的固定资本形成总额存量（1992 年价）。F_t 表示第 t 年的固定资产形成额；F'_t 表示第 t 年的固定资产存量（当年价）；η_t 表示第 t 年的固定资本存量价格指数；D_t^{fixed} 表示第 t 年的固定资产折旧额，这里同样假定资产使用年限是 20 年，采用线性折旧的方法计算。

C. 存货项目

与资本形成总额和固定资本形成总额项目盘存的过程不同的是，存货项目的盘存不需要借助于价格指数，这主要是因为存货具有多为新品且价格变动不大的特点。因此，在盘存时，我们利用资本形成总额、固定资本形成总额以及存货 3 个项目之间的关系，将前两者之间的存量差值作为存货项目的存量数据，具体过程如公式（4-5）所示。

$$S'_t = G'_t - F'_t \quad (4-5)$$

其中，S'_t 表示第 t 年的存货存量（当年价）。

D. 其他非金融资产获得减处置项目盘存

2000 年以前，我国公布的非金融企业部门其他非金融资产获得减处置项目为 0，从 2000 年才开始有数据发布。因而，我们就将 2000 年作为其盘存的初始年份，将该年度数量作为初始存量进行盘存，考虑到这是获得减处置后的净值序列，因而，该项目不计提折旧。计算公式为：

$$\begin{cases} RF_t^s = RF_{t-1}^s + RF_t/\eta_t \\ RF'_t = RF_t^s \times \eta_t \end{cases} \quad (4-6)$$

其中，RF_t^s 表示第 t 年的固定资本形成总额存量（1992 年价）。RF_t 表

示第 t 年的固定资产形成流量总额；RF'_t 表示第 t 年的固定资产存量（当年价）；η_t 表示第 t 年的固定资本存量价格指数。

4.3.4 非金融企业部门资产负债表编制结果

永续盘存法得到的估算结果详细而具体，例如，对于分项项目的估算，不止局限于金融资产和非金融资产的分解，也估算了金融资产和非金融资产类别下的具体项目。从估算结果可以看出，非金融企业部门的资产负债的总规模表现出持续扩张的趋势，自 2008 年后，该部门资产负债存量上升速度显著增加（见表 4-4）。分析资产负债表的数据及变动趋势可知，我国的经济结构发生了较大的转变，如劳动密集型产业的快速发展等。除此之外，从负债的角度来看，企业在运营过程中所承担的负债也在不断增加。

表 4-4　2000—2017 年中国非金融企业部门资产负债表编制结果　单位：亿元

	2000年	2001年	2002年	2003年	2004年	2005年	2006年	2007年	2008年
总资产	310000	339922	373843	422161	481858	539563	626646	742899	878776
非金融资产	256418	278264	301987	333632	374466	417919	476911	557927	663388
固定资产	223268	242229	263401	288610	321234	357063	405333	469563	556483
存货及相关资产	28486	30265	30867	32317	35115	37521	41109	46837	54149
其他非金融资产	4664	5770	7718	12705	18116	23335	30469	41527	52756
金融资产	53582	61659	71856	88529	107392	121643	149735	184972	215388
通货	1616	1709	1852	2074	2230	2461	2735	3032	3402
存款	42930	50026	60764	76541	92251	104729	124041	152597	176016
贷款	0	-5	-5	-5	-7	-6	-6	-6	-6
保险准备金	358	422	514	672	804	996	1238	1584	2077
债务性证券	111	111	111	111	111	111	111	111	198
股权和投资基金份额	0	0	0	0	0	0	-132	276	284
国际储备	0	0	0	0	0	0	0	0	0
其他	8566	9395	8619	9136	12003	13352	21748	27378	33417
金融负债	118099	131901	152547	183751	211695	241133	278862	325554	383514
通货	0	0	0	0	0	0	0	0	0
存款	0	0	0	0	0	0	0	0	0

续表

	2000 年	2001 年	2002 年	2003 年	2004 年	2005 年	2006 年	2007 年	2008 年
贷款	85872	95285	109771	133506	151214	170380	196783	223254	265346
保险准备金	0	0	0	0	0	0	0	0	0
债务性证券	7177	8576	9862	11658	13672	16756	21836	29596	38329
股权和投资基金份额	0	0	0	0	0	0	0	0	0
国际储备	0	0	0	0	0	0	0	0	0
其他	25050	28040	32914	38587	46810	53998	60244	72705	79840
净资产	191902	208022	221295	238409	270162	298429	347784	417345	495261

	2009 年	2010 年	2011 年	2012 年	2013 年	2014 年	2015 年	2016 年	2017 年
总资产	1075340	1329243	1574525	1854753	2162535	2438028	2750759	3081522	3405848
非金融资产	784922	935961	1114453	1299839	1496921	1693519	1876145	2082672	2338676
固定资产	655900	774352	913752	1063729	1215401	1373171	1523011	1688595	1885951
存货及相关资产	59432	66446	75825	83556	90813	98295	103681	109514	118641
其他非金融资产	69590	95163	124877	152555	190706	222052	249453	284563	334084
金融资产	290418	393282	460072	554914	665615	744509	874615	998851	1067172
通货	3766	4351	4906	5227	5548	5700	5966	6424	6635
存款	241932	304516	345889	392857	452128	495121	562123	645365	696012
贷款	-6	-6	-6	-6	-6	-6	-6	-6	-6
保险准备金	2472	3139	4070	4716	5557	6543	7513	8452	9603
债务性证券	14	183	97	1175	5734	2680	6209	7240	12427
股权和投资基金份额	279	-284	505	406	1737	11304	22803	31170	41765
国际储备	0	0	0	0	0	0	0	0	0
其他	41961	81382	104610	150538	194916	223166	270006	300205	300735
金融负债	483870	601856	712908	852024	1000147	1143056	1283968	1424211	1547634
通货	0	0	0	0	0	0	0	0	0
存款	0	0	0	0	0	0	0	0	0
贷款	344336	408599	475562	567171	670928	772801	855668	965671	1078808
保险准备金	0	0	0	0	0	0	0	0	0
债务性证券	55139	73672	87331	109863	127974	152303	181643	217980	220587
股权和投资基金份额	0	0	5738	7867	12096	21067	28824	42238	52160
国际储备	0	0	0	0	0	0	0	0	0
其他	84396	119586	144278	167124	189150	196886	217834	198323	196080
净资产	591470	727386	861616	1002728	1162388	1294971	1466791	1657311	1858214

4.3.5 编表结果的检验

为了检验编表结果是否可靠，需要对由间接法得到的编制结果进行检验，这里采用的检验方法主要有两种，一是平衡性检验，二是相关性检验。所谓平衡性检验，是指检验编表结果是否满足之前所阐述的资产负债表中所蕴含的平衡关系。相关性检验则是依据经济理论，选取相应的宏观经济指标，通过相关性来判断所编制的非金融企业部门资产负债存量数值是否适当、发展速度是否合理等问题。

如前所述，资产负债表中所蕴含的平衡关系主要有资产等于负债与净值之和。首先，由于直接法中的金融资产和非金融资产是按照其占比关系计算的，因此，直接法的编表结果满足"资产＝负债＋净值"这一平衡关系。在间接法编制资产负债表的过程中，净值由估算得到的资产和负债总量做差得到，因此，所编制的资产负债表满足资产＝负债＋净值这一平衡关系。其次，考虑到资产由金融资产和非金融资产构成，负债又包含金融负债的全部内容。因此，在用永续盘存法估算出历年的金融资产/负债、非金融资产数据之后，将金融资产和非金融资产加总即可得到资产总额，盘存后的金融负债即为负债总额。再者，就金融资产/负债和非金融资产的分类而言，金融资产/负债由通货、存款、贷款、保险准备金等项目构成，因此，盘存后的金融资产/负债总额应该等于上述各项盘存后的结果的和。同理，非金融资产由固定资产、存货、其他非金融资产3项构成，盘存后的非金融资产总额应该等于盘存后的固定资产、存货、其他非金融资产的加总。检查结果显示编表结果是平衡的。

为了检验非金融企业部门2000—2017年资产负债规模发展速度是否合理，现对2000—2017年资产负债净值和非金融企业部门增加值做时间序列相似度度量，选取的检验统计量为相关系数。计算结果显示，资产负债净值与非金融企业部门增加值之间的相关系数为0.97，即二者之间存在高度的相关关系。因此，资产负债净值与非金融企业部门增加值二者的发展是协调的，即由永续盘存法编制得到的2000—2017年资产负债规模发展速度是合理的，符合经济学意义。

4.4 结构推定法编表过程及结果对比

为了与上述编表结果进行对比，我们参考很多学者在研究非金融企业资产负债总量时的做法，从现实经济中公布出来的各个非金融企业所属行业的实际资产负债数据出发，直接推算一套非金融部门代表性行业的资产负债总量数据。使用的方法我们称之为结构推定法。

所谓结构推定法，是在一定的假设条件基础上，对非金融企业总资产和总负债进行估算。采用"由总到分"的整体编表思路，即先估算资产和负债存量的时间序列数据，再利用一定的比例关系分解资产总量，得到金融资产和非金融资产的分项数据。在具体核算过程中，非金融企业部门包括工业、建筑业、批发零售业等七大产业，因此，从理论上来看，只须找到这七大产业的资产和负债存量数据，将扣除价格和折旧影响后的数据进行加总，即可得到非金融企业部门的总资产和总负债存量。但是，由于统计资料的缺乏，现可获得资料只有规模以上工业、房地产业、建筑业、批发零售业的资产存量数据，因此，需要借助一定的合理的假设，将规模以上行业的资产存量数据推广到总行业的资产存量数据。考虑到按行业划分的规模企业资产占全部企业总资产的比重相对比较稳定，因此，下文将可获得的全国规模以上工业、建筑业、房地产业、零售业的资产数据作为基础测算数据，采用一定的推算方法，估算出这四个行业所有企业的资产数据。得到上述四大产业的总资产数据之后，还须估算出交通运输业、住宿餐饮业以及其他第三产业的相关资产数据，下文详细介绍这三大产业总资产数据的估算方法。首先，将上述七大产业的资产数据进行加总，即可得到非金融企业部门的总资产数据，随后，再选择一定的资产负债比求得负债存量时间序列。其次，在编制的2000—2017年总资产和总负债数据的基础上，借助上市公司公布的财务数据，求得金融资产和非金融资产所占总资产的比例，然后用估算出的总资产分别乘以金融资产和非金融资产所占的比例，即可得到2000—2017年金融资产和非金融资产的分项数据。

4.4.1 数据来源

就结构推定法而言，数据来源主要有2004年、2008年和2013年的经济普查数据，2000—2016年全国规模以上工业、房地产业、批发零售业、建筑业的企业资产负债数据，国家统计局公布的2000—2016年工业、房地产业、批发零售业、建筑业的价格指数及折旧数据，上市公司公布的资产负债表数据等。

4.4.2 编表步骤

4.4.2.1 估算工业、房地产业、建筑业及批发零售业的总资产

根据2004年、2008年、2013年经济普查公报中公布的关于工业、建筑业、房地产业、批发和零售业的资产数值，在查找到相应年份的规模以上工业、建筑业、房地产业、批发零售业的基础上，求得3个年份全行业与相应规模以上行业的资产比重，将这些比重进行算术平均，得到1.18。

从历年统计年鉴中找到2000—2017年规模以上工业、房地产业、建筑业和批发零售业四个行业资产的数据，假定全行业与相应规模以上产业的资产比值为1.18，使查找到的规模以上行业的资产数据乘以1.18倍就估算出了对应行业的总资产。

4.4.2.2 考虑资产的折旧问题

折旧率的计算公式为：

$$\delta_t = \frac{D_t}{I_t} \tag{4-7}$$

其中，δ_t 表示第 t 年的折旧率，D_t 表示第 t 年的固定资产折旧额，I_t 表示第 t 年的固定资产原值。由于国家统计局没有公布房地产行业的历年固定资产原值数据，因此用房地产业总资产代替固定资产原值进行计算。

4.4.2.3 考虑价格指数的影响

具体来说，在进行价格调整时，选取的相应的价格指数为：工业行业

选择工业生产者出厂价格指数，房地产业采用固定资产投资价格指数，建筑业采用建筑安装工程价格指数，批发零售业采用商品零售价格指数。并且，这些价格指数均调整至 2000 年为基期。

在计算出相应的折旧率与价格调整指数之后，资产的计算公式为：

$$K_t = K_{t-1}(1 - \delta_t) \times \eta_i \qquad (4-8)$$

其中，K_t 代表资产存量，δ_t 代表折旧率，η_i 代表相应的价格指数。

4.4.2.4　计算交通运输业、其他第三产业及住宿餐饮业的总资产

在得到经过折旧和价格调整的四大行业总资产之后，根据 2004 年、2008 年、2013 年的普查数据确定交通运输业、其他第三产业和住宿餐饮三大行业与工业、建筑业四大行业贡献相同数量的 GDP 时，行业间资产存量存在的比例关系。

根据计算得到的比例数据、四大行业资产数据、四大行业 GDP 数据，可以首先计算出交通运输业、住宿餐饮业和其他第三产业的资产存量估算数据。然后，将以上七个行业的资产存量加总即中国非金融企业部门的总资产。具体计算步骤如下。

第一步，需要计算出上述内容中提到的比例关系：

根据 2004 年、2008 年、2013 年的经济普查数据，可以分别计算出交通运输业、其他第三产业、住宿餐饮业等部门与四大行业产出同样数量的产出即 GDP 时，所需要的资产总额之间的比例关系，再计算它们的平均值，从而得到 1.03、0.37、1.14。以 2004 年的交通运输业贡献同等 GDP 的比例（α_{2004}^{jiao}）为例，计算公式如下：

$$\alpha_{2004}^{jiao} = \frac{A_{2004}^{jiao}/GDP_{2004}^{jiao}}{A_{2004}^{total}/GDP_{2004}^{total}} \qquad (4-9)$$

第二步，可以计算出上述三大产业的总资产存量数据，具体计算公式如下：

以第 t 年交通运输业资产计算来说，

$$A_t^{jiao} = GDP_t^{jiao} \times A_t^{total} \times \frac{\alpha^{jiao}}{GDP_t^{jiao}} \qquad (4-10)$$

其中，A_t^{jiao} 表示第 t 年交通运输业的资产，GDP_t^{jiao} 表示第 t 年交通运输业的 GDP，A_t^{total} 表示第 t 年四大行业的总资产，α^{jiao} 表示交通运输业贡献同等 GDP 所需比例，GDP_t^{total} 表示第 t 年四大行业的 GDP。

在上述计算公式中，所需数据都可在统计年鉴中找到。然后，我们将根据 2004 年、2008 年、2013 年的普查数据对直接法所得到的估算结果做一定的修正，通过以上方法我们能够估算出 2000—2017 年阶段的总资产数据。

4.4.2.5 估算非金融企业 2000—2017 年的总负债

在计算出 2000—2017 年的总资产数据之后，我们借用王桂虎（2016）的思路，使用全国工业资产的资产负债率时间序列数据，得到相应年份的非金融企业部门的总负债数据。但是从现有公布数据来看，国家统计局只提供了 2013 年之前的该指标数据，因此，2014—2017 年的资产负债率数据须按照"资产/负债"的公式自行计算得到。王桂虎提出，工业资产的资产负债率涵盖信息较多，且全面真实，因此，相较于非金融上市公司的资产负债率来说，使用该指标得到的估算结果更为精确。在估算出 2000—2017 年非金融企业的总负债数据之后，用总资产减去总负债后的差额，即为资产净值。

4.4.2.6 结构分解

在利用非金融企业上市公司财务数据进行结构分解时，由于上市公司数量较多，按照上市公司资产排名，自第 17 名绿地控股企业之后，资产额大幅下降，因此，选取中国石化、中国建筑、绿地控股等 17 家上市公司作为代表。在查找这些上市公司 2000—2017 年财务数据的基础上，计算出 2000—2017 年金融资产和非金融资产占总资产的比重的时间序列，用该时间序列乘以估算出的 2000—2017 年非金融企业资产总量，即可得到历年的金融资产和非金融资产的分量数据。

4.4.3 编制结果

表 4-5 为采用结构推定法估算得到的非金融企业的总资产和总负债数

据,以及在选取的17家上市公司公布的资产负债表基础上,计算出的金融资产和非金融资产占比的平均数。再者,还得到了基于平均占比分解得到的2000—2017年的金融资产和非金融资产的分项数据。

表4-5　2000—2017年直接估算的非金融机构资产负债总量　　单位:亿元

年份	总资产	总负债	上市公司金融资产占比	上市公司非金融资产占比	金融资产	非金融资产
2000	268205	159984	0.51	0.49	135985	132220
2001	261039	151141	0.53	0.47	138471	122568
2002	246393	142514	0.53	0.47	129777	116616
2003	235854	137007	0.50	0.50	117874	117980
2004	239258	136090	0.48	0.52	113850	125408
2005	250384	143570	0.50	0.51	123942	126442
2006	267277	152268	0.49	0.51	131507	135770
2007	295884	169423	0.51	0.49	151984	143899
2008	352825	205027	0.51	0.49	179963	172862
2009	400583	235422	0.50	0.50	198593	201990
2010	491906	287519	0.49	0.51	241709	250197
2011	627654	371069	0.48	0.52	304277	323376
2012	804522	475794	0.50	0.50	401219	403303
2013	1052818	621689	0.49	0.51	518262	534556
2014	1355800	775170	0.51	0.49	694507	661293
2015	1747816	989379	0.50	0.50	871808	876009
2016	2264189	1264936	0.55	0.45	1238768	1025421
2017	3130379	1752306	0.52	0.48	1625293	1505086

众所周知,资产负债表中净资产的来源增加主要是经济增长,我们把结构推定法与永续盘存法所计算的净资产变动结果与非金融企业增加值进行简单对比。就能够看出永续盘存法的编表结果更加贴近经济现实,更能够反映非金融企业资产负债的实际水平。而结构推定法的编制结果明显偏小,存在对非金融企业资产负债水平的低估,尤其是2009年之前的结果显示,结构推定法计算的净资产增加/GDP数值不足10%,也就是说非金融

企业增加值中不足10%被用于增加企业资产。到了2017年这一比例又高达74.7%，增加值中又有70%以上用于增加企业资产，这显然是不合理的。而依据永续盘存法计算的结果，按照当年价格计算，2001—2017年非金融企业增加值中平均有38.58%被用于增加企业资产，这更加符合我国增加值的实际分配现状（见图4-1）。

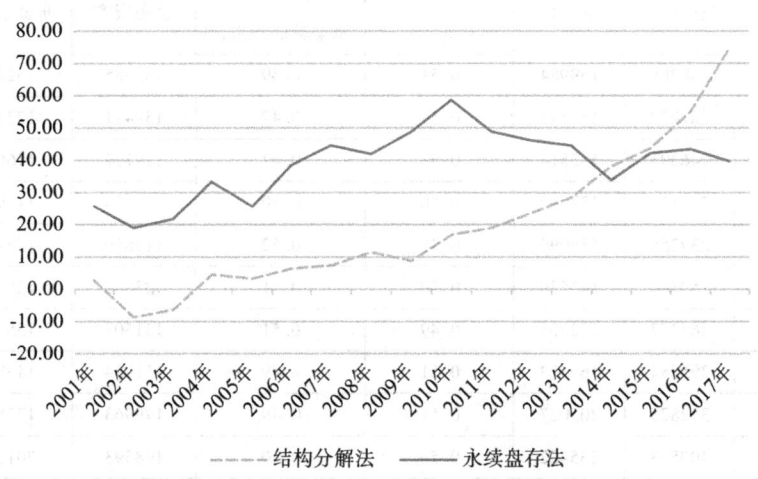

图4-1 两种计算方法结果中净资产增加/GDP序列的变动情况

综上所述，遵循"从总体流量到总体存量"的计算思路，以中国国民经济流量核算数据中的非金融企业总量数据为基础，根据不同资产类型的特征，针对性地构建从流量到存量的转换计算，进而完成非金融企业资产负债表的编制。这种方法更加符合SNA规范，是国际上常用的资产负债核算方法，得到的结果更加贴近现实，也更有利于国民经济核算体系中流量核算与存量核算的平衡衔接。

第5章 金融机构资产负债表编制研究

金融机构部门包括所有主营活动是提供金融服务（包括金融中介、保险和养老金服务）的常住公司，以及所从事的活动能为金融中介提供便利的单位。金融服务的产出是指那些金融中介、金融风险管理、流动性转换或辅助性金融活动的成果。由于提供金融服务通常要接受严格的监管，提供金融服务的单位通常不会提供其他的货物和服务，金融服务一般不会作为次要产出来提供，也就是说金融机构的主要产品必须是金融服务。金融机构资产负债表也即针对提供金融服务的机构单位的总体所编制的经济存量核算表。

5.1 金融机构资产负债表编制研究综述

国际上有关金融机构资产负债表的研究起步于20世纪30年代。Dickinson和Eakin建议将企业存量报表制度引入国民经济核算体系，有关金融机构资产负债表的编制理论与方法讨论则首次在20世纪60年代被提出[1]。国际金融危机爆发以来，更是吸引了经济学家们对金融机构资产负债表展开研究。通过对现有成果的梳理，发现国内外对于金融机构资产负债表的探讨主要集中于编制理论、技术研究以及资产负债表应用分析三方面，下面就从这三个角度对金融机构资产负债表的研究现状进行说明。

---

[1] Dickinson F, Green F, Eakin A F. A Balance Sheet of the Nation's Economy [M]. Illinois: University of Illinois, 1936.

5.1.1 理论研究综述

金融机构资产负债表是国家资产负债表的重要构成部分,用于记录金融机构部门经济存量核算结果。关于资产负债表的编制理论研究主要从编表原则、主体及项目分类和估价的一般原则等方面阐述。联合国等国际组织出版的《国民经济核算体系 1953》(简称 SNA1953)中首次对金融机构资产负债表的编制理论进行描述,建立了包含金融机构资产负债表的国民经济账户体系。美国经济学家 Raymond Goldsmith 首次尝试在国家风险管控层面系统引入金融机构资产负债分析应用的相关内容[1],之后 Goldsmith、Lipsey 和 Goldsmith 还尝试编制了美国国家及各机构部门的资产负债表,编制期限较长,从 20 世纪初编制到 20 世纪 80 年代。其中,美国金融机构资产负债表部分分类非常详细,有 13 个子部门,交易项目则由有形资产、金融资产、负债和权益四类构成[2][3][4]。之后,英国的经济学家 Jack Revall 在《国家资产负债表和国民账户——进一步研究》中尝试编制了 1957—1961 年的英国国家资产负债表,其中就设置有金融企业资产负债表,同时还利用国民经济核算数据估算了 1951—1961 年的英国的国民财富总量值[5]。英国金融机构资产负债表项目主要分为非金融资产、金融资产及负债三大类,其中资产负债项目采用现行市场价格估价,表式设计以及编制原则以联合国制定的 SNA 和欧盟发布的 ESA 标准相结合制定[6]。从 1975 年起,

---

[1] Goldsmith, Raymond W, and Robert E. Lipsey. Studies in the National Balance Sheet of the United States [J]. Journal of Finance, 1963, 127 (3): 84 – 85.

[2] Goldsmith, Raymond W. The Uses of National Balance Sheets [J]. Review of Income and Wealth, 2010, 12 (2): 95 –133.

[3] Goldsmith, Raymond W. The National Balance Sheet of the United States [M]. University of Chicago, 1982: 33 –46.

[4] Goldsmith, Raymond W. Comparative National Balance Sheets: A Study of Twenty Countries [M]. University of Chicago Press, 1985: 78 –89.

[5] Revell, Jack. The National Balance Sheet of the United Kingdom [J]. Review of Income and wealth, 2010, 12 (4): 281 –305.

[6] Holder, Andrew. Developing the Public – sector Balance Sheet [M]. Economic Trends, 1998: 31 –40.

英国开始定期公布国家和各部门资产负债表（Holder，1998）。实际上，多数国家资产负债表的编制准则都是以 SNA2008 为标准进行制定，联合国颁布的 SNA2008 详细地阐述了核算项目以及估算方法[①]。加拿大在 1990 年才开始编制以市场价值估算的金融机构资产负债表，与国家资产负债表一起定期发布。加拿大国家资产负债表包括经济部门、公司部门和政府部门三大部门，其中经济部门和公司部门又细分为若干个子部门，而资产负债表中并不包括单独的金融机构部门资产负债表。

在中国的金融机构资产负债表编制理论研究中，陈敏、孙娜和李晓阐述了 1992 年以来中国有关金融机构资产负债表的变化历程，探讨了《企业会计准则》对资产负债以及所有者权益概念的作用，研究了金融机构资产负债表项目内容变化以及应用分析方法两个层面，对金融机构资产负债表的未来发展前景给予展望[②]。李金华从国家资产负债表的元素构成以及表式设计角度对其谱系进行了探讨，给出了涉及金融机构资产负债表的各层次表式构成，认为应加快中国资产负债表的编制步伐[③]。总地来看，国内学术界关于金融机构资产负债表编制理论的研究成果很少，理论依据大多是会计核算原理和国际会计准则理事会（IASB）等提出的资产负债项目概念等，现有研究也主要是对资产负债表编制的理论以及编制目的等方面进行探讨，较少学者从国民经济核算的角度对金融机构资产负债表编制的技术以及方法等问题进行深入研究。

5.1.2　编制及应用研究综述

5.1.2.1　编制技术研究

前面探讨了资产负债表编制的理论研究，关于金融机构资产负债表编制技术的研究可从表式设计及项目分类、编制方法、资产估价等方面展开论述。自 20 世纪末金融危机爆发以来，关于金融机构资产负债表编制方法

[①] 联合国等.2008 国民账户体系［M］.北京：中国统计出版社，2012：40－68.
[②] 陈敏，孙娜，李晓.我国资产负债表的变迁与发展［J］.会计之友，2010（8）：23－42.
[③] 李金华.中国国家资产负债表的逻辑思考［J］.经济经纬，2014（6）：114－120.

的研究、探讨较为活跃，国际货币基金组织 Mathisen 和 Pellechio 在 2003—2005 年发表了多篇有关金融部门资产负债表分析应用的文章，促进了金融机构资产负债表编制研究的发展①。

虽然中国金融机构资产负债表编制研究远落后于发达国家，但是也取得了较多成果。20 世纪 90 年代时，中国国家统计局开始研究编制国家资产负债表，并于 2004 年公开发布《国家资产负债表（1998）》指导规范，之后又分别在 1997 年和 2007 年出版《中国资产负债表编制方法》一书，其中介绍了金融机构资产负债表的各项核算准则和理论框架，但之后国家资产负债表的编制工作一直处于试编阶段，国家统计局并没有公布出来金融机构资产负债表的实际编制结果②。侯杰以中国国家统计局给出的国家资产负债表编制指导手册的内容为基础，将金融部门资产负债表的资产共分为"非金融资产"和"金融资产"两类，之后又将国内金融资产和国外金融资产按时间长短进行细分，以便于测算资产负债表货币错配等不合理变化对国家经济稳定发展的影响③。刘锡良、刘晓辉将金融部门分成了银行类和非银行类两层面的金融机构进行资产负债表的编制④。

复旦大学马骏团队将金融机构部门的资产负债表划分成中央银行资产负债表和商业银行资产负债表两个部分，参考国际上其他国家和机构的编制经验，估算了相关存量数值，完成了 1998—2010 年的金融机构部门资产负债表的试编，根据编表结果测算出商业银行的总资产占据金融机构部门总资产的比重较大⑤。林忠华首先阐述国外发达国家资产负债表编制的先进技术，提出加快编制国家资产负债表以及地方政府资产负债表的编制进

---

① Mathisen, Johan, and Anthony Pollachi, 2006. "Using the Balance Sheet Approach in Surveillance: Framework, Data Source, and Data Availability". IMF Working Paper, WP/06/100.

② 国家统计局国民经济核算司. 中国资产负债表编制方法 [M]. 北京: 中国统计出版社, 1997: 18 - 37.

③ 侯杰. 国家资本结构与新兴市场国家金融危机 [J]. 中国人民大学, 2006 (8): 21 - 23.

④ 刘锡良, 刘晓辉. 部门（国家）资产负债表与货币危机: 文献综述 [J]. 经济学家, 2010 (9): 96 - 102.

⑤ 马骏, 张晓蓉, 李治国. 中国国家资产负债表研究 [M]. 北京: 社会科学文献出版社, 2012: 45 - 67.

度，有必要制定权责发生制度以助于政府资产负债表对我国财政状况的预测，健全我国对政府资产负债表严格的管理体系①。中国银行组曹远征采用推算法编制资产负债表，得出的结果与马骏团队十分相似②。裴沈华提出，我国资产负债表的编制技术较落后，而企业资产负债表的编制工作较完善，其研究了未来资产负债项目的分类内容以及具体的编制准则③。

中国社会科学院李扬团队以金融机构人民币信贷收支表、保险公司及证券公司的数据汇总分类编制了 2000—2013 年的金融机构资产负债表，并测算出从 1996 年以来的金融部门债务杠杆率④⑤。李金华设计了国家资产负债静态表以及动态表的表式，将金融业企业部门资产负债表又细分为中央银行、政策性银行和各类商业银行等部门，并深入研究资产负债存流量转换的核算方法理论⑥。周领试编了各机构部门的资产负债表，对于金融机构资产负债表直接引用马骏团队的商业银行资产负债表数据，表明金融部门中 90% 的资产来源于商业银行⑦。陈亮阐述了中国资产负债核算在学术研究以及实践中存在的不足之处，并就加快发展中国资产负债核算的方法、完善资产负债核算理论体系提出一些可行性建议⑧。

5.1.2.2 应用研究

金融部门资产负债表分析方法主要应用于宏观金融领域中，下文主要分为对金融部门风险的测度、各部门之间风险传导机制以及在宏观监控管理体系中的应用三方面展开研究。

（1）测度宏观金融风险方面的应用研究。在部门金融资产的市场价值

---

① 林忠华. 国家和政府资产负债表初探 [J]. 上海对外经贸大学学报，2014（3）：41-51.
② 曹远征，马骏. 问计国家资产负债表 [J]. 财经，2012（12）：33-37.
③ 裴沈华. 国家资产负债表研究 [J]. 科学发展，2013（12）.
④ 李扬，张晓晶，常欣. 中国国家资产负债表 2013 [M]. 北京：中国社会科学出版社，2013.
⑤ 李扬，张晓晶，常欣. 中国国家资产负债表 2015 [M]. 北京：中国社会科学出版社，2015.
⑥ 李金华. 中国国家资产负债表谱系及编制原理的方法论 [J]. 管理世界，2015（9）：1-12.
⑦ 周领. 国家资产负债表研究 [M]. 北京：社会科学文献出版社，2014.
⑧ 陈亮. 中国资产负债核算回顾与展望 [D]. 东北财经大学统计学院，2018.

可以确定的条件下,可以利用资产负债表存量数据对金融部门的风险状况进行分析,如 Krugman 采用了资产负债表方法定量分析财政赤字的货币化是如何影响固定汇率的,可以说打开了资产负债表方法在现代经济学的应用大门①。Blejer 在资产负债表的框架下利用 VAR 指标对金融部门风险进行测度。首先将资产负债表中的各个项目以及表外项目看作投资组合,之后便用该投资组合价格的波动率来测算相对应的 VAR 指标值②。Allen 等主要基于资产负债表研究造成金融风险的原因,最终研究发现期限错配、货币错配、资本结构错配、清偿力缺失是造成金融风险的主要原因。如果从这四个原因出发,完全能够揭露金融危机的根源③。Haim 和 Levy 以以色列国家资产负债表为基础,重点分析了国家及部门债务、资本结构与金融稳定性之间的关系以及关联程度大小④。Lima、Rosenberg 利用资产负债表分析方法分析宏观经济脆弱性⑤⑥。John R. 为研究银行资产负债表管理的关键问题提供了基础,提出一个动态的框架,以综合的方式包含银行资产负债表中的主要风险⑦。前文提及的学者侯杰也研究了分部门资产负债表的资本结构与金融稳定性以及货币危机之间的关系。李扬团队则立足于中国主权资产负债表编制的角度,根据估算结果,从宏观总量和资产负债结

---

① P Krugman, A Model of Balance - of - Payments Crises [J]. Journal of Money Credit & Banking, 1979, 11 (3): 311 - 325.

② Bleyer, I. M., L. Schumacher. Central Bank Vulnerability and the Credibility of Commitments [M]. IMF Working Paper, 1988: 98 - 65.

③ Allen Mark, Rosenberg Christoph, Keller Christian, Setzer Brad, and Roubini Nariel. A Balance Sheet Approach to Financial Crisis [J]. Social Science Electronic Publishing, 2002, 02 (210): 1 - 22.

④ Haim Yair, and Levy Roee. Using the Balance Sheet Approach in Financial Stability Surveillance: Analyzing the Israeli Economy's Resilience to Exchange Rate Risk [R]. Bank of Israel, 2007.

⑤ Lima, Juan Manuel, Enrique Montes, Carlos Varela, and Johannes Wiegand, Sectoral Balance Sheet Mismatches and Macroeconomic Vulnerabilities in Colombia [J], Social Science Electronic Publishing, 2006, 06 (5).

⑥ Rosenberg, Christophe, Haikais, Iohannis, House, Brett, Keller, Kirsten, Nested, Jens, Pitt Alex, and Setzer Brad. Debt - Related Vulnerabilities and Financial Crises: An Application of the Balance Sheet Approach to Emerging Market Countries [M]. IMF, Washington D. C., 2005.

⑦ John R. Birger, Pedro, Júdice, Long - term Bank Balance Sheet Management: Estimation and Simulation of Risk - factors [J]. Journal of Banking & Finance Vol. 37, No. 12, December, 2013, 4711 - 4720.

构两个层面对我国主权债务风险进行了测算分析①。

（2）测算宏观金融风险在各部门之间的风险传导机制。Gray 等探讨了部门间金融风险的分担与传播，深刻认识金融危机的风险传导机制②。Cúrdia、Vasco 和 Michael Woodford 提出了一个极简主义［偏离了由伍德福德（Woodford）于 2003 年制定的标准新凯恩斯主义模式］，但有着严谨、清晰的框架。这个框架对研究金融冲击的宏观经济影响非常有用，并为观察货币的宏观经济提供信息和简洁的政策③。David Miles 改变了资产负债表的规模和构成对中央银行经济造成的影响，借助资产组合平衡的作用表明资产购买可能是影响价格和需求的方式之一④。Christiaan Petitely 记录了自金融危机以来的资产负债表构成发生的重大变化和资产负债表配置出现的较大差异，实施非常规货币政策措施的后果是先进经济体的中央银行在资产负债表构成方面经历了明显的变化⑤。李杨编制的中国国家资产负债表结果常被引用，国际货币基金组织和世界财富与收入数据库以及国际主流学术期刊都曾基于该表进行过金融机构部门的财富构成、债务风险等内容的测算⑥⑦⑧⑨。也有学者从我国影子银行的资产负债表角度测算影子银

---

① 李扬，张晓晶，常欣，汤铎铎，李成. 中国主权资产负债表及其风险评估上 [J]. 经济研究，2012（6）：4-21.

② Gray, Dale. F., et al. New Framework for Measuring and Managing Macro – financial Risk and Financial Stability [R], NBER, Working Paper, 2007, No. 13607.

③ Cúrdia, Vasco, Michael Woodford. The central – bank balance sheet as an instrument of monetary policy [J]. Journal of Monetary Economics, 2011, Vol. 58, No. 1, January, 2011, 80 – 82.

④ David Miles, Jochen Schanz. The Relevance or Otherwise of the Central Bank's Balance Sheet [J]. Journal of International Economics, 2014, 92：S103 – S116.

⑤ Pattipeilohy C. A Comparative Analysis of Developments in Central Bank Balance Sheet Composition [J]. Working Paper of Basel Bank for International Settlements, 2016.

⑥ Li, Y., X. Zhang. China's sovereign balance sheet and implications for financial stability in：S. D. Udaibir et al (eds), China's Road to Greater Financial Stability：Some Policy Perspectives, International Monetary Fund, 2013.

⑦ Frécaut. Systemic Banking Crises：Completing the Enhanced Policy Responses [J]. Journal of Financial Regulation & Compliance, 2017, 25 (4).

⑧ Naughton, B. Is China Socialist? [J]. Journal of Economic Perspectives, 2017, 31 (1)：3 – 24.

⑨ Piketty, T. et al. Capital Accumulation, Private Property and Rising Inequality in China, 1978—2015 [J]. NBER Working Paper, 2017, 23 – 368.

行会带来的风险。白鹤祥等以会计账户风险传染为基础,分析了影子银行在自身部门内部的风险生成机理,研究发现了影子银行对其他部门的风险传染机制①。

(3) 资产负债表在宏观管理体系中的应用。将资产负债表和 CCA 的分析方法应用于宏观审慎政策设计,测算金融部门对风险调整后的 GDP 的贡献大小,可为我们提供一种宏观金融风险管理的新思路,如 Gray②。易纲和李扬等也通过资产负债表分析了金融危机爆发的原因以及如何防控金融风险的发生③④。曾有学者从管理资产负债表的角度探讨在利率市场化的前提下传统商业银行究竟会如何进行未来发展转型,并分析目前我国商业银行在资产负债表管理方面会面对哪些风险,如聂召⑤。邢莹莹研究金融机构杠杆率变动会通过哪些不同的资金运用和来源方式,并汲取之前发生的金融危机的经验,就在下降速度较快的杠杆率的背景下如何稳定金融发展提出了宝贵建议⑥。我国确定逆周期资本缓冲考察的是信贷增速与名义目标 GDP 增速的偏离,张晓慧表示我国应该测算各金融机构部门对经济总体信贷有所偏离的影响大小,对经济总体偏离程度影响较大的金融部门应该要求更严格的管理⑦。中国人民银行南京分行课题组刘念尝试在资产负债表衰退对货币政策的影响理论框架中引进去杠杆因素,并在此基础上建立 DSGE 模型,用来测算资产负债表的衰退对货币政策传导的影响程度大小,同时指出,中国人民银行是较为特殊的金融机构,其资产负债表的变化反映了中国货币政策调控手段的变化⑧。

---

① 白鹤祥,刘社芳,刘蕾蕾. 我国影子银行资产负债表的构建与风险测度研究 [J]. 会计研究,2017 (12): 17 – 23.

② Gray, D. and A. Jobst. Systemic Contingent Claims Analysis (Systemic CCA) – Estimating Potential Losses and Implicit Government Guarantees to the Financial Sector [J]. IMF working paper. International Monetary Fund, 2011.

③ 易纲. 中国能够经受住金融危机的考验 [J]. 求是,2008 (22): 36 – 37.

④ 李扬. 要从资产负债表来控制资产泡沫 [J]. 夏季达沃斯论坛发言,2009.

⑤ 聂召. 商业银行资产负债表管理与转型探索 [J]. 上海金融,2014 (5): 40 – 45.

⑥ 邢莹莹. 对我国金融机构资产负债表、杠杆率与金融稳定的思考 [J]. 2015 (7): 50 – 53.

⑦ 张晓慧. 宏观审慎政策在中国的探索 [J]. 中国金融,2017 (11): 23 – 25.

⑧ 刘念,周源. 资产负债表衰退、去杠杆与货币政策传导 [J]. 上海金融,2017 (10): 3 – 13.

由前文整理的文献可知，目前金融机构部门资产负债表的编制研究大都集中在美国、澳大利亚等发达国家，这些国家也曾尝试编制并公布了分部门资产负债表，但在核算项目分类以及估价方法等多方面均有不同之处。国内外各位学者得出的研究结论存在差异已经成为我国金融机构资产负债表编制中的一个显著特征。自金融危机爆发以来，关于资产负债表的编制探讨大都停留于会计核算层面，且多数文献均是在探讨利用资产负债表的分析与管理方法预测金融风险，国内关于资产负债表编制的研究成果仍然较少，有关编制金融机构资产负债表的关键技术、表式设计等需要注意的问题更是在现有文献中较少提及。因此，我国应尽快提供一套完善的资产负债表编制体系。

5.2 金融机构资产负债表编制方法设计

5.2.1 编制思路

金融机构部门的资产负债表是一个时点存量记录系统，全面记录金融机构部门在特定时点所拥有的全部资产和负债情况。存量是流量的结果，完整的国民经济核算体系中不仅有对机构部门流量的核算结果，也有对流量累计结果存量的记录。在一国的实际核算操作中，一般是在期初存量的基础上，通过对期内相关经济流量进行价格、耗减等一系列处理后盘存成各个机构单位的资产负债表，进而通过核算汇总的方式来构造机构部门资产负债总表。

经济流量是过程记录，经济存量是结果记录。基于国民经济核算的整体框架来考虑金融机构部门资产负债表的编制问题，也应该遵循将流量核算与存量核算通盘考虑的指导思想，依据二者之间的经济关联来构造存量资产的核算方法。在期初存量的基础上，首先解决存量、流量指标因为性质不同而导致的可加性问题，然后叠加期内增量，核减期内消耗，最终形成期末存量是统计资料完备情况下编制一国资产负债表的首选核算思路。

基于以上考虑，本书设计的金融机构部门资产负债表编制方法的主体思路就是"金融资产和非金融资产的永续盘存法"。如在非金融企业部门资产负债表编制过程中的介绍，金融资产的永续盘存法是在金融机构部门资金流量表的基础上，通过确定期初存量后的逐期盘存来获得各期的金融资产与负债存量结果。盘存过程由于前文已经做过介绍，这里不再赘述。下面重点介绍与国内其他学者和组织编制金融机构部门资产负债表所用方法的区别。最具代表性的是国内社科院李扬团队的方法，其利用中国人民银行公布的金融机构人民币信贷收支表、保险公司资产负债表，以及证券公司资产负债表，通过数据汇总来编制金融机构部门资产负债表。复旦大学马骏团队则是尝试编制了商业银行资产负债表，其认为商业银行资产占据金融机构的比重较大，因此将商业银行资产负债表作为国家金融机构部门的资产负债表。很明显的一个问题就是核算主体的范围问题，即通过以上方法能够搜集到的基础数据能不能涵盖"金融机构部门"这一统计口径。我们知道，金融机构部门是提供金融服务的机构单位的集合，商业银行不能够代表金融机构部门，在中国金融机构部门主要应该包括中国人民银行、商业银行和其他金融机构（保险公司、证券公司、信托投资公司、金融租赁公司、汽车金融服务公司、其他提供金融服务的公司等）。在如此多的分类前提下，如何获取各类金融机构的资产负债表成为难题，如果大面积进行数据估算，估算误差又会被扩大。另外一个问题就是重复计算问题。多数金融机构都是混业经营，无法明确地按照银行业务、保险业务等分类进行资产负债内容上的区分，由此必然导致大量的重复计算。现阶段我国存在两种形式的金融机构资产负债表，一种是由货币当局和其他存款性公司资产负债表合并而成的存款性公司概览，另一种是金融机构人民币信贷收支表。二者在统计口径、核算项目分类、内部上的差异，以及内部部门间债权债务关系不明确，都是我们进行金融机构存量核算的障碍。

中国现实的国民经济核算体系中，已经公布了连续年度的金融机构部门资金流量表,向前追溯可以查到我国构建现代金融体系之初的1992年金融机构部门资金流量表。首先在核算主体上,流量核算中的金融机构部门和我们需要进行存量核算的金融机构部门口径是完全一致的,同时在流量核算过程中已经解决了重复计算的部门内部债权债务关系的处理问题。资金流量表中的流量记录是对金融机构部门历年参与各项金融交易内容的最精确展示。因而,我们在构建期初流量的基础上,通过对逐期流量盘存来估算期末存量的思路是合理的,这也有助于保持我国国民经济核算流量记录和存量记录的一致性、衔接性。

在非金融资产数据的核算中,本书采用永续盘存的方式进行编制。在金融机构部门的非金融资产构成上,理论上应该包括固定资产、存货以及其他非金融资产。但由于金融机构的产品是金融服务,不存在库存问题,其他非金融资产也少之又少,非金融资产的主要构成就是固定资产和无形资产,而中国目前尚未发布金融机构无形资产的相关数据,因而金融机构部门非金融资产的核算对象就只剩下固定资产。由于金融机构在经济运行中处于资金融通的核心位置,其资产构成的大头主要是金融资产,因此,目前学界对金融机构部门非金融资产存量核算进行讨论的成果几乎没有。参考前文对非金融企业部门非金融资产存量进行计算的方法,我们构造了金融机构部门固定资产存量的永续盘存法。依照期初存量基础上盘存期内流量的基本思想,估算历年的金融机构部门固定资本存量。由于能够查阅到的金融机构部门固定资产数据最早公布于1992年的资金流量表(实物交易)之中,我们便以1992年为第一期进行金融机构部门固定资产存量的盘存估算。

5.2.2 表式设计及项目分类

在金融机构部门资产负债的具体分类上,与其他机构部门的结构保持一致。依然是采用SNA框架下的分类模式,资产分为非金融资产和金融资产。非金融资产包含固定资产一项,金融资产和负债均由通货、存款、贷款、保险准备金、债务性证券、股权和投资基金份额、国际储备、其他

（含金融衍生品）组成。净值相当于所有者权益是平衡项，代表了金融机构部门中的可支配的盈余财富值，也就是金融机构部门所拥有的权益。需要注意的是，金融机构部门由于是资金融通部门，其非金融资产规模有限，资产负债情况受社会融资状况影响较大，经济形势恶化时由于贷款等融资需求下降以及金融机构为防范风险而产生"惜贷"现象，而短期内其负债规模又很难发生很大变化，因此很容易产生由于金融机构部门金融资产小于金融负债而出现自身资产净值为负数的现象。

本部分表式设计主要是依据国务院办公厅公布出的资产负债简表形式，以及SNA2008国际标准来制定的，对于核算项目的分类标准主要是参考SNA2008核算准则，具体表式设计如表5–1所示。

表5–1　　　　　　金融机构部门资产负债表简表设计

项目	余额	项目	余额
一、非金融资产			
固定资产			
二、金融资产		三、金融负债	
通货		通货	
存款		存款	
贷款		贷款	
保险准备金		保险准备金	
债务性证券		债务性证券	
股权和投资基金份额		股权和投资基金份额	
国际储备		国际储备	
其他（含金融衍生品）		其他（含金融衍生品）	
总资产		四、净值	

下面就金融机构部门的存量核算口径进行具体介绍。就核算主体而言，金融机构部门在SNA2008中定义的关键依据是"为其他部门提供金融服务"的常驻单位集合。按照其具体从事的金融交易活动的类型不同，又

可以被划分成中央银行、商业银行、证券公司、保险公司、信托投资公司等很多类别。SNA2008对金融子部门的划分主要有按主要收入来源、按参照人的特征和按住户的规模和所在地共三种形式。

本部分对金融机构部门主体的核算参考了 SNA 标准制定的核算准则。从定义范围来看，机构部门分类中的金融机构部门，具体主要包括的单位有：中央银行（如中国人民银行）、各商业银行（国有及地方性商业银行）、其他金融机构（主要包括证券公司、保险公司、信托投资公司、金融租赁公司、汽车金融服务公司、其他提供金融服务的公司等）。

金融部门核算内容上首先分类设置没有 SNA2008 这么细致，考虑到数据来源，以及为保持时间序列前后和部门间的一致性，非金融资产中仅对固定资产进行核算。金融资产主要包括通货、存款、贷款、保险准备金、债务性证券、股权和投资基金份额、国际储备、其他（含金融衍生品）这八类。

固定资产是指在一定时点上能够保证金融部门的正常运转，其使用年限和单位价值符合金融部门规定，拥有一定不易改变的物质形态的资产。其中主要包括房屋、机器和设备。

金融资产是指除非金融资产之外的，在核算期内持有或者使用它们可以从中获取一定的经济利益的资产，对于此类债券由单位拥有并可以由相关单位进行处理。金融资产主要包括通货、存款、贷款、股权和投资基金份额、其他金融资产。金融负债与金融资产核算项目相同。

通货是流通领域中的货币，流通的形式是现金。

存款是金融机构部门的主要负债项目，指住户部门、政府部门等机构部门将货币存入金融机构形成的存量。

贷款是金融机构部门的主要资产，指银行或者其他信用机构根据必须归还的原则，按照一定的利率为机构单位提供货币资金的一种信用活动形式。

股权和投资基金份额指金融机构持有的在完成全部债权的清偿后，剩余的价值索取权证明票据、记录等。其中股权的债务方是发行股票的机构单位，是通过股权募集到资金的机构单位。

债务性证券是指金融机构部门持有的，机构单位以间接投资的方式承购或因销售产品及商品而拥有的，可在金融市场上进行交易的代表一定债券的书面证明。

保险准备金是指相关金融机构持有的非人寿险准备金和人寿险准备金。

其他金融资产指没有归入上述金融资产项目中的所有债权债务。主要包括金融机构部门持有的商业信用和预付款及其他应收或应付款项。

5.2.3 金融机构资产负债表内在平衡关系

国家资产负债表在依据经济循环的过程中会产生动态和静态两种平衡关系，对于每种平衡关系有相应的静态表和动态表两种形式。本部分所编制的是静态表，静态表主要反映资产负债数据规模及比例分布，动态表可以体现出各交易项目之间的转移关系。资产负债表的平衡关系主要有动态平衡和静态平衡两种。

从存量到流量再到存量的经济循环过程是机构部门资产负债变动的基本逻辑，在这个过程中资产负债表也实现了从期初存量到期末存量的动态平衡，这中间的全部变动，即该时期发生的经济流量变化内容。在国民经济核算中，对于流量和存量两方面的核算均给出相关阐述。经济流量是指某核算期内所发生经济行为导致的效果，经济存量反映了某经济行为在核算期间内特定时点的累计数额。因此，流量与存量之间存在可以转化的关系，某一核算期各种经济流量形成期末经济存量。经济存量与经济流量只是两种不同的存在形式，用公式可以表达为：

期初经济存量 + 期内经济流量增加 - 期内经济流量减少 = 期末经济存量

金融机构部门资产负债表中的实际平衡关系与其他机构部门一致，也是通过总量平衡和分量衔接平衡共同构造一个分层平衡系统，主要的平衡关系如表 5-2 所示。

表 5-2　　　　　金融机构资产负债表中的主要平衡关系

总资产 = 总负债	
总资产 = 非金融资产 + 金融资产	金融负债 = 通货 + 存款 + 贷款 + 保险准备金 + 债务性证券 + 股权和投资基金份额 + 国际储备 + 其他金融资产
非金融资产 = 固定资产 + 存货 + 其他非金融资产	
金融资产 = 通货 + 存款 + 贷款 + 保险准备金 + 债务性证券 + 股权和投资基金份额 + 国际储备 + 其他金融资产	
	资产净值 = 总资产 - 金融负债

5.3　金融机构资产负债表编制过程及结果

5.3.1　基本步骤及数据来源

本部分采用非金融资产和金融资产的永续盘存法，来分别对金融机构部门的非金融资产和金融资产年度存量进行估算。

用永续盘存法来计算金融部门的非金融资产数据的具体步骤如下：第一，在一定的假定条件下估算出作为基期的 1992 年金融机构部门固定资本存量。第二，通过试算确定金融机构部门的固定资产使用年限，确定其固定资产折旧系数。第三，利用第 3 章计算得到的固定资产投资存量价格指数对年度流量进行价格缩减，解决存量流量的可加性问题。第四，利用上年的资本存量加上本年资本增加量，扣减折旧总额，即可得到本年的资本存量，其他年份的资本存量依此类推。

金融机构部门金融资产与金融负债存量的估算过程与非金融机构部门类似，不再赘述。需要说明的是，我国公布的资金流量表有一个金融交易项目名为"金融机构往来"。该项目主要用于记录金融机构之间往来项目的流量情况，属于金融机构部门内部的交易项目流量记录。为避免由于叠加内部交易而造成对金融机构部门资产与负债存量的高估，这里我们从金融机构部门资金流量表中剔除掉该项目，同时对相关总量进行调整，以更准确地反映与其余机构部门并列的金融机构部门的年度金融资产与负债交易实际情况。

就原始数据的具体来源而言，1992—2017年金融机构固定资产和金融交易流量数据由国家统计局实物交易资金流量进行估算整理所得。永续盘存法使用的全社会资本形成总额以及资本形成总额价格指数（上年=100）等数，根据历年中国统计年鉴及《新中国60年统计资料汇编》搜集得到。

5.3.2 金融机构资产负债表的实际编制

李扬和马骏在编制金融机构资产负债表的过程中，明确说明由于非金融资产的轻资产性以及数据披露的不完整性，仅编制金融资产和负债，但这只能编制出来不完整的金融机构部门资产负债表。本部分采用永续盘存法对金融机构非金融资产存量项目进行综合估算，以期能够完整展示金融机构部门的资产负债构成，具体过程如下。

5.3.2.1 永续盘存法估算非金融资产

在本部分中永续盘存法主要是指非金融资产数据的推算，如前文所述，多数学者在估算固定资本存量时直接使用固定资产投资价格指数为依据进行计算。由于忽略了资本存量价格指数与资本流量价格指数的区别，这种做法是不正确的。估算过程应该使用固定资本形成存量价格指数来对相关流量数据进行价格调整，进而再对固定价格的存量资本序列进行盘存，计算所需要的部门的非金融资产存量数据。

首先，对计算指标的表达符号进行定义，定义全社会资本形成总额为 G_t^s，金融部门资本形成总额为 G_t，金融部门固定资本形成总额为 G_t^g，用 θ 表示资本形成总额价格指数。相关指标字母的右上角加"c"表示存量，加"'"表示当年价，加"c'"表示当年价存量，字母右下角加"t"表示年份。从中国公布的流量核算数据可以看到，中国金融机构部门的非金融资产中仅包括固定资产，不包含存货等其他非金融资产。利用永续盘存法估算非金融资产的具体计算步骤如下。

第一，从历年的中国统计年鉴以及《新中国60年统计资料汇编》中，我们可以查阅到1991—2017年的全社会资本形成总额，综合考虑固定资本使用寿命，理论上可以按照盘存累加的方法得到 1949 年新中国成立以来的固定资本存量总额。在实际对金融部门非金融资产进行估算时，考虑到 1992 年以前金融机构部门的非金融资产规模极其有限，本部分便将 1992 年作为金融机构部门的非金融资产数据永续盘存的初始年份。

第二，由于 1992 年为基期，因此，需要计算 1992 年的当年价存量的全社会资本形成总额 G_t^s。学者贺菊煌在估算资本存量时，计算出资本存量与当年 GDP 的比值约为 3.668，通过试算，我们认为该结果较为合理。因此，本部分查阅到 1992 年的支出法 GDP 总量之后，将其乘以比值系数 3.668 即可得到以 1992 年的当年价全社会资本形成总额存量。

第三，1992 年金融机构部门非金融资产期初存量 G_t^c 的计算，需要在计算出 1992 年的当年价全社会资本形成总额存量的基础上，按照金融机构部门相应资产占全社会总资产的比重进行分解，可以计算出 1992 年的当年价固定资本形成总额存量 G_t^{gc}。

$$\begin{cases} G_t^c = G_t^{sc} \times G'_t / G_t^{tot} \\ G_t^{gc} = G_t^c \end{cases} \qquad (5-1)$$

其中，G_t^c 表示 1992 年的资本形成总额存量，G_t^{sc} 表示 1992 年的全社会资本形成总额存量，G'_t 表示金融部门 1992 年的资本形成总额（当年价），G_t^{tot} 表示 1992 年非金融、金融、政府以及住户四个部门的资本形成总额（当年价）之和，G_t^{gc} 表示 1992 年固定资本形成总额存量。由于金融机构部门仅有固定资本形成总额，因此金融部门固定资本形成总额与资本形成总额数值相等。

第四，计算出 1992 年的当年价各项资产存量之后，我们需要依据固定资产存量价格指数 θ_t^c 估算出所求年份的当年价各项资产存量数据。该存量价格指数 θ_t^c 反映了某时期内总固定资产存量历史价格的变动趋势和程度的相对数，可用按历史价格计算的总固定资本存量 $G_t^{kc}{'}$ 与按不变价格计算的总固定资本存量 G_t^{kc} 之比来表示，公式如下：

$$\theta_t^c = G_t^{kc}{'} / G_t^{kc} \qquad (5-2)$$

第五，按照固定价格和当年价格分别计算固定资本存量总额时，需要使用按照当年价格计算的固定资本形成总额 D'_t，还需要用到固定资本形成总额价格指数 θ_t。

第六，分别计算按固定价格计价的固定资产投资 D_t^g、按固定价格计价的资本存量 D_t^c、按历史成本价格计价的资本存量 $D_t^{c'}$。

$$\begin{cases} D_t^g = (D'_t)/\theta_t \times 100 \\ D_t^c = \sum_{(t-19)}^{t} D_t^g \\ D_t^{c'} = \sum_{(t-19)}^{t} D'_t \end{cases} \qquad (5-3)$$

2000 年以前我国金融机构固定资产积累速度较慢，资产更新时间较长，参照非金融企业固定资产使用年限的设定，假设其平均使用年限为 20 年。期初存量便可以由前 20 年的固定资产积累总额计算得到，θ_t^c 未固定资本形成存量价格指数，计算过程见前文。

第七，估算 1993—2017 年按照当年价计算的金融机构资本形成总额（存量）$G_t^{c'}$、固定资本形成总额（存量）$G_t^{gc'}$。

$$G_t^{gc'} = G_t^{c'} = (G_{t-1}^{c'}/\theta_t^c \times 100 + G_t) \times (1 - 0.10) \qquad (5-4)$$

这一步骤的设计原理即为从期初存量到期末存量的盘存过程，即期初存量加期内增量扣减折旧量即为期末存量。由于银行的固定资产规模有限，同时行业的特殊性又对固定资产硬件的要求较高，资产更新换代速度要快于一般企业，尤其是 2000 年以后速度更快，出于这个考虑，我们将 2000 年以来金融机构固定资产的使用年限设定为 10 年，按照 10 年一个周期来计算金融机构固定资本折旧额，计算结果对比后较为合理，因此，本部分采用 0.10 作为固定资本折旧率（实际上由于非金融资产在金融机构总资产中占比非常小，折旧率的设定不会对最终结果造成太大影响，但为了将金融机构与企业部门相区分，这里将其折旧率进行了分段设定）。

5.3.2.2 金融资产与负债的估算

以往的研究者在编制金融机构部门资产负债表时，常用的办法是将金融机构人民币信贷收支表转换成金融机构资产负债表。金融机构人民币信贷收支表统计的范围主要有中国人民银行、商业银行、信用社和财务公司等银行业存款类金融机构、信托投资公司、金融租赁公司、汽车金融公司和贷款公司等银行业非存款类金融机构等部门的金融交易活动。这与核算意义上的金融机构部门口径是不同的，更重要的是使用这种方法编制资产负债表涉及分类转换问题。为了与其他机构部门的资产类别相匹配，需要将该表中的分类转化为我国国民经济核算体系中的资产分类项目，这一转化过程会造成大量误差。同时还涉及提供金融服务的保险公司、证券公司资产负债表的合并加总问题，重复计算不可避免。

中国国民经济核算体系中已经完整地公布了1992年至今的金融机构部门资金流量表（金融交易），其中对每个年度金融机构部门在各项金融资产/负债项目上的交易流量都进行了详细展示。依照流量积累形成存量的基本原理，我们完全可以从资金流量表出发来通过对流量内容的盘存得到存量结果。这样一方面不存在核算主体口径不一的问题，另一方面，资金流量核算中已经通过相关技术处理了重复计算问题，数据更加准确。需要注意的是，金融机构内部交易项目"金融机构往来"属于部门内部资金往来的记录，将其加入资产负债总量的盘存过程会对整个部门的资产负债实际存量产生高估，因而，在计算过程中扣除掉了该项目。

整体盘存过程与其他部门一样，考虑到1992年之前我国的经济社会发展水平决定了金融资产的累积额度有限，如金融资产规模为6193亿元，不足2000年流量规模的5%，盲目估算反而会影响后续结果的准确性。同时参考住户部门的试算结果，以1992年流量为起点进行盘存至2004年得到的金融资产负债存量，与2012年中国金融稳定报告中公布的住户部门金融资产负债存量结果近似。因此，我们就同样以能查阅到的最早的1992年资金流量表为基期，将1992年的资金流量表中的金融资产和负债各项数值视作期初存量，进行当年存量计算时假定其金融资产、负债及其分项项目的流量即为存量。从1993年开始，盘存后的金融资产总额等于1992年与1993年金融资产加总的和，负债总额等于1992年与1993年负债项加总的结果，以此类推，即可完成金融机构部门2000—2017年金融资产与负债项目的存量估算工作。

5.3.3 金融机构部门资产负债表的最终编制结果

将金融资产与负债的盘存结果与非金融资产数据的盘存结果综合到一张表上，总资产为金融资产与非金融资产之和，净值为平衡项，即总资产－负债＝净值，得到一张完整的金融机构资产负债表（见表5-3）。

表5-3　2000—2017年中国金融机构部门资产负债表　　　　单位：亿元

	2000年	2001年	2002年	2003年	2004年	2005年	2006年	2007年	2008年
总资产	148855	171870	206963	260935	317595	388119	481558	611674	747392
非金融资产	1881	2024	2182	2231	2298	2373	2463	2603	2845
固定资产	1881	2024	2182	2231	2298	2373	2463	2603	2845
金融资产	146975	169846	204782	258704	315297	385746	479096	609071	744548
通货	153	153	153	154	153	153	153	153	153
存款	66	281	473	975	-597	297	1087	1204	5140
贷款	95393	107165	127424	155382	179486	204834	237406	277162	329258
保险准备金	0	0	0	0	0	0	0	0	0
债务性证券	17368	20165	25912	34169	47755	70030	91855	128222	155863
股权和投资基金份额	0	0	0	0	0	0	-195	1396	1728
国际储备	12195	16112	22362	32048	49128	67065	86757	119375	148494
其他	21800	25971	28457	35975	39372	43367	62033	81559	103912
金融负债	144619	169873	204324	255572	310423	382334	478137	587663	714650
通货	11479	12515	14104	16572	18295	21066	24107	27410	31522
存款	111491	130627	158538	194698	228460	274386	324403	378646	456027
贷款	-340	-473	-630	172	983	1194	1866	2924	4441
保险准备金	2784	3722	5362	7617	10080	13047	16176	19293	23773
债务性证券	7533	8684	11691	15291	25699	43958	62409	76779	97015
股权和投资基金份额	0	0	0	0	0	0	1191	6628	9964
国际储备	0	0	0	0	0	0	0	0	0
其他	11673	14798	15259	21223	26906	28683	47985	75983	91908
净资产	4236	1998	2639	5363	7172	5785	3422	24011	32743

续表

	2009年	2010年	2011年	2012年	2013年	2014年	2015年	2016年	2017年
总资产	917411	1140986	1333884	1552363	1798048	2076473	2376185	2816197	3173371
非金融资产	3116	3468	3952	4539	5206	5872	6449	6993	7648
固定资产	3116	3468	3952	4539	5206	5872	6449	6993	7648
金融资产	914295	1137518	1329932	1547824	1792843	2070601	2369736	2809204	3165723
通货	153	113	266	297	328	597	950	1900	1900
存款	8853	12315	17711	23001	26932	40760	71107	72835	76811
贷款	436877	534104	629868	752118	900166	1039601	1183791	1341920	1520123
保险准备金	0	0	0	0	0	0	0	0	0
债务性证券	181164	213504	230579	267530	294558	347400	455195	612559	703689
股权和投资基金份额	1562	1306	3365	6191	7189	10211	15618	21844	29303
国际储备	175710	207644	232701	238770	265376	272557	251166	221697	227876
其他	109976	168533	215443	259918	298293	359474	391909	536449	606021
金融负债	882335	1107997	1301727	1538173	1799029	2067871	2428252	2880080	3209196
通货	35568	42076	48238	52148	56063	57751	60708	65795	68137
存款	588791	719453	832868	962616	1116178	1246542	1402127	1574309	1716462
贷款	4882	5133	6575	6575	6575	6575	22355	28940	34196
保险准备金	29637	32107	37349	44217	50882	58370	66761	76791	89601
债务性证券	101801	113079	109474	119238	122793	140724	183140	232091	273503
股权和投资基金份额	8758	7192	9152	17211	19147	35721	61046	73953	97821
国际储备	0	0	0	0	0	0	0	0	0
其他	112898	188958	258072	336169	427391	522188	632114	828200	929475
净资产	35076	32989	32157	14190	-981	8601	-52067	-63883	-35825

采用两种方法综合编制的资产负债表数据是否可靠？本部分决定采用统计意义以及经济意义两方面进行验证，对于编制结果各项目是否符合经济意义以及各分类项目是否满足经济平衡关系，本部分采用了平衡性检验的方法进行经济检验。另外，由于净值代表金融部门所拥有的权益，也就是财富值，我们可以找出一个相关性指标与其进行匹配度检验。因此，本部分采用相关性检验以及平衡性检验两个途径检验编制结果的可信度。

利用两种方法综合编制的最终结果发现，资产负债方各项目均平衡，金融部门中资产方应该体现的项目在负债方中没有体现，体现了资产负债表的项目平衡关系。从静态平衡来说，最终编制结果满足"总资产－负债＝净值"这一平衡关系。按照"期初经济存量＋期内变化存量＝期末经济存量"这一"存量—流量—存量"的经济循环过程，我们测算了本期末与上期末的金融资产与负债流量变动是否与资金流量表中的核算总量相一致。另外，还测算了固定资产变动的情况是否与金融机构部门固定资本形成的年度流量相互匹配。

从测算出来的金融部门资产负债表计算出来的资产负债率序列的变动看，金融机构部门的资产负债率长期呈现上升趋势，这一结论与李扬团队通过麦肯锡方法测算的金融部门杠杆率是一致的。整体上升的同时也有波动，2008年国际金融危机期间，受危机影响，我国金融机构部门资产负债率也出现了下降的趋势，编表结果基本反映了金融机构资产负债的实际情况。

为进一步考察结果的可靠性，我们利用相关性检验来分析资产负债总量与金融机构部门增加值之间的关系。资金流量表（实物交易）中公布的金融部门增加值是一定时期内国家（或地区）所有常住金融机构的新创价值总和，扣除折旧部分之后的增加值是部门财富积累的主要来源。因此，我们可以通过两两之间进行匹配性检验，来对增加值指标与金融部门资产总额、非金融资产总额、金融资产总额、金融负债等指标变动额的关系进行考察，以验证序列间的关系的紧密程度，变量的相关性及其显著性可以作为我们的判定依据。相关程度越高，两个序列越接近，两序列在统计学上显著的匹配度越高（见表5－4）。

表5－4　金融部门增加值与资产负债总量变动额相关性检验结果

指标名称	资产总额变动额	非金融资产总额变动额	金融资产总额变动额	金融负债总额变动额
相关系数	0.9433	0.9209	0.9629	0.9595
T统计量	16.5211	10.1917	16.4360	20.7856
P值	0.0001	0.0007	0.0001	0.0002

计算结果显示，金融机构部门增加值与金融机构资产变动总额、非金融资产变动总额、金融资产与金融负债变动总额之间的相关系数均在0.90以上，且在1%的显著性水平上显著。金融机构部门存量变动与流量变动关联密切，相互匹配，符合经济原理和实际情况。另外，对比前三次经济普查中公布的金融行业的资产总额，也能佐证我们的编表结果是可靠的，基本反映了我国金融机构部门资产负债的真实情况。

第6章 政府部门资产负债表编制研究

与其他机构部门区别明显,政府部门是通过政治程序设立的一种独一无二的法律实体,该部门拥有在一定区域内对其他机构部门行使立法、司法和行政的权力。政府部门的主要功能是在获得税收和其他收入的基础上,提供公共产品和服务,同时通过转移支付的手段参与收入再分配过程。政府部门的生产活动一般是非市场性生产活动。

6.1 政府部门资产负债表编制研究综述

政府存量财富核算最早可追溯到 17 世纪初叶,伴随国民经济核算体系进一步发展,一国政府资产负债存量事关政府实力,这方面的估算成为经济学家和各国政府普遍关注的问题。20 世纪 30 年代,经济学家们在国民经济核算中开始全面关注经济存量及其结构,国家(政府)资产负债表的需求逐渐旺盛。政府部门作为国家管理部门,学者对其财富核算有极大的兴趣,通过对国内外国家(政府)的资产负债表编制的文献梳理我们可以归纳出,目前国内外对于政府资产负债表的研究主要在于编制资产负债表相关理论研究、编制方法方面的研究以及运用得到的资产负债表进行经济分析研究 3 个方面。下文针对国内外现有文献,从这 3 个角度进行整理。

6.1.1 理论研究综述

政府部门资产负债表的理论研究,源于对一国财富统计的相关理论,最初人们总是把国家财富与政府财富等同起来。编制政府资产负债表的理论探索研究始于对国家层面的政府资产负债表的理论认知。自 1936 年开始，以美国学者迪金森（H. D. Dickingson）为代表的经济学家首先利用企业的资产负债表编制技术改进、延续于国民经济核算框架，并将财务报表的分析方法运用于国家和部门的分析，标志着政府资产负债表理论体系的初步形成[①]。之后，1982 年，耶鲁大学教授 Raymond Goldsmith 编制国家资产负债表的 5 种主要运用方向，分别从金融结构和金融行业发展的角度进行解释，进而编制了美国近 80 年的整体与分部门的资产负债表[②]。对于政府资产负债方面负债估值理论的进一步构建，Polackova Brixi 将政府债务详细划分为 4 类债务，政府债务的估计价值方法有了可以依据的理论[③]。目前，国际上形成并广泛使用的是两种国际标准：一是由联合国、欧盟委员会、经济合作与发展组织、国际货币基金组织和世界银行的国际组织联合设定和发布的国民经济核算体系（SNA），经过多次修改、订正、完善标准，有主要的社会经济循环过程作为该标准的理论依据，明确地提出了整体核算概念、定义及其核算原则，形成一套逻辑严密的国际核算标准和规范。二是政府财政统计核算体系（GFS），将广义的政府财政部门由完成政府功能作为首要活动的常设机构单位组成，同时列出了政府资产负债表应报告的项目以及主要内容。政府资产负债表的价值计量方式主要采用三种：市场上可观察到的价值、从积累和重新估值交易中得到的价值、未来收益的现值（即市场价值法、重置价值法和现值法）。利用政府资产负债表对现有的国家宏观发展特别是经济方面的问题进行解决，已经在各国家管理方面非常普遍。现今，美国、新西兰、澳大利亚等部分发达国家运用 SNA 及 GFS 标准体系，再切实根据国家现状建立了带有各国特色的政府资产负债表理论体系，并定期公布政府资产负债表。

---

① Dickinson, Frank, Eakin Frenzy. A Balance Sheet of the Nation's Economy [M]. The University of Illinois Press, 1936：151.

② Goldsmith, R. W. The National Balance Sheet of the United States：1953—1980 [M]. The University of Chicago Press, 1982：237.

③ Hana Polackova Brixi. Contingent Government Liabilities：A Hidden Risk for Fiscal Stability [J]. Policy Research Working Paper of the World Bank. 1998. 10. 31.

我国对于政府资产负债表理论的研究开始较晚，且尚未形成系统的编制理论体系，但依据 SNA 的国际标准，我国主要在 1997 年、2007 年先后进行了国家层面的尝试工作，并由此为开端进一步打开了中国政府资产负债表的理论研究的大门，其内容包含理论方面的表式的基本框架、各部门的划分范围标准、表内项目分类与设计，具体编制方面涉及对于政府资产负债表编制方法的研究[①]。

6.1.2 编制及应用研究综述

6.1.2.1 编制技术研究

为了完成政府资产负债表的编制工作，其内在利用的估值方法、数据来源以及数据后期整理等都是编制过程中的核心研究方向，对编制过程中的相关技术，也有学者及相关机构进行了研究。

主要是对资产和负债及整体估算方面三个大类进行研究，其中在政府资产方面。Aida、Kazuo 等对日本政府资产负债表编制工作设计了标准[②]，提出扩大估值商品的范围，修订账面价值，包括折旧，加强国家财产评估的改进：增加和减少包括折旧在内的价值，进行公共用途物业评估。Au‐Yeung W、McDonald 和 Sayegh 提出税收和资产负债表中资产、负债之间关系的理论，其核心是关于政府资产负债表管理的经济学原理。同时，运用模型量化分析了为达到最优组合，政府资产负债表应如何管理。研究指出，对于政府债务结构，在厘清政府负债所包含的具体项目基础上，准确量化债务并建立其与税收的关联关系模型，是政府资产负债管理的核心内容[③]。林忠华提出，我国政府资产负债核算过程中养老金的隐性缺口问题值得关注[④]。具有划时代意义的著名经济学家 Hana Suresh 将政府债务划分

---

① 联合国等. 2008 国民账户体系 [M]. 北京：中国统计出版社，2012.
② Aida, Kazuo, et al. Provisional Concepts and Standards for the Japanese Government Balance Sheet [R]. Japan, 2000.
③ Au‐Yeung W, McDonald J, Sayegh A. Australian Government Balance Sheet Management [J]. Social Science Electronic Publishing, 2007 (12302): 31–40.
④ 林忠华. 国家和政府资产负债表初探 [J]. 上海对外经贸大学学报，2014 (3)：41–51.

为更为细致的四大类，同时认为政府的负债规模的明确研究离不开对于其结构的准确判断[①]。为了规避一些由于未被重视产生的潜在风险，要切实关注政府在日常支出中的或有负债，即使总量很小，但是也要认真量化研究，得出可以借鉴的分析结果。

在整体估算方面，研究设计出估算模型，对政府国民财富进行初步的估算，运用研究出的估算资产负债规模的具体框架，汇总运用资产项目的分类，将数据进行规整处理，再对无法得到的数据进行估算，估计出资产现值（Garland J. M 等 1959；Scott Anthony 1959，1959）[②][③]。结合国外研究中得到的先进编制经验，我国政府资产负债表编制方法根据团队的不同采用了不同的编制方法：例如，李扬团队将资产负债表编制与已经公布的资金流量表相结合，选取流量表的一年作为基础，在这个基础上将每年数据进行相应叠加，即可得到存量表数据[④]。这种方法具有一定的理论基础，且数据来源由国家公布较为可靠。马骏所带领的团队充分研究了发达国家如英国、加拿大和澳大利亚等的编制经验，结合 SNA2008 中的标准，运用一定的估值估价法，采用狭义的政府口径，对于政府资产负债表和国家资产负债表分别进行了相应的编制[⑤]。曹远征团队主要利用前人编制完成的政府资产负债表，结合公布的资金流量表，运用外延内推的方法编制出从 1998 年起连续 11 年的政府资产负债表[⑥]。杜金富团队按照 SNA2008 的相关标准，使表式、编制方式、估算方式等与 SNA2008 基本保持一致，同时借鉴了发达国家政府资产负债表的编制经验进行我国政府资产负债表的编制[⑦]。

---

① Hana Polackova Brixi. Contingent Government Liabilities：A Hidden Risk for Fiscal Stability [J]. Policy Research Working Paper of the World Bank. 1998. 10. 31.

② Garland J. M. Goldsmith R. W. The National Wealth of Australia [J]. Review of Income and Wealth, 1959（8）.

③ Scott Anthony. Canada's Reproducible Wealth [J]. Review of Income and Wealth, 1959（8）.

④ 李扬，张晓晶，常欣. 中国国家资产负债表 2013：理论、方法与风险评估 [M]. 北京：中国社会科学出版社, 2013.

⑤ 马骏, 中国国家资产负债表研究 [M]. 北京：社会科学文献出版社, 2012.

⑥ 曹远征，马骏. 问计国家资产负债表 [J]. 财经, 2012（15）.

⑦ 杜金富. 政府资产负债表：基本原理及中国应用 [M]. 北京：中国金融出版社, 2015.

汤林闽对于我国政府资产负债表提出了一套独特的编制体系，将每一个给出的经济项目估算方法进行了详细的介绍，为之后的直接法估算政府资产负债表提供了理论依据①。

在国家层面上，发达国家拥有完整的专管专责的部门，对政府资产负债表进行持续编制。如美国将政府资产负债表的编制过程分为两个层面：一是由美国州和地方直接对政府资产负债表的内容进行编制，同时配以财务报表进行解释，颠覆了原有模式。二是由美国联邦政府直接主导编制政府资产负债表的，设有联邦政府会计咨询委员会，负责制定报告标准。

6.1.2.2 应用研究

对于政府资产负债表的应用，目前国外学者较多地关注如何利用编制政府资产负债表，对政府部门的整体财政状况做深入了解。

毋庸置疑，政府资产负债表的作用就是帮助政府做决策：最具有代表性的是 Mellor T 从 4 个不同的方面将政府资产负债表对于政府部门的决策作用进行了说明，为此后政府资产负债表作用的深入研究扩展了道路②。之后，沿着前人的研究结论，学者开始关注政府资产负债表对于政府决策方面的有利效果，通过运营报表和资产负债表进行权责发生制报告，为各部门和整个政府的资源和负债管理提供了一个框架。同时，资产负债表中披露的资产信息，连同折算费用和营业报表中的维护成本，在财务计划和决策过程中将非常有用。利用好政府资产负债表也可以在一定程度上提升政府公共财政管理能力，切实从融资、投资和社会表现方面提高其性能，持这一论点的代表人物为 Ken Warren。但其主要研究领域是宏观的财政状况，没有更加细致地研究各类改进计划如何完善③。Beckworth D 根据现有政策的薄弱点从不同的角度提出了一个由政府合并资产负债表支持的新的

---

① 汤林闽. 我国地方政府资产负债：框架构建及规模估算 [J]. 财政研究，2014 (7)：18 - 22.

② Mellor T. Why Governments Should Produce Balance Sheets [J]. Australian Journal of Public Administration, 1996, 55 (1): 78 - 81.

③ Ken Warren, Developing a Government's Balance Sheet—does it Improve Performance? [J]. Public Money & Management, 2012, 32 (1): 9 - 14.

为更为细致的四大类，同时认为政府的负债规模的明确研究离不开对于其结构的准确判断[1]。为了规避一些由于未被重视产生的潜在风险，要切实关注政府在日常支出中的或有负债，即使总量很小，但是也要认真量化研究，得出可以借鉴的分析结果。

在整体估算方面，研究设计出估算模型，对政府国民财富进行初步的估算，运用研究出的估算资产负债规模的具体框架，汇总运用资产项目的分类，将数据进行规整处理，再对无法得到的数据进行估算，估计出资产现值（Garland J. M 等 1959；Scott Anthony 1959，1959）[2][3]。结合国外研究中得到的先进编制经验，我国政府资产负债表编制方法根据团队的不同采用了不同的编制方法：例如，李扬团队将资产负债表编制与已经公布的资金流量表相结合，选取流量表的一年作为基础，在这个基础上将每年数据进行相应叠加，即可得到存量表数据[4]。这种方法具有一定的理论基础，且数据来源由国家公布较为可靠。马骏所带领的团队充分研究了发达国家如英国、加拿大和澳大利亚等的编制经验，结合 SNA2008 中的标准，运用一定的估值估价法，采用狭义的政府口径，对于政府资产负债表和国家资产负债表分别进行了相应的编制[5]。曹远征团队主要利用前人编制完成的政府资产负债表，结合公布的资金流量表，运用外延内推的方法编制出从 1998 年起连续 11 年的政府资产负债表[6]。杜金富团队按照 SNA2008 的相关标准，使表式、编制方式、估算方式等与 SNA2008 基本保持一致，同时借鉴了发达国家政府资产负债表的编制经验进行我国政府资产负债表的编制[7]。

---

[1] Hana Polackova Brixi. Contingent Government Liabilities：A Hidden Risk for Fiscal Stability [J]. Policy Research Working Paper of the World Bank. 1998. 10. 31.

[2] Garland J. M. Goldsmith R. W. The National Wealth of Australia [J]. Review of Income and Wealth，1959（8）.

[3] Scott Anthony. Canada's Reproducible Wealth [J]. Review of Income and Wealth，1959（8）.

[4] 李扬，张晓晶，常欣. 中国国家资产负债表 2013：理论、方法与风险评估 [M]. 北京：中国社会科学出版社，2013.

[5] 马骏. 中国国家资产负债表研究 [M]. 北京：社会科学文献出版社，2012.

[6] 曹远征，马骏. 问计国家资产负债表 [J]. 财经，2012（15）.

[7] 杜金富. 政府资产负债表：基本原理及中国应用 [M]. 北京：中国金融出版社，2015.

汤林闽对于我国政府资产负债表提出了一套独特的编制体系，将每一个给出的经济项目估算方法进行了详细的介绍，为之后的直接法估算政府资产负债表提供了理论依据[1]。

在国家层面上，发达国家拥有完整的专管专责的部门，对政府资产负债表进行持续编制。如美国将政府资产负债表的编制过程分为两个层面：一是由美国州和地方直接对政府资产负债表的内容进行编制，同时配以财务报表进行解释，颠覆了原有模式。二是由美国联邦政府直接主导编制政府资产负债表的，设有联邦政府会计咨询委员会，负责制定报告标准。

6.1.2.2 应用研究

对于政府资产负债表的应用，目前国外学者较多地关注如何利用编制政府资产负债表，对政府部门的整体财政状况做深入了解。

毋庸置疑，政府资产负债表的作用就是帮助政府做决策：最具有代表性的是 Mellor T 从 4 个不同的方面将政府资产负债表对于政府部门的决策作用进行了说明，为此后政府资产负债表作用的深入研究扩展了道路[2]。之后，沿着前人的研究结论，学者开始关注政府资产负债表对于政府决策方面的有利效果，通过运营报表和资产负债表进行权责发生制报告，为各部门和整个政府的资源和负债管理提供了一个框架。同时，资产负债表中披露的资产信息，连同折算费用和营业报表中的维护成本，在财务计划和决策过程中将非常有用。利用好政府资产负债表也可以在一定程度上提升政府公共财政管理能力，切实从融资、投资和社会表现方面提高其性能，持这一论点的代表人物为 Ken Warren。但其主要研究领域是宏观的财政状况，没有更加细致地研究各类改进计划如何完善[3]。Beckworth D 根据现有政策的薄弱点从不同的角度提出了一个由政府合并资产负债表支持的新的

---

[1] 汤林闽. 我国地方政府资产负债表：框架构建及规模估算 [J]. 财政研究, 2014 (7): 18 - 22.

[2] Mellor T. Why Governments Should Produce Balance Sheets [J]. Australian Journal of Public Administration, 1996, 55 (1): 78 - 81.

[3] Ken Warren, Developing a Government's Balance Sheet—does it Improve Performance? [J]. Public Money & Management, 2012, 32 (1): 9 - 14.

名义国内生产总值水平目标的货币政策体系，也借鉴了其他学者在研究中，利用政府资产负债表考察货币危机对金融稳定性冲击效应的研究思路①。

在对于政府债务及金融市场稳定性的分析方面，国外学者最开始将小范围的区域作为研究对象，主要是对地方负债的研究，提出利用政府部门资产负债表的方法考察一个地区的债务、资本结构以及金融稳定性的案例研究。到了21世纪的初期，开始有学者将眼光放在运用政府资产负债表研究国民经济核算在整体社会经济运行过程中的相关问题，像Gray D F利用政府部门资产负债表考察部门间风险分担以及转移，为主权资本结构分析提供了一个新的框架②。Gamper C等阐明了或有负债的概念以及它们可以影响政府资产负债表的财政风险渠道③。

对现有文献的整理分类，可以看出，国外对于政府资产负债表的研究更加深入，并且涉及面广；中国学者也在积极地研究，并通过不同的研究和编制思路给出了结果，但由于缺乏统一的国家编制体系和参照标准，每个团队都根据自己的探索从不同方向加以研究和分析，对于解决不同问题的优劣度无法辨别，也就不能分析、判断孰优孰劣。另外，学者们研究关注点多集中于编制理论研究、编制技术更新、政府资产负债表的应用方面，但是未能完整体现具有时间序列特性的序列表，主要集中于2010年之后的中国政府资产负债表编制。而且在应用方面也都是在存量基础上进行描述性研究，定量研究较少，定量研究的模型也大多基于计量经济模型，且主要研究某一资产负债项目对于单一部门的量化影响。政府部门作为经济循环过程中的主导部门，其资产负债波动对于整个经济社会的其他经济部门的联动反应更值得决策者予以关注。因此，将具有一定跨度时间效应

---

① Beckworth D, Permanent versus temporary monetary base Injections: Implications for past and future Fed Policy [J]. Journal of Macroeconomics, 2017.

② Bodie Z, Gray D F, Merton R C. A New Framework for Analyzing and Managing Macrofinancial Risks of an Economy [J]. Social Science Electronic Publishing, 2006.

③ Gamper C, igner B, Alton Letal. Managing disaster - related contingent liabilities [J]. Oecd Working Papers on Public Governance, 2017.

的政府资产负债序列表编制完成，运用该表预测未来政府资产负债变动情况，与流量数据建立的核算乘数模型进行结合，得到政府部门资产负债变动对社会金融范围、非金融范围、居民范围、国外范围的影响效应，这就是本书的主要研究重心所在。

6.2 政府部门资产负债表编制理论

我国目前出台的核算体系中有关资产负债表的规范指导，主要是参考 SNA 中的相关规范表述构造而来，是国际上普遍采用的一般标准。实际上编制政府部门资产负债表时主要借鉴 SNA2008[①] 国际标准外，GFSM2001（《2001 年的政府财政统计手册》）[②] 也是一个重要的参考。国家统计局从 1996 年开始陆续出台的相关规范、解读等资料都是重要的理论指导；另外，国内具有代表性的学者对于我国政府资产负债表的构建和研究，代表性的有汤林闽[③]、王毅、郭永强、余斌[④]、杜金富等，也是我们构造中国政府资产负债表的重要参考。

6.2.1 政府资产负债核算理论

政府资产负债表实质就是对政府存量核算内容的展示，通过资产负债表的形式较为简洁地展现出政府资产负债核算的结果。国际上最早提出政府资产负债核算相关理论的是美国学者迪金森（H. D. Dickingson），他将企业资产负债表理论应用于政府财富核算，从而奠定了政府资产负债表的理论基础。政府资产负表中资产和负债两个栏目分别显示出自资金的来源和去向，可以运用核算和经济循环的过程对每一项对应的经济问题做解释，进而将政府在社会经济循环中的位置和所涉及的经济过程反映出来，政府

---

① 联合国等，《2008 国民账户体系》[M]．北京：中国统计出版社，2012．
② 国际货币基金组织，2001 年政府财政统计手册[M]．2002．
③ 汤林闽，我国地方政府资产负债表：框架构建及规模估算[J]．财政研究，2014（7）：18－22．
④ 余斌．国家（政府）资产负债表问题研究[M]．北京：中国发展出版社，2015．

资产负债核算使国民经济核算在结构上表现为"期初资产负债规模—生产—收入分配—消费和积累—期末资产和负债规模"完整的经济循环过程。在整个经济循环过程中,资产负债表作为流量终点的特殊地位明显区别于过程核算的流量记录内容。政府资产负债表可以得到一国或一个地区一定时间的政府资产负债存量,政府资产负债表能够让我们摸清政府的实际财富状况和债务负担情况。政府的财富也正是通过政府资产负债表来进行展示,因此,研究得到准确完整的政府资产负债表对于中国来说意义重大。

SNA是完善的依照经济学原理测算经济活动结果的国际标准,它通过流量系统和存量系统,将经济活动过程及内在价值变化完整地展现出来。其中,流量部分的核算主要是通过各类账户记录每种经济过程中所涉及的流量变动,包含经常账户和积累账户。经常账户包含生产账户、收入分配和使用账户,顾名思义,通过账户形式详细记录生产、分配、消费使用过程中经济的主要来源及去向,其中生产账户核算出部门投入产出情况,收入分配账户反映部门初次分配和再分配的过程中收入支出情况,使用账户反映可支配收入的使用情况(消费和储蓄的分配)。积累账户用来反映资金来源、使用以及资产负债变动情况,包含资本、金融、其他积累账户(调整账户),是整个经济流量核算的终点。资本及金融账户反映该部门内的交易后的积累情况,调整账户包含资产负债其他物量变动账户、重估价账户,反映除交易影响外的其他因素,如价格变动、非金融资产的经济消失等对资产负债变动的影响。存量部分是通过资产负债账户得以体现,由期初、期末资产负债表以及资产负债变动表三个子账户组成。资产负债表直观展示出每一个部门在某一固定的时间点所拥有的资产和负债存量。资产负债变动表反映经济运动过程中资产负债的变动情况。三类总账户中的子账户都是收支平衡的,或通过账户中的平衡项来保证平衡。国民经济核算中流量和存量账户体系具有严密的相关性:收入支配分账户中的储蓄指标是经常账户过渡到积累账户的重要枢纽。资产负债变动表又是运用积累账户分账户中有关部门资产负债变动的数据进行汇总,为资产负债账户期初、期末特定时点的核算搭建桥梁,这样一来,流量与存量部分相互联系，共同形成了国民账户核算体系的总体框架。

资产负债核算是流量核算后的一种最终存量体现。SNA 中规定，资产负债表核算需要先按照部门进行编制，最后汇总得到国民经济总体资产负债总表。为了更准确地反映各部门对其他部门以及经济总体的影响，SNA 提出通过加总的方式将部门内部的金融资产及负债的存量进行抵消，就得到下文中会介绍的资产负债表的核算对象及表式形式。

编制政府部门资产负债表需要对各类资产负债项目确定具体的估价方法，根据 SNA 标准，生产资产估价方法包含具体的固定资产、存货、贵重物品等的估价理论。按照定义，固定资产估价的理想状态应该是根据市场中的现行价格进行估价，但因为数据获取的困难，一般固定资产采用"期初资产负债表固定资产价值 - 固定资本核算期内的损耗调整因素影响价值"。存货估价按照存货用途及使用状态的不同分别采用编表时的现行价格估价、基本价格估价以及按比例运用基本价格进行估价。贵重物品估价可以用实际的购买价格估价。非生产资产估价通常使用市场价格进行估计。除土地价值估计外其他的资源性资产因现价难以得到，也可以使用预计收益代替现值进行估价。对于合约、租约及许可，SNA 提出首先要给出此类资产记录在资产负债表中的标准，再有选择性地对资产进行估价。金融资产（负债）估价按照项目不同，通常有按照面值估价、按照市场价估价以及按照预计的收益进行估价等方法。

通过梳理资产负债估价方法可以看出，编制政府资产负债表需要的数据总量异常庞大，各部门所要求核算的内容繁杂。就政府资产负债表编制来说，将符合政府部门定义的资产负债项目分别运用各自估价方法进行核算加总，即可得到政府资产负债存量数据，但根据我国现有状况，除了企业具有一定的资产负债表数据外，其余部门的数据相当匮乏，同时因为分类不同，核算方式具有差别，企业资产负债存量数据也不能直接使用，这些因素都使我国各部门资产负债表的编制理论须以 SNA 为基础但必须加以改进，将可以利用的数据进行调整利用。

目前，世界上的多数国家，特别是 G20 国家基本都是在 SNA 基础上结合本国实际建立资产负债表编制体系,并按照一定的频率进行公布。G20 国家中约半数国家会公布资产负债表和资金流量表。其他国家尤其是包含中国在内的发展中国家尚未建立起完善的资产负债核算体系。但除法国外,拥有资产负债表核算体系的国家对于非金融资产核算或多或少会缺乏一些项目,这说明资产负债核算及资产负债表的编制仍是世界上需要继续研究的重要问题。

各国政府资产负债表的编制,大都经历了较长的研究过程,很多国家都给出了两套不同的政府资产负债表,分别由财政部门和统计部门进行编制,两套体系遵循的标准也不尽相同,财政部门遵循会计核算原则,统计部门则遵循 SNA 及 GFS 标准。一些特殊国家的编制经验值得我们借鉴,如美国的地方政府财政报告体系建立较为完善,按州来划分,定期公布;澳大利亚作为 G20 中自然资源丰富的国家,对于政府资产负债表中自然资源资产价值的核算具有详细的范围划定及方法。

6.2.2 政府资产负债表核算范围

SNA2008 中对于政府部门核算的范围是具有政治义务和经济监管能力的政府部门,还包括由政府控制的为政府提供融资服务的非市场非营利机构单位,由如下单位组成:中央政府、省级政府及省级政府以下的地方政府单位,以及所受这些政府管控的社会保障基金和从事非市场生产的非盈利机构(NPI)。

我国政府及核算体系尚未对中国政府资产所包含的范围做出较为清晰的界定。因此,根据国内外相关学者的研究,将政府资产定义为:中国政府拥有的有主导权的经济利益或服务潜能的资源。这里所说的政府是指政府总体以及政府的组成部分,具体包含各种行政单位、非营利性事业单位、社会团体(使用行政事业单位编制或经费来源主要为国家拨款的基金会)、社保基金,不包括中央银行[①]。

[①] 汤林闽. 我国地方政府资产负债表:框架构建及规模估算 [J]. 财政研究,2014(7):18-22.

政府资产负债核算主体确定后,需要详细对核算对象资产及负债进行分类。资产按照其特性分为金融资产和非金融资产;负债为金融债权的对应体,非金融资产不体现负债,则负债为与金融资产相对应的金融负债。按照SNA2008标准界定,资产大类中的非金融资产按照属性可分为生产资产和非生产资产。生产资产按照其用途及属性可以进一步分为固定资产、存货、贵重物品。非生产资产包括自然资源,合约、租约和许可,外购商誉和营销资产。金融资产/负债包括货币黄金和特别提款权(SDR)、通货和存款、债务性证券、贷款、股权和投资基金份额、保险、养老金和标准化担保计划、金融衍生工具、其他应收/应付款。

6.3 政府部门资产负债表编制方法设计

6.3.1 编制思路和项目分类

根据上述政府资产负债核算理论,编制我国政府资产负债表,首先需要基于SNA中的标准框架和我国公开数据现状,设计一套分类和方法体系。然后,基于搜集来的原始数据实际情况,来构造我国政府部门分类资产存量核算的具体方法。

中国政府资产负债序列表编制整体按照"分类资产逐项核算"的思路,将各类资产分别进行年度存量估算,然后汇总为部门资产负债总表。综合考虑我国现实数据的可得性,我们计划编制2000—2017年的政府部门资产负债序列表。由于编制过程涉及非金融资产,按照资产分类逐年直接估算其存量,一个很大的难点就是长达18年间的数据处理及缺失数据的准确估算,如何在前人的基础上进行更加细化的估算体系设计,在保证准确性的同时,解决前面年份原始数据标准不同、数据不具备跨期可比性的难题。对于金融资产和金融负债部分,则使用前文所说的永续盘存方法,利用国家公布的现有资金流量表金融资产部分盘存得到存量数据。

在表式设计上,国家统计局给出的参考基本遵循SNA2008的国际标准，表式设计上，按照资金流量表的样式构建政府资产负债表的项目分类。资产包括两大类：非金融资产、金融资产。负债指金融负债。总资产和负债的差额为净资产，是核算内容的平衡项目。具体的核算表式与前文类似，不再赘述。

按照非金融资产的定义，政府的非金融资产首先要是经济资产，是政府部门独立或共同持有，能够给持有者带来经济收益的、金融资产以外的资产。按照物质形态划分，非金融资产可以分成有形资产与无形资产两大类。按照其是否产生于生产过程，又可以被分成生产资产和非生产资产两大类。其中，生产资产主要有固定资产、存货和贵重物品，非生产资产则主要包括无形资产和资源性资产。考虑到编制纵向为18年可获数据的有限性，以及我国公布的政府部门经济流量核算数据的现状，同时与其他部门分类相衔接，在此次编表过程中我们将其非生产资产分为固定资产、存货和其他非金融资产三类。

固定资产指在一定时点上能够保证政府部门的正常运转，其使用年限和单位价值符合政府部门财务制度规定，拥有不易改变的物质形态的资产，主要包括房屋、机器和设备。对于政府部门来说，主要是指行政事业单位的基础设施、其他固定资产，相应地不包含国有企业的固定资产。

存货主要是生产者在生产过程中作为中间投入而持有的材料和用品，尚未出售的产出或者是批发商和零售商持有的商品。存货增加都要在产品被购买、生产或以其他方式获得时记录；存货减少应在产品被售出、作为中间消耗使用或以其他方式放弃时记录。政府部门的存货是指从其他单位获得的准备用于中间消耗或不经过进一步加工的原材料及商品存量。政府部门所包含的存货为：行政单位库存材料、事业单位材料、事业单位产成品、企业化管理事业单位存货、民间非营利组织存货。

其他非金融资产主要包括除固定资产、存货之外的生产性和非生产性有形和无形资产。在政府资产负债表中，其他非金融资产包括无形资产及资源性资产，资源性资产包括土地和矿产资产两类。

总资产还包含金融资产，指除非金融资产之外的，在核算期内持有或者使用它们可以从中获取一定的经济利益的资产，对于此类资产，所有权单位拥有处置权。金融资产主要包括通货、存款、贷款、股权和投资基金份额、其他金融资产。通货是流通领域中的货币，流通的形式是现金。存款是指政府将货币存入金融机构。政府部门存款主要包括财政性存款和机关团体存款。贷款是指银行或者其他信用机构根据必须归还的原则，按照一定的利率为机构单位提供货币资金的一种信用活动形式。政府的贷款主要为政府机构单位从银行进行的贷款。政府的股权和投资基金份额主要为政府在国有企业中所做的投资及所占的份额。政府部门的股权和投资基金份额主要包括国有企业中归属于国家的国有权益，以及财政部对国有参股以上金融企业投资，及所有者权益中归属于母公司的所有者权益。债务性证券是指机构单位以间接投资的方式承购或因销售产品及商品而拥有的可在金融市场上进行交易的代表一定债券的书面证明。政府部门所发行的债券，主要为国债。保险准备金是指非人寿险准备金和人寿险准备金。其他金融资产指没有归入上述金融资产项目中的所有债权债务，主要包括商业信用和预付款及其他应收或应付款项。金融负债与金融资产核算项目相同。

按照经济平衡关系标准，中国政府部门资产负债表平衡关系可以记为：政府部门资产总额 = 政府部门非金融资产总额 + 政府部门金融资产总额。其中，金融资产 = 通货 + 存款 + 贷款 + 保险准备金 + 债务性证券 + 股权和投资基金份额 + 其他金融资产；非金融资产 = 固定资产 + 存货 + 其他非金融资产。政府部门负债总额 = 通货 + 存款 + 贷款 + 保险准备金 + 债务性证券 + 股权和投资基金份额 + 其他金融负债。政府部门总资产规模 = 政府部门总负债规模 + 净值。

6.3.2 政府资产存量估算的总体设计

依照经济学原理，作为经济运行的管理部门和土地、矿产等资源的所有者，政府总资产中占比较高的理论上应该是非金融资产，非金融资产规模的准确核算直接决定了政府部门资产负债核算结果的准确性。我们这里计划首先对政府拥有的分金融资产进行类别划分，然后根据各类资产的特征，综合考虑数据来源情况，分项估算存量价值，最后汇总为政府部门非金融资产总量。

逐项逐期直接估算每一个资产项目存量时，由于资产类别不同，各项资产分别具有不同的性质界定和定价方法。为了使得编制的结果尽可能准确，我们在参考了前人文献中的各类方法基础上，针对不同资产类型对其估价方法作出适当调整，从中选择出一套估计政府资产负债表的最优方法组合来进行实际测算，主要涉及固定资产存量价值估算法、土地存量价值估算法、资源性资产存量价值估算方法等。下面是对各类资产估算方法的总体设计。固定资产价值的估算在前文关于非金融机构部门、金融机构部门固定资产的估算过程中我们已经进行介绍，这里不再赘述。

6.3.2.1 政府拥有的土地资源存量价值估算设计

作为政府资产的主要构成项目，土地价值的合理估算直接影响政府资产规模估算的准确性。对于土地存量价值的实际估算，首先需要区分可以登记为政府土地资产的范围，然后再对土地价格进行估算，最终通过"面积×价格"的方式计算得出政府所拥有的能获得收益的土地存量资产价值。具体计算过程在之后的部分详细介绍，其中，土地价值用 LV_t 表示，土地面积用 LS_t 表示，土地价格用 LP_t 表示，这里的土地价格需要用到存量价格而非流量价格。土地资源存量价值计算公式为：

$$LV_t = LS_t \times LP_t \qquad (6-1)$$

6.3.2.2 政府拥有的资源型资产存量价值估算设计

资源型资产包含的内容非常宽泛，由石油、天然气、煤炭、矿石、水资源、森林资源、无线电波谱等一系列项目构成。但由于能查阅到的基础数据资料有限，涉及政府部门经济资产的数据资料更是缺乏，本部分的计算只能将那些能够给政府带来现实收益同时还能获取基础数据的国有企业所用的石油、天然气资源列入核算内容。

石油和天然气的存量价值以及与之相应产生的权利金，可以作为政府资产负债表中的资产方的权利金主要包括石油资源税、天然气资源税、石油特别收益金三类。现有从政府角度出发估算矿产存量价值的讨论很少见，考虑到资产只有能够带来收益才能是经济意义上的资产，权益金则是政府从资源型资产上获取的直接收益，因而，我们通过这三类权利金的存量计算来间接计算石油、天然气对政府部门而言的存量价值。需要重点说明的是，这里核算的不是资源型资产本身的价值，而是其作为经济资产给政府创造财富的能力，资源本身价值的核算属于自然资源资产负债表讨论的范畴，本部分暂不涉及。

设石油、天然气加权价格为 OP_t、GP_t，石油、天然气储量为 OS_t、GS_t，石油、天然气资源税税率为 OR_t、GR_t，石油资源税额、天然气资源税额为 OT_t、GT_t，则资源税额为：

$$TOT_t = OT_t + GT_t = OP_t \times OS_t \times OR_t + GP_t \times GS_t \times GR_t \qquad (6-2)$$

设原油当期加权价格为 OP_t^1，起征点为 OP_t^0，征收比率为 δ，速算扣除数为 θ，吨桶比为 α，美元兑人民币汇率为 β，石油当前储量为 OS_t。根据国家标准，石油特别收益金 SI_t 计算公式为：

$$SI_t = [(OP_t^1 - OP_t^0) \times \delta - \theta] \times \alpha \times \beta \times OS_t \qquad (6-3)$$

6.3.2.3 金融资产负债的估算设计

对于金融资产而言，资金流量表描述的是一段时间金融资产和负债的变动情况，是流量指标的记录，政府资产负债表所体现的是政府一段时间内资产和负债存量规模数据信息。因此，与前两个部门类似，可以使用金融资产永续盘存法将流量数据转化为存量数据。

6.4 政府部门资产负债表的编制过程及结果

政府资产负债序列表中的基本分类为资产和负债两个大类，资产又按照其资产属性不同分为非金融资产和金融资产。根据估算方式的不同，下面就将实际估算过程分为非金融资产估算和金融资产/负债估算两个部分分别进行估算。

6.4.1 按当期价值估算的非金融资产

按照国际标准的分类,非金融资产项目分为固定资本形成、库存增加、其他非金融资产三项分别估算价值,最后加总得到非金融资产规模。

从数据查询情况来看,中国统计年鉴中公布的早期的资金流量表中只有政府部门固定资产投资数据,没有公布库存和其他非金融资产的相关数据。财政部编制的 1999—2018 年的《中国会计年鉴》中公布了政府相关单位固定资产和存货流量数据,其中涉及的单位包括行政单位、事业单位、企业化管理事业单位、非营利组织,这基本上与政府部门的核算口径相一致。因此,我们就使用资金流量表中公布的政府部门固定资产流量数据和《中国会计年鉴》中公布的相关单位的库存数据的合计数作为基础数据,按照前文中非金融企业部门固定资本和库存存量估算的方法,来对政府部门固定资本和库存存量进行估算。最终估算结果如表 6-1 所示。

表 6-1   政府部门固定资产及存货估算结果   单位:亿元

年份	固定资产	存货及相关资产	年份	固定资产	存货及相关资产
2000	17572	322	2009	48066	1784
2001	19256	339	2010	59229	1566
2002	24073	445	2011	65821	2201
2003	27266	774	2012	70294	2611
2004	30709	685	2013	76629	3709
2005	34291	676	2014	83318	4529
2006	39075	619	2015	90763	5074
2007	43512	798	2016	98667	5846
2008	48066	989	2017	107619	6152

其他非金融资产包含资源性资产和无形资产,无形资产数据来源与固定资产和存货的数据来源相同,均可从《中国会计年鉴》中四类单位历年的资产负债表中获得。由于 2007 年以前的资产负债表中未登记相关单位的无形资产项目,考虑到无形资产是一直存在的,为保证尽可能地接近政府

资产真实情况，这里我们用各部门 2008—2017 年无形资产占非金融资产的比重均值作为系数，对 2007 年及以前年份的无形资产存量价值进行估算。

对于资源性资产的估算，因考虑数据的可获得性，我们把资源性资产的范围界定为土地资源和矿产资源。其存量的计算方法是在参考汤林闽[①]做法的基础上，改进相关土地面积、资产价格等指标的计算思路，使用更能反映实际情况的城市待建设总面积和流存量价格来对相关资产价值进行估算。

6.4.1.1　土地资源存量价值的估算

土地资源存量价值估算中，需要用到两个核心指标：土地面积和土地价格。土地面积的估算在政府资产负债表中应只考虑归属于政府部门所有的土地面积，而现有的统计资料中，没有体现政府部门所有的土地面积具体的数额。同时，国有的土地也不是全部都属于资产范围。综合考虑，我们所讨论的土地面积应为能够给政府部门带来较大收益的部分，即政府拥有的城镇范围内的土地面积。需要注意的是不是全部的城区面积都是政府部门的收益面积，应该剔除城镇国有土地使用权中已经让渡给国有企业等其他单位的部分。因此，在计算过程中，需要用全国城市城区面积减去建成区的面积，从而得到我们计算所需的政府部门土地资源面积的估算值。从实际能够获得的土地相关统计数据角度看，我们需要将土地资源存量价值估算分为两个时间段：2000—2005 年和 2006—2017 年。2006—2017 年可以直接采用《中国城市建设统计年鉴》中公布的全国城市中城区土地面积、建成区面积的原始数据进行计算。

2000—2005 年《中国城市建设统计年鉴》中只公布了城市建成区的面积，未将城市土地分为市区土地和城区土地，无法直接应用统计年鉴的数据计算所需指标。为解决这一问题，我们从获取数据年份中建成区面积与城区面积之间的关系着手，来推算城区土地面积。经过多角度反复试算，

---

① 汤林闽. 我国地方政府资产负债表：框架构建及规模估算 [J]. 财政研究，2014 (7): 18-22.

我们发现"城市建成区面积/城区面积"这一统计指标的发展速度相对较为稳定，一直在103%上下波动，2007—2011年的均值为103.31%，2007—2017年的均值为103.15%。我们便以此指标为基础，用与2005年比较接近的2007—2011年的"城市建成区面积/城区面积"发展速度的均值，即103.31%作为2000—2005年该指标发展速度的设定值，由此便可以推算出"城市建成区面积/城区面积"指标取值，进而结合能查到的城市建成区面积数据即可推算出2000—2005年的城区面积总量。结果如表6-2所示。

表6-2　　　　　　2000—2005年城区面积估算结果　　　　　　单位：公顷

年份	2000	2001	2002	2003	2004	2005
城区面积	134976.5	139894	146378.6	154429.19	160560.54	166224.05

从发展前景来看，上述得到的城区土地范围，今后的发展方向多为城市建设用地，因此土地价格可以采用土地纯收益与土地出让面积的比值（土地出让纯收益/出让面积）作为土地价格的近似估计。2000—2008年的土地纯收益数据在《中国国土资源统计年鉴》中有公布，可以直接使用（见表6-3）。

表6-3　　　　　　2000—2008年土地纯收益　　　　　　单位：万元

年份	土地纯收益	年份	土地纯收益
2000	1770806	2005	21839678
2001	7177589	2006	29782892
2002	12584373	2007	45414161
2003	17991157	2008	36119497
2004	23397940	—	—

资料来源：《中国国土资源统计年鉴》。

2009—2013年的土地纯收益我们可通过《中国国土资源统计年鉴》中土地成交价款，减去各项成本性支出近似得到。土地使用权出让安排中用于征地拆迁补偿、补助被征地农民、土地出让前期开发等成本性支出数额可以从各年《关于中央和地方预算执行情况与中央和地方预算草案的报告》和《全国土地出让情况》中得到。通过将这些项目汇总整理，从历年土地成交价中减掉即可得到土地纯收益。土地纯收益与出让面积之比即为政府核算范围内的国有土地价格。

2014年当年的"土地成本/土地成交价"指标，按照查阅到的基础数据计算，结果突然从2013年的72%飙升至99%（2009—2013年一直维持在70%左右），随后两年的计算值也在85%以上，土地成本占土地成交款的比重发生了突变。究其原因，可能是统计口径发生了变化，但有关部门在数据发布过程中未作说明。如此，再用原来的计算公式计算就会出现2014年土地价格暴跌至2000年以前水平的问题，这显然与经济现实不符。综合多角度试算结果，我们采用前5年"土地出让纯收益/土地成交款"比值的平均值作为2014年该比值数据的近似值，以此类推，从而完成对2014—2017年土地出让纯收益的估算。需要注意的是，按照"国有土地价格 =（成交价款 - 土地成本）/出让面积"计算出来的土地价格为当年土地价格，受外部环境的影响较大，往往年度间有较大波动。作为政府资产属性的土地，估计其价值存量时使用人们对该项资产的平均心理预期价格较为合适，这里我们就用相邻3个年度土地价格的均值作为土地资源存量价格（见表6-4）。

表6-4　　　　　　　　2009—2017年土地纯收益估算　　　　　　单位：万元

年份	成交价款（万元）	纯收益（万元）
2009	171795256	48524256
2010	274644791	96118584
2011	321260823	84961123
2012	280422828	106406828
2013	437452967	123097467
2014	343773734	105777722
2015	312206471	84988829
2016	364616830	92023248
2017	519844753	123072310

资料来源：《中国国土资源统计年鉴》《全国土地出让情况》等。

土地出让面积在《中国国土资源年鉴》中可以查到。按照以上过程估算，可以得到2000—2017年政府资产负债表核算范围内的国有土地资源价值，结果如表6-5所示。

表6-5　　　　　　　2000—2017年国有土地价值估算结果

年份	土地存量价格（元/平方米）	收益土地面积（平方千米）	土地资产价值（亿元）	年份	土地存量价格（元/平方米）	收益土地面积（平方千米）	土地资产价值（亿元）
2000	49.8	112537.2	56075	2009	254.9	137356.4	350154
2001	72.4	115867.3	83855	2010	266.9	138633.7	369944
2002	91.2	120406.1	109822	2011	300.3	140014.8	420457
2003	107.7	126121.2	135847	2012	300.7	137473.6	413369
2004	117.9	130154.3	153464	2013	343.3	135560.8	465384
2005	129.5	133703.3	173197	2014	362.6	134326.0	487040
2006	151.0	132873.8	200635	2015	397.9	139673.2	555755
2007	179.6	140595.9	252543	2016	449.2	143847.1	646110
2008	210.3	141815.0	298193	2017	484.8	142131.8	689036

6.4.1.2　资源型资产的存量价值估算

由于能查阅到的基础数据资料有限，涉及政府部门经济资产的数据资料更是缺乏，本部分的计算中只能将那些能够给政府带来现实收益同时还能获取基础数据的国有企业所用的石油、天然气资源列入核算内容。在实际计算过程中，石油和天然气价值相应产生的权利金，可以作为政府资产负债表中的资产方，这些权利金主要包括石油资源税、天然气资源税、石油特别收益金三类。首先，我们需要对石油和天然气的储量进行估算，这里所说的储量是指至今未进行开采的石油和天然气属于政府资产负债表中资产的范畴。基于这样的定义，尚不能获得全国的石油天然气的储量总体数据。我们从数据的可得性出发，选择中石油、中石化、中海油三家公司的石油天然气储量，其较为接近全国的经济可采储量，从三家公司的历年年报数据及《中国统计年鉴》可知，2011年全国石油集中度为32.4亿吨，三家公司石油集中度共20.17亿吨，占全国比重为62.25%。全国天然气储量为 40206.40 亿立方米，2011 年三家主要公司天然气储量共 21621.79 亿立方米，占比为 53.78%。因此我们可以通过选用的这三家企业的石油、天然气储量来近似代表全国石油天然气储量。这里选用 2010—2017 年的数据进行详细介绍（见表 6-6）。

表 6-6　　　　2010—2017 年三家公司石油与天然气储量

企业	2010 年	2011 年	2012 年	2013 年	2014 年	2015 年	2016 年	2017 年
石油储量（亿吨）								
中石油	15.26	15.06	14.91	14.64	12.5	10.35	10.07	10.12
中石化	4.07	4.01	4	4.41	4.29	2.68	2.19	2.25
中海油	2.03	2.14	2.25	2.29	2.28	1.93	1.96	1.42
合计	21.36	21.22	21.17	21.34	19.08	14.97	14.21	13.8
天然气储量（亿立方米）								
中石油	18548	18549	19136	19629	20555	21480	22288	21772
中石化	1825	1900	1905	1846	1909	2138	1827	1703
中海油	1828	1171	1262	1267	1346	1515	1654	1673
合计	22202	21621	22304	22743	23810	25134	25770	25148

资料来源：中石油、中石化、中海油公司年报。

对于石油和天然气的销售价格，因为从年鉴及官方公布的数据中无法得到我们核算范围内的石油、天然气销售价格。我们同样通过对中石化、中石油和中海油的历年平均实现价格进行加权处理，得到石油和天然气销售价格。加权的依据是销售量，通过对三家公司当年原油、天然气销售量分别做加权处理，得到加权比重，再用求得的比重对三家公司的平均现实价格进行加权，最后加总得到加权价格。例如，2016 年三家公司销售总量为 101377342 吨，中石油、中石化、中海油销售额占总销售额比重分别为 61.21%、5.51% 和 33.28%，则对三家公司平均现实价格利用对应三家公司的销售额加权比重计算得到加权平均现实价格。对于无法在公司年报中找到平均实现价格的年份，我们使用《中国统计年鉴》中石油和天然气的价格指数，与已经求得的临近年份的加权价格推算出该年份的加权销售价格（见表 6-7）。

表 6-7　2017 年三家公司原油及天然气销售加权平均现实价格

	中石油	中石化	中海油	总计
石油加权价格				
平均现实价格（元/吨）	2392	2390	2691	—
销售量（万吨）	11493.00	656.70	5150.41	17300.11
加权比重	0.66	0.04	0.3	1
加权现实价格（元/吨）	1589.08	90.72	801.25	2481.06
天然气加权价格				
平均现实价格（元/千立方米）	1236	1290	1427	—
销售量（千立方米）	1832.05	190.08	116.07	2138.2
加权比重	0.84	0.1	0.05	1
加权现实价格（元/千立方米）	1043.29	131.49	77.05	1251.82

资料来源：中石油、中石化、中海油公司年报及相关计算。

基于对基础数据的处理，我们可以得到 2000—2016 年中石油、中石化、中海油三家公司石油储量作为其销售量，再用经过加权处理的销售价格，依据政府出台的相应政策求得石油、天然气资源税、石油特别收益金，具体政策及计算过程如下。

中国于 1993 年发布了《资源税暂行条例》，于 1994 年正式实行，规定对原油征收资源税税额为 8—30 元/吨，对天然气征收资源税为 2—15 元/千立方米。因此，2000—2004 年我们采用平均数进行计算，即原油资源税税额为 19 元/吨，天然气资源税税额为 8.5 元/千立方米。则 2000—2004 年石油天然气资源税为石油天然气储量与相应的资源税税额相乘得到。2005 年，我国对资源税制度进行了调整，将石油天然气的资源税调高为 14—30 元/吨、7—15 元/千立方米，因此对 2005—2010 年我们采用平均数进行计算，石油资源税为 22 元/吨，天然气资源税与 2000—2004 年相同，为 8.5 元/千立方米。计算方式相同。2011 年 10 月 10 日，国务院正式发布《国务院关于修改〈中华人民共和国资源税暂行条例〉的决定》（以下简称《决定》），并于 2011 年 11 月 1 日执行。《决定》中提到原油、天然气税率分别按照销售额的 5%～10% 征收。因此取 2011—2013 年原油、天然气税率为销售额的 7.5%。即用加权价格与石油、天然气储量相乘得到销售额，再乘以 7.5% 的税率，得到资源税额。

2014 年，国家税务总局发布《关于调整原油、天然气资源税有关政策的通知》（以下简称《通知》），并于 2014 年 12 月 1 日起执行，《通知》中提到将原油天然气资源税适用税率由 5% 提高至 6%。因此，2014—2016 年资源税率为 6%，与 2013 年计算方法一致。即用加权价格与石油、天然气储量相乘得到销售额，再乘以 7.5% 的税率，得到资源税额。

因展示效果，此处将主要政策变化点的计算过程列出，石油资源税及天然气资源税变化点为 2000 年、2005 年、2011 年、2014 年，同时给出 2016 年具体数额，剩余年份的计算过程及结果在附录中进行展示（见表 6-8）。

表 6-8　　　　　　　　主要年份石油、天然气资源税额

	2000 年	2005 年	2011 年	2014 年	2016 年	2017 年
石油资源税额						
加权价格（元/吨）	4355.59	2829	4904	1337	1948	2481
剩余储量（亿吨）	20.73	19.06	21.22	23811	14.21	13.8
销售额（亿元）	—	—	104039	31828	27675	34234
适用税率	19 元/吨	22 元/吨	7.50%	6%	6%	6%
资源税（亿元）	393.93	419.26	7802.91	1909.65	1660.48	2054.05
天然气资源税额						
加权价格（元/千立方米）	1362.04	1256	1116	4376	1124	1252
剩余储量（千立方米）	10412.89	15245	21622	19.08	25771	25148
销售额（亿元）	—	—	24132	83493	28971	31481
适用税率	8.5 元/千立方米	8.5 元/千立方米	7.50%	6%	6%	6%
资源税（亿元）	88.51	129.58	1809.93	5009.6	1738.27	1888.85

2006 年 3 月 25 日，我国开始施行石油特别收益金制度，国务院决定从 2006 年 3 月 26 日起对石油开采企业按比例征收石油特别收益金。征收的计算口径是相关企业在销售国产原油时因销售价格超过一定水平所获得

的超额收入部分。征收对象是在中华人民共和国陆地领域、所辖海域独立开采并销售原油的企业，以及在上述领域以合资、合作等方式开采并销售原油的其他企业。销售价格的起征点为 40 美元/桶，原油价格在 40—50（含）美元/桶，征收比率为 20%，速算扣除数为 0 美元/桶；45—50（含）美元/桶，征收比率为 25%，速算扣除数为 0.25 美元/桶；50—55（含）美元/桶，征收比率为 30%，速算扣除数为 0.75 美元/桶；55—60（含）美元/桶，征收比率为 35%，速算扣除数为 1.5 美元/桶；60 以上美元/桶，征收比率为 40%，速算扣除数为 2.5 美元/桶。为了将单位一致化，我们将原油按 1 吨 = 7.389 桶、天然气按 1 立方米 = 35.315 立方英尺换算，美元兑人民币汇率为国家外汇管理局公布的年末（12 月 31 日）中间汇率。通过前面计算，2006 年、2009 年、2015 年、2016 年三家公司的原油加权平均现实价格分别为 59.25 美元/桶、55.83 美元/桶、46.20 美元/桶、38.10 美元/桶，其余 2007 年、2008 年、2010 年、2011 年、2012 年、2013 年、2014 年原油价格均在 60 美元/桶以上，吨和桶是国际上常见的两个原油的数量单位，为了计算方便，按照原油的密度，我们采用普遍的吨桶比 7.389，即一顿原油 7.389 桶。如果设石油特别收益金为 OSI_t，加权的原油价格为 OP_t，征收比率为 δ，速算扣除数为 θ，吨桶比为 α，美元兑人民币汇率为 β，石油剩余储量为 OV_t，根据国家标准不同年份期间的计算公式为：

$$OSI_t = [(OP_t - 40) \times \delta - \theta] \times \alpha \times \beta \times OV_t \quad (6-4)$$

国家规定从 2011 年 11 月 1 日起，石油特别收益金缴纳的最低标准为 55 美元/桶，按月计算、按季缴纳，按照 5 级超额累进从价定率进行计征。从实际数据来看，2011—2014 年的加权原油价格均在 75 美元以上，按规定征收比率为 40%，速算扣除数为 2.5 美元/桶。因此，石油特别收益金在此年期间的具体计算公式就为：

$$OSI_t = [(OP_t - 55) \times 0.4 - 2.5] \times \alpha \times \beta \times OV_t \quad (6-5)$$

财政部网站上发布的信息显示，《关于提高石油特别收益金起征点的通知》（以下简称《通知》）经国务院批准，从 2015 年 1 月 1 日起开始施行。《通知》中将石油特别收益金起征点提高至 65 美元/桶，仍实行 5 级超额累进从价定率的方式进行计征。从实际价格数据看，2015 年和 2016 两年原油销售价格均低于最低起征点，因此，这两年征收的石油特别收益金为 0。因此，在下面我们主要展示 2006 年、2007 年、2011 年、2015 年、2016 年和 2017 年相关指标的具体计算过程，结果如表 6-9 所示。

表 6-9　　　　　　2011—2017 年石油特别收益金

年份	2006	2007	2011	2015	2016	2017
加权价格（元/吨）	3425.28	3547.96	4903.75	2201.11	1947.71	2481.06
吨桶比	7.389	7.389	7.389	7.389	7.389	7.389
美元兑人民币汇率	7.82	7.37	6.33	6.45	6.92	6.53
销售价格（美元/桶）	59.25	65.17	104.87	46.20	38.10	51.39
起征点（美元/桶）	40	40	55	65	65	65
征收率	0.35	0.4	0.4	0.4	0.4	0.4
速算扣除数	1.5	2.5	2.5	2.5	2.5	2.5
剩余储量（亿吨）	22.38	21.50	21.22	14.97	14.21	13.80
石油特别收益金（亿元）	6776.68	8858.53	17310.79	0	0	0

将各年的石油资源税、天然气资源税、石油特别收益金加总，可以得到估算的矿产资源价值。综上，将估算出的土地资产、矿产资源价值、无形资产、固定资产以及存货相加，得到非金融资产的历年数额。这种逐年直接估算法编制体系具有其优越性：在政府部门无法对非金融资产永续盘存，进行非金融资产规模的"摸底"时，为该问题的解决提供了方向，能从一定程度上反映政府非金融资产规模变动情况，同时数据来源透明，便于解释分项的经济意义和实际内涵，结构清晰、细化。但从时间序列数据角度看，搜集数据困难较大，不同部门发布的数据缺乏统一的标准，可比性较弱。虽然本部分对数据缺乏问题进行了处理和改进，但数据的准确性仍然会有各类问题，只能是根据已有资料尽可能地贴近现实，但由于数据来源渠道多样，各项目之间联系未能形成系统化，整体性不足。

6.4.2　金融资产及负债存量的估算

政府部门金融资产与负债的存量估算过程与前文类似，都是通过对流量数据的盘存得到最终的存量结果。初始年份依然是从我国能查到的最早的资金流量表（金融交易）的 1992 年开始，完整的年度资金流量核算数据为我们进行政府部门金融资产与负债存量核算奠定了良好的基础。与其他部门的金融资产一样，不同于非金融资产，金融资产不存在价格调整的问题，票面价值即其当期价值。

使用永续盘存法获取政府部门金融资产负债存量数据，所用到的基础数据均来自国家统计局历年官方公布的金融部门的资金流量表。在资金流量表中，分为运用方和来源方，其中，运用方代表资产，来源方代表负债。类似地，资产项由金融资产和非金融资产构成，其中，金融资产包括通货、存款、贷款、保险准备金、债务性证券、股权和投资基金份额、国际储备、其他（含金融衍生品）、国际收支错误与遗漏。其他（含金融衍生品）包括其他（净）、结算资金、金融机构往来、国际资本往来、证券公司客户保证金、未贴现的银行承兑汇票、库存现金、中央银行贷款、其他对外债权债务、准备金和直接投资。

就金融资产和负债的具体盘存过程而言，国家资金流量表公布从 1992 年开始。1992 年，政府部门金融资产值为 23.9 亿元，而 2016 年政府部门金融资产值为 353364 亿元，2016 年存量是 1992 年存量的 14785 倍，即 1992 年存量占 2016 年存量的比重约为可以忽略不计。故以 1992 年资金流量表数据作为间接法编制政府资产负债序列表的起初存量，则进行盘存时其金融资产和负债总额不变。从 1993 年开始，盘存后的金融资产和负债总额等于 1992 年资金流量表各项目值与 1993 年资金流量表各项目值加总。从理论上来说，在 1992 年存量的基础上加上 1993 年运用的资金流量，就可以得到 1993 年的资产负债存量。依照这样的盘存过程对政府部门各项金融资产与负债项目进行逐期盘存，依次累计，最终便可以估算出 1992—2017 年我国政府部门金融资产和负债分项及总量存量数据。

6.4.3 政府资产负债序列表编制结果

依据以上过程，我们估算了政府部门非金融资产、金融资产和金融负债的各项指标数据，编制完成了2000—2017年中国政府部门资产负债表，结果如表6-10所示。

表6-10　2000—2017年中国政府部门资产负债序列表编制结果　　单位：亿元

	2000年	2001年	2002年	2003年	2004年	2005年	2006年	2007年	2008年
总资产	87941	119458	153411	186803	209976	241552	289546	362413	427247
非金融资产	74485	104002	134911	164431	185417	208793	247841	306505	365481
固定资产	17572	19256	24073	27266	30709	34291	39075	43512	48066
存货	322	339	445	774	685	676	618	798	989
其他非金融资产	56591	84408	110393	136391	154023	173827	208148	262194	316427
无形资产	34	50	54	66	74	81	93	152	234
资源性资产	56557	84358	110339	136325	153949	173745	208055	262042	316193
土地资产	56075	83855	109822	135847	153464	173197	200635	252543	298193
矿产资产	482	503	517	478	485	549	7420	9499	18000
金融资产	13456	15456	18500	22372	24559	32759	41705	55909	61766
通货	197	218	250	299	334	386	446	513	595
存款	7518	9543	12441	16203	18448	26385	34967	47924	53655
贷款	2054	2054	2054	2054	2054	2054	2054	2054	2054
保险准备金	19	19	19	19	19	19	19	19	19
债务性证券	36	13	27	141	18	-13	-131	126	126
股权和投资基金份额	0	0	0	0	0	0	0	0	44
国际储备	0	0	0	0	0	0	0	0	0
其他	3633	3610	3710	3657	3687	3929	4351	5274	5274
金融负债	19913	22981	27777	32190	36807	41695	45954	66698	72494
通货	0	0	0	0	0	0	0	0	0
存款	0	0	0	0	0	0	0	0	0
贷款	780	904	970	-895	-776	-534	-428	-427	245
保险准备金	3219	3501	4495	5435	6619	8269	9747	13198	17295
债务性证券	13758	16356	20083	25296	28470	31466	34141	51433	52460
股权和投资基金份额	0	0	0	0	0	0	0	0	0
国际储备	0	0	0	0	0	0	0	0	0
其他	2156	2221	2229	2354	2494	2494	2494	2494	2494
净资产	68029	96477	125634	154613	173170	199856	243592	295715	354753

续表

	2009年	2010年	2011年	2012年	2013年	2014年	2015年	2016年	2017年
总资产	491957	544686	637235	656648	751541	815004	943434	1109707	1205183
非金融资产	410540	443730	515916	512986	571477	595045	657574	756343	810403
固定资产	53475	59229	65821	70294	76629	83318	90763	98667	107619
存货	1784	1566	2201	2611	3708	4529	5074	5845	6151
其他非金融资产	355281	382935	447894	440081	491140	507198	561737	651830	696633
无形资产	292	369	513	513	800	992	1913	2322	3655
资源性资产	354989	382565	447381	439568	490340	506206	559824	649508	692978
土地资产	350154	369944	420457	413369	465384	487040	555755	646110	689036
矿产资产	4835	12621	26924	26200	24956	19165	4069	3399	3943
金融资产	81417	100956	121319	143662	180064	219959	285860	353364	394780
通货	676	806	929	1007	1085	1119	1178	1280	1327
存款	73246	92733	112496	133065	169662	201532	225504	257440	293478
贷款	2054	2054	2054	2054	2054	2054	2054	2054	2054
保险准备金	19	19	19	19	19	19	19	19	19
债务性证券	86	281	281	701	−387	2615	5310	5536	5408
股权和投资基金份额	43	−228	300	527	1305	5484	10758	14984	20304
国际储备	0	0	0	0	0	0	0	0	0
其他	5294	5292	5241	6290	6327	7137	41038	72052	72191
金融负债	83882	97803	107989	124433	145025	164527	218921	298150	340910
通货	0	0	0	0	0	0	0	0	0
存款	0	0	0	0	0	0	0	0	0
贷款	352	549	2240	2222	2251	2208	2208	2208	−18942
保险准备金	20222	24100	26207	33613	40949	47709	54734	62640	70896
债务性证券	60642	70488	76630	85413	98362	110166	157418	228625	284432
股权和投资基金份额	0	0	0	0	0	0	0	0	0
国际储备	0	0	0	0	0	0	0	0	0
其他	2666	2666	2912	3185	3463	4444	4561	4677	4524
净资产	408074	446883	529246	532215	606516	650477	724513	811557	864274

根据以上过程编制完成的中国政府资产负债序列表，可以系统反映出中国政府在2000—2017年资产负债的净值规模变动。在我国公布的资金流量实物表中，可以得到每年中国4个部门各自的增加值，在一定程度上代表了政府部门一段时间内通过生产所创造的价值，以及经济发展水平。因此，从经济意义上说，为了检验编制的中国资产负债序列表的可信度，可

以通过相关性检验得到政府部门资产负债净值变动与部门增加值的相关性方向以及程度，从而发现资产负债变动与经济增长之间的相关关系。根据所得结果，我们可以发现，本部分所编制的资产负债净值与政府部门增加值之间存在着极大的相关性，皮尔逊相关系数为92.6%，且整体呈现正相关性，即随着资产负债净值的增大，部门增加值也随之增大。增加值反映部门经济发展水平、发展规模，换言之，部门资产负债净值增大，部门的经济增长水平也有所提高。这一定程度说明我们以资金流量表为基础处理后得到的政府部门资产负债表是可信的，可以利用其内部经济运行规律分析经济问题。

从政府部门资产负债率和负债/GDP两个序列的波动来看，2012年以前，两个序列的波动均相对平缓，政府部门债务状况良好，债务负担较轻。2012年以后，随着经济发展逐渐进入新常态，我国政府部门的债务负担水平也在攀升，负债总额与GDP的比值在2017年突破0.40，与前期的低债务水平相比，债务风险加大。但从世界范围内的纵向比较来看，与日本238%、美国105%、加拿大90%、英国88%、印度71%、德国64%相比，中国仍处于较低水平。结合与其他学者研究成果的对比和从网络上查到的零星的存量核算资料，如2018年中国负债/GDP为47%，再综合两个序列的波动情况来看，我们对政府部门资产负债情况的估算基本真实反映出了我国政府部门的存量财富状况（见图6-1）。

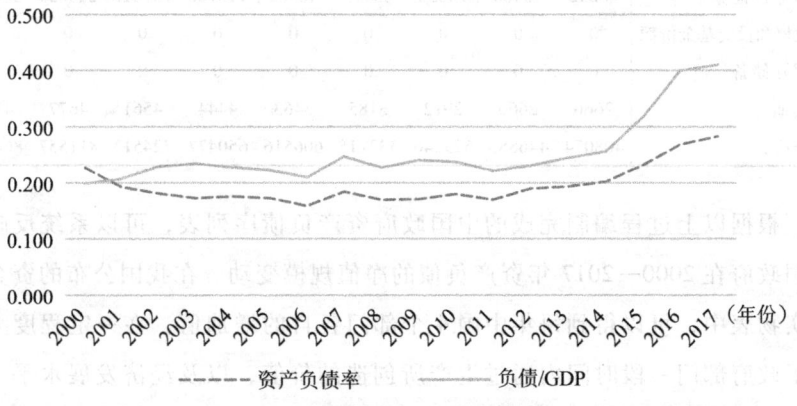

图6-1 2002—2017年政府部门资产负债率及负债/GDP变动情况

第7章 住户部门资产负债表编制研究

住户部门是一类群体的集合,这个群体中的人会集聚成员的全部或部分收入和财产,共同使用,集体进行消费活动(食物、住房等);群体中的个体对集体资源都拥有权力,参与集体决策。家庭属于住户部门的重要组成部分,但住户不完全等同于家庭,住户只要求成员在资源和消费上存在共享关系。

7.1 住户部门资产负债表编制研究综述

7.1.1 理论研究综述

住户部门是资产负债表的核算主体之一,其主要构成是居民家庭,在编制该部门资产负债表时,首先需要明确其资产与负债的主要构成要素,以及这些要素积累的理论过程。就这一问题而言,Goldsmith 作出了详细的说明,具体来说,他将大约 6000 万户的家庭作为研究对象,最早明确了住户部门资产负债表的构成要素[1]。随后,在这些理论工作的基础上,Goldsmith 开始了具体的住户部门资产负债表的编制工作[2]。1963 年,Goldsmith 和 Lispey 教授在其共同出版的《美国国家资产负债表研究(卷1)》一书

---

[1] Goldsmith R. W. The Share of Financial Intermediaries in National Wealth and National Assets [M]. Published by NBER, 1954.

[2] Goldsmith R. W. A Study of Saving in the United States [M]. Princeton University Press, Princeton, New Jersey, 1955.

中，详细阐述了住户部门资产负债表的相关编制理论，包括基本定义、项目含义及分类等内容[1]。此后不久，Goldsmith 教授与 Lispey、Mendelso 一同，编制出了美国 1900—1958 年的住户部门资产负债表[2]，这一研究成果为理论界提供了极大的指导意义。此后，Goldsmith 仍坚持不懈地完善资产负债表的编制理论与编制技术，并且将其编制的住户部门资产负债表时间序列表从 1900—1958 年扩展到了 1975 年。除其编表工作之外，Goldsmith 还就其编制的资产负债表展开了一系列分析工作[3]。

进入 20 世纪 80 年代之后，由于一些国家受到了债务危机的影响，国际上很多经济学家试图通过分析国家及部门资产负债表来研究其债务状况。在这样的背景下，资产负债表的理论研究工作开始受到重视。除学者和国家政府的研究成果外，一些国际组织也开始了资产负债表编制的研究工作，力图为其成员国提供一些编制标准。具体来说，现在使用最为广泛的核算体系是《国民账户体系（SNA）》，该核算体系由联合国、欧盟委员会等组织共同制定、发布。在这一核算体系中，不仅可以找到资产、负债等项目具体价值的估算方法，而且还可以找到完整的资产负债核算规则。以该体系为核算标准，可以全面记录并且描绘出每个部门主体间的经济活动及活动成果[4]。作为国际一般理论指导规范而言，SNA 无疑是完美的，然而，由于各国统计基础差别较大，按照 SNA 提供的编制理论与标准，可能无法完成本国国家资产负债表的实际编制。除 SNA 核算标准体系之外，还有一些国家组织在考虑其成员国实际情况的基础上，发布了一些有针对性的、具体的资产负债表核算方法。例如，国际货币基金组织（IMF）发

---

[1] Goldsmith R. W., R. E. Lispey. Studies in the National Balance Sheet of the United States, Vol. 1 [M]. Princeton University Press, Princeton, New Jersey, 1963.

[2] Goldsmith R. W., R. E. Lispey, M. Mendelson. Studies in the National Balance Sheet of the United States, Vol. 2 [M]. Princeton University Press, Princeton, New Jersey, 1963.

[3] Goldsmith R. W. The National Balance Sheet of the United States, 1953—1980 [M]. National Bureau of Economic Research Monograph Series, Chicago and London: University of Chicago Press, 1982.

[4] United Nations, European Commission, International Monetary Fund, Organization for Economic Co‑operation and Development, World Bank. System of National Accounts 2008, New York 2009. http://unstats.un.org/unsd/nationalaccount/docs/SNA2008.pdf.

布的《2014 年政府财政统计手册》①，欧盟委员会发布的《欧洲国家和地区账户体系》② 以及 OECD 公布的国民经济核算指导手册等。

从中国关于住户部门资产负债问题的研究情况来看，自 20 世纪 90 年代起，一些机构与学者开始关注与居民金融资产有关的问题。其中，一些学者开展了关于中国居民储蓄增速较高问题的研究，如臧旭恒等以储蓄消费理论为基础，研究了中国居民的储蓄行为③。但由于统计资料的缺失，这些学者的研究主要停留在理论层面，缺少与住户部门存量资产变动有关的实证研究成果。在 20 世纪 90 年代后期，随着政府相关政策的出台④，学者们逐渐将目光转移到了居民金融资产总量的问题上，在这一时期，一些学者与机构开始估算中国住户部门的金融资产存量。例如，叶樱利用可获得的一些数据，估算出了中国住户部门 1978—1992 年的金融资产存量⑤。此后，国家统计调查队公布了中国城市居民所拥有的金融资产存量⑥。随着研究的深入，学者们的研究内容也越来越全面。例如，张学毅在其发表的研究成果中，详细全面地介绍了在核算住户部门金融资产时所须遵循的统计口径和核算原则等问题；除此之外，还详细介绍了核算项目的分类与含义。在完整的理论阐述的基础上，张学毅通过一定的假定估算出了我国住户部门所持有的金融资产存量数据⑦。此外，一些学者借助资金流量表中的数据估算住户部门的资产存量。例如，宋光辉利用 1992—1997 年资金流量表中涵盖的居民可支配收入数据，得到相应年份的 GDP 中的占比，然后利用现有数据，估算出居民人均可支配收入等核算项目的存量⑧。刘向

---

① IMF. Government Finance Statistics Manual 2014 [M]. Washington, DC: Washington DC International Monetary Fund, 2014.
② European Commission. The European System of National and Regional Accounts [J]. 2010. doi: 10.2785/16644.
③ 臧旭恒，刘大可. 我国城乡居民储蓄及其宏观经济效应分析 [J]. 东岳论丛，1999 (2): 75 - 80.
④ 《中国国民经济核算体系（试行方案）》，国家统计局印行，1991 年 12 月.
⑤ 叶樱. 居民储蓄（金融资产）总量情况表 [J]. 西安金融，1994 (5): 54.
⑥ 国家统计局调查队. 中国城市居民的金融资产 [J]. 中国统计，1997 (2): 12 - 16.
⑦ 张学毅. 中国居民金融资产表的设计和总量测算 [J]. 统计与决策，1999 (3): 13 - 14.
⑧ 宋光辉，柴曼莹. 中国居民金融资产增长和金融结构分析 [J]. 华南理工大学学报（社会科学版），2003，5 (2): 67 - 70.

耘则总结了我国住户部门金融资产的核算现状，并提出现有核算方法中存在的一些问题及应对措施[①]。

债务危机和经济危机的爆发，使学者们充分认识到了住户部门资产负债表的重要性，因此，与住户部门资产负债相关的问题也得到了广泛关注。例如，在雷曼兄弟破产后，欧洲中央银行就立刻开始了与欧元区国家内的居民资产负债问题有关的研究工作[②]。我国的中央银行也一直关注、研究与住户部门资产负债有关的问题，在每年发布的《金融稳定报告》中都有相关总量指标涉及，同时也在不断进行相关理论概念和核算方法的探讨，如住户部门金融资产的概念以及分类的具体含义，住户部门资产存量的数据来源、核算方法等。

7.1.2 编制及应用研究综述

7.1.2.1 编制技术研究

有关住户部门资产负债表的编制技术的研究，主要涉及项目分类设计、统计口径界定、存量数据组合及估算方法等方面。从整个存量核算体系整体来看，住户部门的资产负债表属于其中的一张部门表，主要用于记录、展示住户部门的资产负债构成及存量信息[③]。在这张资产负债表中，资产方主要由实物资产和金融资产两项构成，而负债方仅由金融负债构成。金融资产与金融负债的分类界定较为简单，从中国人民银行给出的居民金融资产的定义可以看出，我国基本遵循 SNA2008 中提出的分类标准，在结合我国金融统计的现实状况的基础上，确定居民金融资产的定义及核算范围。就项目分类设计而言，大部分国家主要以国民经济核算体系中相关金融流量核算理论为基础，结合公布的资金流量表中的金融交易项目来定义住户部门金融资产与负债的分类。资产属性的具体定义，也只是强调

---

① 刘向耘．关注我国居民金融资产 [J]．中国金融，2005 (7): 32 – 33．
② 尹继志．欧洲央行应对金融危机的货币政策 [J]．宏观经济管理，2012 (12): 81 – 83．
③ 郑海涛，王腾飞，任若恩，等．从居民资产负债表看中国财富标志的演变及其影响 [J]．广义虚拟经济研究，2013 (4): 37 – 46．

了资产的归属主体是住户部门,即住户部门金融资产是指该部门所拥有的,以金融债券及权益性凭证形式存在的资产,其属于一国金融资产的一部分。

在前期学者们讨论住户部门的资产和负债核算时,由于研究角度不同,不同时期学者们划分的统计范围也不相同。如叶樱提出,住户部门金融资产主要包括4个部分,主要涵盖了储蓄存款、手持现金等4个项目的增加额。中国统计局调查队估算我国住户部门的金融资产状况时,将银行储蓄、有价证券、手寸现金及其他项作为住户部门金融资产的核算项目。在这些研究的基础上,张学毅提出了更为全面的统计口径,将居民金融资产划分为手持现金、储蓄存款、债券等六类项目。

就现有国民经济核算体系中公布的住户部门资金流量表的核算项目来看,我国目前核算的与居民金融资产有关的内容主要包括居民手持现金、存款等八大类的内容。主要的资产项目就是住户部门存款,其中包括不同期限的定期存款、经营性质的活期存款等各类活期存款[①]。在非金融资产方面,住户部门的非金融资产主要以实物资产为主,种类也较为丰富,主要有房地产、汽车、收藏品等项目。除此之外,由于国家对有关资产权属的界定不同,也会导致核算项目的差别,如一些国家住户部门还将土地划为实物资产的一部分[②]。但是以目前的统计基础,想要对住户部门拥有的各项资产存量状况做到全面核算依然是十分困难的,以美国为例,其统计局将住户部门的实物资产划分为3类,分别是设备、软件以及耐用消费品,该分类也较为粗略。美联储的分类稍微详细,在其每3年进行一次的消费者财务状况调查活动中,详细阐述了住户部门金融和非金融资产的分类,将住户部门的非金融资产划分为六类,分别是交通工具、第一套住房等。

就住户部门资产负债表编制所需的数据来源看,目前,中国尚未公布完整的与住户部门资产负债存量有关的统计资料,因此,现有研究工作主

---

① 许罗德. 改善我国居民资产负债 [J]. 中国金融, 2017 (7): 81 – 82.
② 刘向耘, 牛慕鸿, 杨娉. 中国居民资产负债表分析 [J]. 金融研究, 2009 (10): 107 – 117.

要利用一些可以获得的数据资源，如货币银行统计数据、国际收支统计数据、金融市场统计数据等。于雪指出，在核算不同类型的资产存量时，所用到的数据来源也不同[①]。例如，在编制居民金融资产存量表时，所用到的数据主要来自货币银行统计数据。就我国货币银行统计而言，其采用的住户部门金融资产交易项目的分类标准，与国际货币基金组织（IMF）公布的《货币与金融统计指南》基本一致，因此，使用货币银行统计中提供的数据，与住户部门资产负债存量核算的数据口径基本一致，从而解决了因口径不同造成估算结果不准确的问题。另外，就统计原则来看，我国在进行货币银行统计时所遵循的统计原则，如记账原则、估价方法等，基本与 SNA 核算体系相一致。除此之外，我国的货币银行统计涵盖了所有存款性机构的金融交易信息，借助于这些信息，可以全面地测算住户部门的本外币存款、经营性活期存款等活动。在估算住户部门持有债券、股票资产存量等数据时，需要借助我国金融市场统计的相关数据。首先，就持有债券等项目的核算原则来看，主要依据金融资产存量表的核算原则开展相关工作。其次，就估算项目的数据来源而言，我国债券存量可以借助于金融市场统计数据进行估算，住户部门的债券存量可以通过债券托管结构进行估算。而住户部门持有股票的存量，则可以通过证券会公布的股票持有结构的相关资料进行估算，然后对其持有量进行市场估价。在估算居民保险准备金存量数据时，则主要依据保监会公布的资产负债表和相关业务统计报表进行核算。除此之外，我国的社会保障统计数据可以提供与住户部门社会保障基金存量估算有关的统计数据。

最后，就估算方法而言，不少金融机构与学者开展了住户部门资产负债表的编制工作，并且提出了一些具有代表性的存量估算的方法。例如，中国人民银行借助于资金流量表数据，尝试性地编制出我国 2004—2007 年住户部门的资产负债表数据，估算出了住户部门的金融资产和负债的存量

---

① 于雪. 我国居民金融资产的新变化与国际比较研究 [J]. 统计研究，2011，28（6）：16–21.

数据,为其他学者的编制及分析工作提供了基础。中国人民银行关于居民资产负债表开展的编制工作,核算范围全面,其工作为一些学者研究居民金融资产相关问题提供了较为全面的数据。就一些学者的研究情况来看,例如,刘向耘等以央行公布的 2004—2007 年住户部门资产负债表数据为基础,详细讨论了如何核算住户部门的实物资产数据,并提出了估算房地产、汽车以及生产性固定资产存量价值的计算方法及公式,如分别利用盯市法和成本法计算城市和农村的房地产余额等。郑海涛等阐述了住户部门的定义及核算项目的具体分类,以我国统计局公布的分类框架为基础,编制了我国 1994—2009 年的住户部门资产负债表。他们详细介绍了每种核算项目的估算方法,例如,对住房实物资产的核算,他们将其分成农村和城市居民住房进行核算,并详细介绍了农村和城市居民住房价值估算的具体公式,以及所需要的数据来源。除此之外,还介绍了耐用消费品、通货等资产的计算公式及数据来源。马骏及其研究团队使用估值法,编制出我国 1998—2010 年的住户部门资产负债表,在编制过程中,采用了一些假定来估算一些核算项目的价值[①]。例如,假定采用重置成本来估算住户部门房地产的价值等。李扬及其团队编制我国 2004—2010 年住户部门资产负债表时,借鉴刘向耘等的做法,将住户部门的实物资产划分为三类,分别是住房、农村生产性固定资产以及汽车。并且,其金融资产与金融负债中的相关数据则是直接引用中国 2012 年公布的《中国金融稳定报告》以及中国人民银行公布的"金融机构人民币信贷收支表"中的相关数据[②]。在此基础上,李扬及其团队又将其编制的居民资产负债表年份扩展至 2014 年,但由于数据的缺失问题,其在估算过程中采取了相应的处理技术来弥补缺失数据。例如,在估算 2012—2014 年汽车价值时,作者采用前 5 年汽车价值的平均增幅进行外推[③]。2018 年,李扬在其编制的《中国国家资产负债表

---

① 马骏,张晓蓉,李治国. 中国国家资产负债表研究 [M]. 北京:社会科学文献出版社,2012.
② 李扬,张晓晶,常欣,等. 中国国家资产负债表 2013——理论、方法与风险评估 [M]. 北京:中国社会科学出版社,2013:58 – 145.
③ 李扬,张晓晶,常欣,等. 中国国家资产负债表 2015——杠杆调整与风险管理 [M]. 北京:中国社会科学出版社,2015:95 – 100.

2018》一书中，修订了部分资产负债表编制内容，并进一步延伸了编表年份。作者做出的最大调整是从 SNA2008 核算体系出发，详细阐述了住户部门核算项目的分类及具体含义，并介绍了对相应资产和负债项目进行核算时，所采用的估值方法及数据来源[①]。

总地来说，中国估算住户部门资产负债表资产负债存量的方法主要可以分为两种。第一种是由分到总的推算思路，以金融资产存量的估算为例，首先需要明确住户部门金融资产的构成项目，然后根据现有统计数据，推算出这些分项的资产存量，将其进行加总，即可得到住户部门金融资产的总存量数据。第二种则是借助于我国公布的资金流量表数据，选取基准年，借助一定的方法估算出这一基准年的存量数据，然后考虑资金流量表的相关数据，根据存流量相互转换的经济学原理，逐渐外推，得到居民资产负债时间序列数据。

7.1.2.2 应用研究

居民资产负债表作为分析债务问题的强有力的工具，其在解决实际问题中的应用受到了学者的广泛关注。早在 20 世纪 50 年代，Modigliani 和 Brumberg 就提出居民资产负债与国民经济之间存在较为密切的关系，认为住户部门的负债存量会影响社会的资源配置[②]。Sebastian 和 Young 分析了美国住户部门的负债行为，认为人口的统计学特征是影响居民家庭负债的显著因素之一[③]。除这些与居民资产负债有关的研究之外，一些学者认为住户部门资产负债表对解决经济危机、大萧条等问题有重要的影响。如 Mishkin 研究了住户部门资产负债表在经济危机时期的传导机制，认为通过分析住户部门资产负债表效应，可以回答经济为何出现消迷的问题[④]。

---

① 李扬，张晓晶，常欣，等. 中国国家资产负债表 2018 [M]. 北京：中国社会科学出版社，2018：132 - 154.

② Modigliani F, Brumberg R E. Utility Analysis and the Consumption Function: An Interpretation of Cross - section Data [M]. New Brunswick: Rutgers University Press, 1954: 128 - 197.

③ Sebastlan B, Young G. The Rise in US Household Debt: Assessing Its Causes and Sustainability, Bank of England [R]. Working Paper, 2003.

④ Mishkin F S. The Household Balance Sheet and the Great Depression [J]. The Journal of Economic History, 1978, 38 (4): 918 - 937.

Ruiter 等学者基于 Mishkin 提出的流动性假设,探讨了家庭资产负债表与耐用消费品支出之间的关系。并且指出,资产负债表重组的负面影响可以解释一些经合组织国家 20 世纪 90 年代初经济衰退后的缓慢复苏[1]。类似地,Greasley 和 Madsen 提出,在经济大萧条时期,居民收入的不确定性使家庭支出出现了下滑现象,从而对经济造成一定的影响[2]。Cooper 通过面板模型,研究了经济危机以及大萧条前后美国住户部门资产负债表的变化,并提出,就居民的风险性和非风险性资产结构来说,其在经济危机和大萧条前后发生了变动[3]。Glick 和 Lansing 则以美国的住户部门为例,指出经济危机后该部门会遭受一个"去杠杆化"的过程,而且,所采取的降低杠杆率的方式均将对经济发展产生重大影响[4]。除此之外,一些学者还研究了住户部门资产负债、杠杆率及其相关问题,如 Velde 指出,人们普遍担心家庭负债过重,可能被迫减少消费,对经济增长产生负面影响。但事实上,家庭债务平均每隔一个季度达到创纪录水平。因此,高水平的债务并不能为当前的经济状况提供信息。在负债方面,债务的长期增长应该与更大幅度的资产增长挂钩,高负债负担并不意味着即将削减消费[5]。Szymborska 和 Hanna 在一定的研究假设下,使用 1989 年至 2013 年美国消费者金融调查数据的参数和非参数方法,指出住户部门财富构成的差异导致更高水平和更充分的收入和财富不平等模式[6]。

---

[1] Ruiter M D, Smant D J C. The Household Balance Sheet and Durable Consumer Expenditures: An Empirical Investigation for The Netherlands, 1972—1993 [J]. 1999, 21 (2): 243-274.

[2] Greasley D, Madsen J. The household balance sheet, credit and uncertainty at the onset of the Great Depression in the USA [J]. Research in Economic History, 2003, 21 (3): S5-77.

[3] Cooper D. Changes in U. S. Household Balance Sheet Behavior after the Housing Bust and Great Recession: Evidence from Panel Data [R]. Ssrn Electronic Journal, Federal Reserve Bank of Boston, Working Paper, 2013.

[4] Glick R, Lansing K J, Molitor D. What's different about the latest housing boom? [J]. Frbsf Economic Letter, 2015.

[5] Velde, F. The household balance sheet—too much debt? [J]. Chicago Fed Letter, 2002, (181A), 1-4.

[6] Szymborska, H. Financial sector and household balance sheet dynamics: Rethinking the determinants of income and wealth inequality in the USA since the 1980s [J]. 2017 (10).

就中国关于住户部门资产负债表的应用研究来看，主要可分为以下几个方面。第一，对住户部门金融资产结构的研究。如谢平分析了我国 1978 年至 1991 年的住户部门的金融资产结构，并且指出，我国金融改革对经济带来深远影响[①]。姜维俊重点关注了我国住户部门不合理的资产结构，以及城乡居民收入差距等问题[②][③]。于雪选定 2004—2009 年为研究周期，研究了我国住户部门的金融资产结构，并将其与国外住户部门的金融资产进行比较，得到国内外住户部门金融资产结构的相似和差异之处。朱琳琪和周弘基于我国现有宏观数据，分析了住户部门涵盖的金融资产的结构以及有效性的问题，并指出，我国住户部门资产结构逐渐趋于多元化的发展，并且其有效性还有待提高[④]。杨朝军等对比了我国住户部门的资产结构现状与最优的资产结构，研究发现，我国居民的资产配置选择较为理性，但是这种理性不利于我国实现经济转型的根本任务[⑤]。

第二，与国外类似的是，我国也有不少学者将住户部门资产负债表应用到解决金融危机问题上去。如顾淳提出，住户部门资产负债表的变动，是造成金融危机的重要因素之一[⑥]。其对比研究了中美两国居民资产负债表的结构变动，并以美国金融危机为基础，从资产负债表的角度分析了中国爆发金融危机的风险。王勇和祝红梅则着重考察了美国金融危机的发生对其住户部门资产负债表造成的影响[⑦]，结果表明，在金融危机时期，住户部门的资产及负债结构的变动给居民们造成了极大的财务困境，从而降低了社会的总需求，影响社会经济的发展。

---

① 谢平. 中国金融资产结构分析 [J]. 经济研究, 1992 (11): 30 – 37.
② 姜维俊. 中国金融资产结构分析（上）[J]. 财贸经济, 1999 (5): 21 – 27.
③ 姜维俊. 中国金融资产结构分析（下）[J]. 财贸经济, 1999 (6): 36 – 40.
④ 朱琳琪, 周弘. 宏观视角下中国居民家庭金融资产结构分析 [J]. 哈尔滨学院学报, 2017, 38 (7): 40 – 42.
⑤ 杨朝军, 王渊, 周仕盈. 我国居民部门资产结构是理性的吗？——基于现代资产组合理论的研究视角 [J]. 上海交通大学学报（哲学社会科学版）, 2018, 26 (1): 63 – 73.
⑥ 顾淳. 家庭资产负债表结构与金融危机的关联性分析 [J]. 经济研究导刊, 2015 (13): 157 – 160.
⑦ 王勇, 祝红梅. 金融危机与居民资产负债表调整——基于 SCF 数据的分析 [J]. 浙江金融, 2013 (12): 13 – 15.

除了上述两方面的应用研究成果之外，一些学者还从居民资产负债表的角度出发，研究与居民家庭资产负债估算、管理等有关的问题。例如，张学毅研究了我国居民资产负债表表式设计、测算方法等问题。孙元欣则通过研究、阐述美国居民家庭资产负债的项目分类、统计方法等内容，提出我国可以借鉴美国关于居民资产的统计方法[①]。其在之后的研究成果中，又阐述了我国住户部门金融资产的基本核算框架[②]。2009 年，刘向耘编制出了较为完整的住户部门的资产负债表，在其编制结果的基础上，从静态、动态以及效率三个角度入手，分析了我国住户部门资产负债表的情况。同时指出，我国住户部门的资产负债表具有较强的稳定性，但仍需要调整其资产负债结构。牛慕鸿通过分析我国住户部门资产负债表相关数据得出，我国住户部门所拥有的金融资产存量占总资产存量的比重出现了上升趋势，而通货和存款的相应比重则在下降[③]。除此之外，其指出，我国住户部门金融负债存量出现了较快的增长现象，这主要是消费信贷等原因造成的。白鹤祥从统计制度的角度出发，分析、研究了我国住户部门的资产负债表，并指出，我国目前关于住户部门资产负债的统计制度尚不完备，且缺乏一定的系统性和连续性。因此，我国需要加快相关统计制度的建设步伐，从而明确与居民资产负债表相关的统计制度、范畴等内容[④]。马骏在其编制的 1998—2010 年住户部门资产负债表的基础上，着重研究了房地产增值对我国居民财产造成的影响。郑海涛等一直在致力于资产负债表的编制与研究工作，其编制出了 1994—2009 年我国住户部门的金融资产负债表，并在此基础上，与世界 4 个发达国家的居民资产负债表进行对比，从而研究我国财富标志的演变等相关问题。

综上所述，中国关于住户部门资产负债表的研究，无论是从编制理

[①] 孙元欣．美国家庭资产统计方法和分析［J］．统计研究，2006，V23（2）：45 – 49．
[②] 孙元欣．我国居民家庭资产的统计框架构想［J］．统计与决策，2007（6）：9 – 11．
[③] 牛慕鸿．中国居民资产负债表的变迁机理与优化对策［J］．金融发展评论，2010（5）：39 – 48．
[④] 白鹤祥．关于我国建立家庭资产负债统计制度的思考［J］．金融发展评论，2012（10）：116 – 122．

论、编制技术，还是从应用研究来说，都比西方国家开始得晚。20世纪80年代时，一些西方学者就编制出了较为完整的国家和部门资产负债表，此后，随着一些国际组织公布其资产负债表核算标准体系，越来越多的国家成功编制出本国资产负债表。而正是因为这些完整、健全的数据支撑，西方学者们关于住户部门资产负债表的应用研究也十分全面。例如，一些学者很早就开始了关于居民资产负债管理的研究工作，并且，西方学术界现已形成较为全面、详细的影响居民资产负债行为的理论依据。

从中国与住户部门资产负债表编制有关的研究成果来看，尚未出现大家一致认同的编制方法。由于数据的缺失，大多数学者都是现有数据有什么，就核算什么，缺乏一个统一的分类框架和核算标准。并且，就现有的两类估算方法来看，他们都存在一定的不足之处，因此，需要对这些编制方法进行修订，从而使估算结果更加可靠。从居民资产负债表的应用研究来看，较多学者的研究集中在金融资产结构变动分析、金融危机背景下资产负债表效应等方面。近几年，学者们开始关注住户部门的金融负债问题，除此之外，也有一部分学者开始研究居民的资产负债管理行为。但总地来说，宏观层面的住户部门资产负债表的相关研究成果相对较少，大部分研究还是集中在金融资产的配置、居民家庭资产测算等问题，缺乏对住户部门资产负债表编制过程的系统探讨。

7.2 住户部门资产负债表编制理论

7.2.1 经济学原理

随着中国经济的快速增长，居民财富已累积到一定水平，人们对住户部门资产与负债状况的关注度日益上升。不仅是老百姓关注自己的财富到底有多少，而且从经济运行角度看，住户部门资产与负债问题对宏观经济运行也有重要影响。居民的财富状况事关收入分配公平和社会消费动力的累积，这对于促进我国经济社会健康发展意义重大。

依据国民经济理论，国民经济的运行以期初存量作为起点，经过本期各种经济交易和其他经济流量的作用，形成期末存量。这同时又构成了下一期的期初存量和经济运行的起点，如此周而复始，不断循环，住户部门的经济运行也是这个过程。由此可见，住户部门的存量资产就是通过流量的循环累积而来的。

从一个限定的时期内观察居民经济活动，其经济流量循环表现为"生产—收入—使用"的过程。"生产"是价值流量的起点；"使用"是终点，它既是本次循环的终点，又是下次循环的起点。

（1）在生产阶段，住户部门为了获取报酬或收入，会进行一些独立生产活动，其生产范围指那些用于自身最终消费以外的生产，在生产过程中就会有一些资产的产生。比如居民对农产品、皮革等加工，对出售剩下的产品进行储存，这样就形成了居民的存货资产。同时，对农产品加工的工具器械若使用超过一年以上就属于居民的固定资产，这种固定资产同时也会随着年份的增长产生折旧。

（2）收入阶段是把住户部门通过生产和劳动获得的总收入进行初次分配以及再分配，从而得到可支配收入的阶段，这个阶段主要是收入分配过程，为后续的消费储蓄奠定基础。这个阶段居民收入的多寡直接决定了后期的住户部门的财富积累能力。

（3）使用阶段是居民对可支配收入的使用。居民一般把可支配收入用于消费、储蓄以及投资等支出。一般消费对象为货物和服务，其中像购买的房产、汽车（对于中国家庭而言，汽车单价较高，资产性特征较为明显，这里也将汽车价值计入居民存量资产）等会成为居民的存量资产，相反居民也可能因为购买房和车而背负一定的贷款，这也是居民负债的来源。对于居民来说，储蓄是指其在银行进行的定期与活期存款，投资指居民与金融机构或非金融机构进行的金融交易活动，像购买债券、股票、基金、理财产品等有价证券，以获取更多的利润，可能成为利润收入，进入收入阶段继续循环。此外，对于一些拥有非法人企业的居民，也会把生产获得的可支配收入用于购买生产需要的原材料，这样原材料就成为居民的流动资产进入生产阶段再继续循环。

以上是一定时期的经济流量循环阶段，如果把每年看作一个循环，则多年连续起来就形成一个动态链接系统，在这一系统中，每个循环过程都在不断地往复。在循环的过程中各个环节的流量不断积累形成存量资产，最后积累到某一时点成为期末存量，这就是居民资产/负债的累积过程。由此可见经济存量与经济流量之间关系密切，即经济流量的变动会直接导致经济存量的变动。

7.2.2　SNA 中的住户部门资产负债表

目前国际上通用的国家及部门资产负债表编制标准主要是联合国等国际组织联合出版的《国民经济核算体系 2008》，简称 SNA2008，关于部门资产负债表的编制其中有较系统的介绍。SNA2008 中公布的相关标准和技术参考是我们设计和编制中国住户部门资产负债表的重要基础。

住户部门资产负债表即在一定时间点对一国住户部门的资产与负债进行核算所呈现的报表。其核算主体就是住户部门，在 SNA2008 中该部门由所有的常住住户组成，包括个人住户与机构住户，也包括住户拥有的非法人企业。个人住户指那些共用生活设施，并把每个人的部分或全部收入汇集起来集体消费货物和服务的人群。机构住户指长期住在医院、养老院、宗教场所、监狱等地的人员。

在核算主体确定的基础上，需要明确居民的资产与负债具体指什么。在 SNA2008 中，统一把资产分为非金融资产与金融资产，单把金融负债列入负债。同时，SNA2008 把非金融资产分为生产资产和非生产资产：（1）生产资产主要有固定资产、存货和贵重物品；（2）非生产资产包括自然资源，合约、租约和许可，外购商誉和营销资产。对于金融资产与负债，SNA2008 指出这两者一一对应，故包括货币黄金和特别提款权、通货和存款、债务性证券、贷款、股权和投资基金份额、保险、养老权和标准化担保计划、金融衍生工具、其他应收或应付款。

  一国的住户部门资产负债表指的是一国住户和机构住户进行经济活动所产生流量的累积报表，也就是经济流量累积成存量的结果展示报表。同时，一国住户部门资产负债表是一国资产负债表的一个组成部分，故 SNA 给出的住户部门资产负债表的标准表式同国家资产负债表一样，该表体现出了居民资产与负债的静态平衡关系。在国民经济核算体系中，住户部门资产负债是指一国的住户部门在某一特定时点上，所持有的各项资产和负债的总存量数据，资产包括非金融资产与金融资产，负债单指金融负债。金融资产/负债的来源包括国内与国外，非金融资产属于国内属性。居民总资产体现了在某一时间点居民拥有的资产总额，即资产的总计，也作为使用方和负债、净值对应存在，其计算表达式为：

$$住户部门总资产 =（住户部门非金融生产资产 + 住户部门非金融非生产资产） + 住户部门金融资产$$

$$= 住户部门非金融资产 + 住户部门在各类金融工具上拥有的资产合计$$

$$= 住户部门非金融资产 + 住户部门金融资产$$

$$= 住户部门总负债 + 净值$$

$$= 住户部门担负各金融工具的负债之和 + 净值$$

$$= 住户部门金融负债 + 净值$$

  以上计算过程系统展示了住户部门资产负债表中的总量平衡，及分量之间的数量关系。

  至于住户部门资产负债的动态关系指流量累积到存量的动态关系。在一定核算期内，住户和机构住户参加经济活动产生流量，到了核算时刻，这些流量累积成存量，这就是流量到存量的动态过程。因此，就某一核算期而言，住户和机构住户的经济行为产生的流量积累得到期末的存量数据，动态平衡公式如下所示：

$$住户部门期初经济存量 + 住户部门期内经济流量净增加 = 住户部门期末经济存量$$

7.3 住户部门资产负债表编制方法设计

7.3.1 编表思路与核算分类

7.3.1.1 编表思路

综合考虑能查阅到的数据情况以及与其他部门的衔接问题，本部分计划编制2000—2017年的住户部门资产负债表，内容上包括对住户部门非金融资产、金融资产和金融负债的估算。对于非金融资产，本部分采用"先分项估算后合并汇总"的方法进行计算。

对住户部门拥有的非生产资产存量首先是分项估算。估算方法就是在估算出非金融资产各项分类的物量、历史价值量、存量价格等内容之后，根据相关存量价值计算公式直接估算分项资产的存量价值，然后再累加各项得到总的非金融资产。对于金融资产和金融负债，与其他部门类似，都是采用永续盘存法把总的金融资产和总的金融负债以及各自的子项目估算出来。需要说明的是，2012年的《中国金融稳定报告》中公布的有2004—2010年的住户部门金融资产与金融负债核算数据。我们在计算过程中将这些年的数据作为基础，再结合国家统计局公布的2000—2017年的资金流量表数据，可从2004年向前盘存2000—2003年的居民金融资产负债数据，同理也可从2010年向后盘存2011—2017年的居民金融资产负债数据。然后，再结合人民银行公布的相关资料，单独对涉及数字修正的存款和贷款数据根据公布的修正数据进行修订。

7.3.1.2 核算主体与对象

中国住户部门资产负债表记录的是我国住户部门在某一时点拥有的非金融资产、金融资产和负债的总量、分量、净值等内容。核算主体是住户部门，2007年国家统计局发布的《中国资产负债表编制方法》对住户部门的定义是指中国的常住住户，包括城镇常住住户、农村常住住户以及城乡个体经营者。

在交易分类的具体设计上，就住户部门的存量资产类别而言，我们从住户部门实际拥有的资产类型出发来进行非金融资产和金融资产（负债）类别的设计。由于不同类型的资产存在诸多差异，我们需要分别讨论其存量估算方法。各个核算内容的核算对象具体如下。

（1）对于住户部门非金融资产，考虑到我国住户部门非金融资产的实际情况，其固定资产的主要构成就是房产，没有公布固定资产存量数据时，直接估算房产的存量价值比固定资产流量的永续盘存更能反映住户部门固定资产的存量状况。考虑到汽车也是我国居民家庭的大件货物，对农村住户而言，从事农业生产用到的生产性固定资产也是其资产的重要构成，我们将家庭用车的存量价值和农村生产性固定资产的存量价值也列入住户部门非金融资产的核算分类。刘向耘及李扬等的分类方法与此类似，都是把非金融资产分为房屋资产、汽车和农村生产性固定资产三大类，房屋资产又细分为城镇居民住宅和农村居民住宅两类[1][2]。

（2）住户部门金融资产的核算对象确定。住户部门的金融资产主要类别就是各类银行存款、股票、债券、累积的养老金、对企业的其他债权等。由于在《中国金融稳定报告2012》中能查阅到2004—2010年我国住户部门金融资产负债表的内容，这为我们进行住户部门金融资产负债存量估算内容设计提供了非常好的参考。我们参考其中对住户部门金融资产项目的设定，同时考虑国家统计局公布的资金流量表中金融交易流量项目的设定，在项目设置上可以与其他机构部门一致，设为六个分类。最终确定的金融资产项目包括[3]：①通货：指该部门持有的现金货币；②存款：主要指该部门的银行存款；③保险准备金：住户以保险人购买保险时为使保险公司履行义务而支付给保险公司的金额；④债券：指住户购买的证明债务关系的凭证；⑤股票和投资基金份额：住户持有金融机构与非金融机构

---

[1] 刘向耘，牛慕鸿，杨娉. 中国居民资产负债表分析［J］. 金融研究，2009（10）：107－117.

[2] 李扬，张晓晶，常欣，等. 中国国家资产负债表2013：理论、方法与风险评估［M］. 北京：中国社会科学出版社，2013，58－145.

[3] 居民的金融资产与负债核算类目借鉴了中国人民银行公布的《中国金融稳定报告2012》。

的股票；住户对公募基金、私募基金、信托产品等进行的投资金额；⑥其他金融资产：指未被包含在以上五类金融资产之内的其他住户部门金额资产。

（3）按照SNA2008理论，金融负债的核算口径应该与金融资产的核算对象一致，但实际上，住户部门的金融负债较为特殊。就资金流量表公布的数据来看，我国住户部门负债的构成就是各类贷款，因而在其负债项目的设定上只设置一个贷款项目。在具体内容上，住户部门贷款一般就是指居民负担的房屋贷款、车贷、信用卡还款等。

7.3.2 表式设计与平衡关系

参考SNA中给出的标准表式，再结合我国住户部门资产负债分类的实际情况，中国住户部门资产负债表的表式设计如表7-1所示。

表7-1　　　　　　　中国住户部门资产负债表的表式

资产	负债和净值
非金融资产	
房屋	
农村	
城镇	
汽车	
农村生产性固定资产	
金融资产	金融负债
通货	贷款
存款	
债券	
股票和投资基金份额	
保险准备金	
其他金融资产	
总资产	总负债
	净值

该表的内在平衡关系体现的是住户部门资产负债表的静态平衡。最主要的平衡关系是住户部门总资产＝住户部门总负债＋净值，这样的平衡等式可以从两个角度进行解释：一是从资产角度衡量，其代表了住户部门所拥有的物质存在；二是从负债与净值角度衡量，其代表了住户部门担负的债务与资产剩余。接着对此等式进行扩展，按照住户部门资产负债表中所衡量资产和负债项目的详细构成可知：住户部门总资产是金融资产和非金融资产加总的结果；住户部门金融资产是通货、存款、债券、股票和投资基金份额、保险准备金以及其他金融资产的加总；住户部门金融负债是贷款存量余额；住户部门非金融资产被划分为房屋、汽车与农村生产性固定资产。那么，具体的平衡关系如下：

住户部门总资产＝（房屋资产＋汽车＋农村生产性固定资产）＋（通货＋存款＋债券＋股票和投资基金份额＋保险准备金＋其他金融资产）

＝住户部门非金融资产＋住户部门金融资产

＝住户部门总负债＋净值

＝住户部门贷款存量＋净值

除此之外，中国住户部门资产负债的动态平衡关系也很重要。住户部门资产负债表中所体现的存量信息，是由流量不断结余转换形成的，此动态平衡关系就是指在一定核算期内，中国常住住户的经济行为产生的流量积累到期末得到存量所产生的动态平衡，其表达式如下：

住户部门期初经济存量＋住户部门期内经济流量净增加＝住户部门期末经济存量

7.4 住户部门资产负债表的编制结果

7.4.1 数据来源及缺失数据处理

住户部门资产类别多样，尤其是非金融资产，几乎每个项目都涉及对多渠道来源的初始数据进行组合计算。确保原始数据源的准确性是确保住户部门存量核算结果准确性的关键,下面我们从非金融资产与金融资产负债这两类方向对各个数据来源进行介绍。

7.4.1.1 非金融资产数据

在实际编表中住户部门一共核算三大类非金融资产,分别为:房屋资产、汽车资产和农村生产性固定资产,各部分数据源如下。

(1) 房屋资产数据。房屋资产中的城镇与农村数据是由"城市/农村人口""城市/农村人均住房面积""住宅商品房全国平均价格"以及"农村居民家庭住宅竣工房屋造价"等基础指标处理后计算得来的。2000—2017年的城市/农村人口来自国家统计局中国统计年鉴中的人口数及构成表。城市/农村人均住房面积来自《新中国60年统计资料汇编》中的全国城乡住户部门住房面积和储蓄存款余额,其中给出了2000—2008年的农村数据和2000—2006年的城镇数据,剩余的数据从国研数据库、中宏经济数据库以及中经专网中补充而来的。2000—2017年的住宅商品房全国平均售价来自中宏数据库中房地产类目下商品房屋平均销售价格(按用途分)中的住宅商品房屋平均销售价格。2000—2017年的农村住户部门家庭住屋价格数据,来自中宏数据库中固定资产投资类目下农村农户固定资产投资和建房中的住宅竣工房屋造价。

(2) 汽车资产数据。全国汽车销售总额是由"汽车批发销售额""汽车批发出口销售额""汽车零售销售额""汽车零售出口销售额"等指标按照一定的规则设计计算得来的。计算住户部门汽车价值累计存量时,考虑到资产积累问题,由于家用汽车使用寿命一般为10年,我们便从1990年开始进行累加盘存。与1994—2017年的汽车销售额数据有关的四类数据,可从中国统计年鉴中的国内贸易或者是批发与零售中找到,至于1990—1993年的汽车销售额数据需要按我国私人汽车拥有量增速反推(具体步骤在见下文住户部门非金融资产估算),此处私人汽车拥有量数据可从中国统计年鉴中找到,时间跨度为1990—2017年。

(3) 农村生产性固定资产数据。计算农村生产性固定资产的数据来源为《中国统计年鉴》：①"农村平均住户部门家庭拥有生产性固定资产原值"指标，用的是《中国统计年鉴》农业部分的农村住户部门家庭生产性固定资产原值（年底数）中的固定资产原值合计，其中可以查询到2000—2012年的数据。2013—2017年的数据需要使用农业机械总动力发展速度进行外推预测（具体步骤在住户部门非金融资产估算中），此处农业机械总动力数据可从中国统计年鉴中找到，时间跨度为1988—2017年。②"农村平均每户常驻人口数"来自《中国统计年鉴》人民生活——农村住户部门家庭基本情况，其给出了2000—2012年的该指标数据。至于2013—2017年的指标数据，可依据全国平均家庭人数与农户平均家庭人数的倍数关系进行估算（具体步骤在住户部门非金融资产估算中），全国平均家庭人数可从《中国统计年鉴》找到，需要的时间跨度为2008—2017年。③2000—2017年的"农村住户部门人口总量"来自《中国统计年鉴》中的人口数及构成表。

7.4.1.2 金融资产和数据

对于住户部门金融资产和金融负债的原始数据资料，本部分在中国金融稳定报告中查询到2004—2010年的住户部门金融资产和金融负债数据[①]，其他年份的推算需要用到2000—2017年的资金流量表金融交易数据，这些住户部门金融交易流量核算数据来自2000—2019年的《中国统计年鉴》。此外，由于部分指标有国家公布的存量数据，本部分使用来自2012—2018年的金融稳定报告的2011—2018年存款余额数据和贷款余额数据对各自的推算结果进行修正。

7.4.2 住户部门非金融资产估算

住户部门的非金融资产包含住户部门房屋资产、汽车资产和农村生产性固定资产，具体估算步骤如下。

[①] 中国人民银行官网上的《中国金融稳定报告2012》公布了2004—2010年住户部门的金融资产与负债数据。

7.4.2.1 住户部门房屋资产估算

对于住户部门房屋资产存量价值的估算，本部分在刘向耘的估算方法基础上进行设计改进，引入住房存量价格和折旧系数。把房屋资产分为农村住户部门住房存量价值和城镇住户部门住房存量价值两个分类。

对农村居民住房存量价值用成本法进行估算[①]，即：

农村居民住房存量价值 = 农村人口 × 农村人均住房面积 × 农村住宅存量价格 × （1 - 折旧率）

对城镇居民住房存量价值采用市场存量价值估算法进行计算，即：

城镇居民住房存量价值 = 城市人口 × 城市人均住房面积 × 城市住房存量价格 × （1 - 折旧率）

基于以上两个公式，我们可以估算 2000—2017 年的农村居民住房资产与城镇居民住房资产价值。需要说明的是，以往的计算中学者们常用当年的商品房平均售价和农村住宅竣工房屋造价作为房屋价值计算的价格依据，这显然是不合理的。当年的售价和造价都是当年新建住房的价格表示，而我们现在核算的是房屋存量价值，不能用新房价格直接作为全部房产的存量价格。但是，新房价格对于房屋存量价格又有着重要的参考意义，居民评判自身房屋价值时往往将新房价格作为参考，综合考虑，我们使用临近三年平均的商品房平均售价和农村住宅竣工房屋造价作为城镇居民和农村居民家庭住房存量单价的估计值，来进行住房价值存量估算。三年平均的价格序列还能去除新房价格波动中的不规则部分，更加符合存量价格的实际。另外，住房也存在折旧问题，考虑我国住房的现状，我们将折旧期限定为 30 年。

7.4.2.2 住户部门汽车资产估算

住户部门汽车资产指住户部门汽车累计价值，即住户部门拥有的汽车存量价值，主要是居民家庭用车的存量价值。借鉴刘向耘的估算方法，我

[①] 刘向耘，牛慕鸿，杨娉. 中国居民资产负债表分析 [J]. 金融研究, 2009 (10): 107 - 117.

们把全国汽车销售额数据累计结果的 76% 作为住户部门汽车存量价值。公安部公布的《全国机动车和驾驶人统计分析》指出,中国私人机动车存量占机动车总量的比重约为 76%。

首先,对每年全国汽车销售总额进行估算。每年的全国汽车销售总额,可以从"汽车批发销售额""汽车批发出口销售额""汽车零售销售额"和"汽车零售出口销售额"指标之间的关系出发,依据如下公式,可以把各年的全国汽车销售总额估算出来:

全国汽车销售总额 = (汽车批发销售额 - 汽车批发出口销售额) + (汽车零售销售额 - 汽车零售出口销售额)

由于只能收集到 1994—2016 年的汽车批发与零售数据,所以我们这一步的估算过程只能将 1994 年设为期初年限,进而估算出 1994—2017 年的全国汽车销售总额。但是,由于汽车一般有 10 年的使用寿命,我们计算 2000 年汽车存量价值时需要用到 1990 年以来的相关数据,接下来我们需要对 1990—1993 年的全国汽车销售总额进行估算,可依据我国私人汽车拥有量增速反推出来。

其次,定义汽车存量价值公式。令居民所拥有的汽车存量价值为 QC_t,由于汽车的使用寿命一般在 10 年左右,故每一年居民使用汽车都会损耗自身价值,随着年份增加,住户部门在 t 年所拥有的汽车存量价值 QC_t 可以记为 10 年内汽车销售价值的函数:

$$QC_t = (Q_t + 0.9Q_{t-1} + 0.8Q_{t-2} + \cdots + 0.1Q_{t-9}) \times 76\% \qquad (7-1)$$

最后,根据汽车销售存量价值计算公式,使用 1990 年开始的首期流量数据,对我国住户部门汽车资产存量进行估算,得到 2000—2017 年的住户部门汽车资产存量价值。

7.4.2.3 农村生产性固定资产估算

对于住户部门的农村生产性固定资产,在李扬[1]的估算方法基础上,

---

[1] 李扬,张晓晶,常欣,等. 中国国家资产负债表 2013——理论、方法与风险评估 [M]. 北京:中国社会科学出版社,2013:58-145.

结合一定的数据推算方法进行估算，计算公式如下：

农户生产性固定资产 = 农村居民家庭平均拥有生产性固定资产原值 × 农村户数

其中，农村户数是农村居民人口总量与农村平均每户常驻人口数的比值。依据以上公式对2000—2017年农村生产性固定资产进行估算，这要求农村平均居民家庭拥有生产性固定资产原值、农村居民人口总量、农村平均每户常驻人口数的时间跨度都为2000—2017年。在数据来源部分，需要说明：农村平均居民家庭拥有生产性固定资产原值数据只找到2000—2012年，2013—2017年数据缺失；农村平均每户常驻人口数只能找到2000—2012年，2013—2017年数据缺失。接下来，对这两部分缺失数据进行推算补齐，具体步骤如下。

第一步，考虑到农村生产性固定资产的主要构成是农业机械，对2013—2017年农村平均住户部门家庭拥有生产性固定资产原值，使用农业机械总动力发展速度进行外推预测。农业机械总动力的数据统计年鉴有完整发布。

第二步，对2013—2017年农村平均每户常驻人口数进行推算，依据全国平均家庭人数与农村平均每户家庭人口数的倍数关系进行换算。设 PN_t 为 t 年时农村平均每户常驻人口数，PA_t 为 t 年时全国平均家庭人数，则我们用前5年二者之间比例关系的均值来推算下一年农村居民家庭的常住人口数量。计算公式为：

$$PN_t = \frac{PA_t}{\sum_{i=1}^{5}\left(\frac{PA_{t-i}}{PN_{t-i}}\right)/5} \tag{7-2}$$

缺失数据补充完整以后，再使用农村生产性固定资产估算公式，对2000—2017年住户部门农村生产性固定资产存量价值进行估算。

7.4.3 住户部门金融资产和负债的估算

7.4.3.1 永续盘存法估算

与其他机构部门一样，本部分在估算住户部门金融资产与负债时，需要运用资金流量表（金融交易）部分公布的我国住户部门每年的金融资产与负债的交易流量。在一定时期，住户部门的金融资产变化量对应着同一时期资金流量表（金融交易）住户部门的资金运用记录量，同理，某一时期住户部门的金融负债变化量对应着该时期住户部门的资金来源记录量。

借助资金流量表的住户部门相关金融流量数据进行其 2000—2017 年金融资产和负债存量价值的推算时，就是利用住户部门资产负债的动态平衡关系，从固定年份开始以永续盘存法去估算其他年份。因估算内容为住户部门金融资产与负债，其计价原则基本都是按照市场价值或者账面价值记录，即无价格折旧等处理，故可直接进行永续盘存。

在实际估算时，因已经能够查询到官方公布的 2004—2010 年的住户部门金融资产与负债数据，故可分别以 2004 年和 2010 年作为向前盘存和向后盘存的基年进行盘存。向前盘存与向后盘存都是在永续盘存公式"期末结存数 = 期初结存数 + 本期增加数 − 本期减少数"的基础上进行变换。向前盘存的公式为：上年年末金融资产（负债）= 当年年末金融资产（负债）− 当年金融资产（负债）的变化量。根据上述的盘存公式可依次得出 2000—2013 年以及 2011—2017 年的住户部门金融资产和负债。

以住户部门为核算主体，核算内容统一概括为金融资产与负债，至于金融总资产（负债）以及具体的金融资产（负债）细目，都可直接套用对应公式依次盘存出来。需要说明的是，中国金融稳定报告中公布的 2010 年的金融资产类别有一项住户部门"理财产品"，而我国资金流量核算中并未单独列出该项分类核算结果，《中国金融稳定报告 2018》指出，广义信贷中包括理财产品。因此，考虑到流量核算与存量核算的衔接，以及避免重复计算，我们最终编制的住户部门资产负债表中，金融资产/负债类别中未设置该项目。

7.4.3.2 金融资产和负债的部分修正

从 2012 年开始，中国人民银行就开始逐年公布《中国金融稳定报告》，其中有对住户存款余额以及贷款余额的陆续公布数据，这两个指标本身就是存量结果，并且与我们以上过程得到的盘存结果非常接近。但为了尽可能地利用官方发布的已知信息，本部分在永续盘存法的基础上对2011—2017年的住户存款余额与贷款余额指标的估算数据进行了修正。对于住户存款余额，2013—2018 年《中国金融稳定报告》公布的 2012—2017 年的住户存款余额及其同比增长率如表 7-2 所示。

表 7-2　　　　　　　2012—2017 年官方公布的住户存款数据

年份	住户存款余额（亿元）	同比增长率（%）
2012	410200	16.55
2013	445000	8.50
2014	507000	9.00
2015	552000	8.90
2016	607000	9.90
2017	652000	7.50

使用表 7-2 数据对 2012—2017 年的住户存款数据进行修正。2011 年的住户存款余额可根据 2012 年的存款余额和同比增长率推算出来，得值为 351951.95 亿元，并用此数值对 2011 年的住户存款数据做修正。

对于住户部门贷款余额存量数据，2015—2018 年《中国金融稳定报告》分别公布了 2014—2017 年的住户部门贷款余额数据以及其同比增长率，分别为 231164 亿元（16.6%）、270000 亿元（16.8%）、334000 亿元（23.5%）、405000 亿元（21.4%），可以求出 2013 年的住户部门贷款余额为 198254 亿元。故用 2013—2017 年这五年的贷款余额数据去修正 2013—2017 年的永续盘存结果。由于 2013—2014 年《中国金融稳定报告》未明确提及住户部门贷款余额，故其他年份仍用永续盘存的数据编表。

7.4.4　编表结果展示

按照以上过程，我们逐项完成了住户部门非金融资产的存量价值估算，同时完成了金融资产和金融负债的向前/向后盘存。将结果汇总起来，并依据平衡关系完成相关总量和平衡项目推算，我们便完成了2000—2017年中国住户部门资产负债表的编制。具体编制结果如表7-3所示。

表7-3　　　2000—2017年中国住户部门资产负债表　　　单位：亿元

	2000年	2001年	2002年	2003年	2004年	2005年	2006年	2007年	2008年
总资产	341017	379555	441468	514067	605790	723396	864544	1041103	1191399
非金融资产	238850	263269	305462	354951	425421	514313	612945	705609	848529
居民住房	221996	245759	286092	333296	401223	483103	575993	660060	788453
农村居民住房	47606	50641	53469	57431	62683	73509	82208	91209	100213
城镇居民住房	174390	195118	232623	275865	338540	409594	493785	568851	688240
汽车	7852	8259	9406	11184	13200	18200	23306	30553	44139
农村生产性固定资产	9002	9252	9964	10471	10998	13010	13645	14996	15936
金融资产	102167	116285	136006	159116	180369	209083	251599	335494	342870
通货	12145	13019	14338	16386	17820	19945	22469	25211	28622
存款	73112	83085	97337	113897	129575	150551	171737	181840	228478
贷款	0	0	0	0	0	0	0	0	0
保险准备金	3862	5018	7561	10597	14113	18315	22680	27097	37831
债务性证券	1052	2960	4475	5782	6293	6534	6944	6707	4981
股权和投资基金份额	10802	10802	10802	10802	10802	10314	22619	81320	37168
国际储备	0	0	0	0	0	0	0	0	0
其他	1194	1401	1494	1653	1766	3424	5150	13319	5790
金融负债	8060	11567	16641	23629	29431	32972	39636	50652	57892
贷款	8060	11567	16641	23629	29431	32972	39636	50652	57892
净资产	332958	367988	424827	490438	576359	690424	824908	990451	1133507

续表

	2009年	2010年	2011年	2012年	2013年	2014年	2015年	2016年	2017年
总资产	1413452	1664063	1916251	2182364	2457047	2769012	3116884	3551077	3972978
非金融资产	1002583	1187294	1376721	1546455	1751463	1957807	2184815	2504642	2809175
居民住房	926738	1088589	1243782	1386655	1553326	1726630	1925517	2216785	2489172
农村居民住房	112586	121728	141209	158673	178702	194144	202269	225770	229659
城镇居民住房	814152	966862	1102573	1227982	1374624	1532486	1723248	1991015	2259513
汽车	58662	80742	105856	131849	161802	193924	223301	257338	288890
农村生产性固定资产	17184	17963	27083	27952	36334	37253	35997	30519	31113
金融资产	410869	476769	539530	635909	705585	811205	932069	1046436	1163803
通货	31982	37691	42652	45897	49147	50279	52380	56897	58983
存款	268650	315642	351952	410200	445000	507000	552000	607000	652000
贷款	0	0	0	0	0	0	0	0	0
保险准备金	46226	52667	59084	72712	85872	99134	113581	130579	150493
债务性证券	2623	2692	1898	4527	8644	9868	14806	15047	15690
股权和投资基金份额	55757	63823	67707	72668	73801	79134	91279	99758	109880
国际储备	0	0	0	0	0	0	0	0	0
其他	5631	4254	16237	29905	43121	65790	108023	137155	176757
金融负债	82744	117094	142590	170314	198254	231164	270000	334000	405000
贷款	82744	117094	142590	170314	198254	231164	270000	334000	405000
净资产	1330708	1546969	1773661	2012050	2258793	2537848	2846884	3217077	3567978

为了检验编表结果是否可靠，本部分采用了两种检验方法：一是平衡性检验，指检验编表结果是否满足之前所阐述的资产负债表中所蕴含的平衡关系；二是相关性检验，依据经济理论，选取相应的宏观经济指标，通过相关性来衡量所编制的住户部门资产负债存量数值是否适当。

住户部门资产负债表中所涵概的主要平衡关系有：总资产＝负债＋净资产；本年度住户部门金融资产/负债＝上年度住户部门金融资产/负债＋

本年度住户部门金融资产/负债流量；住户部门非金融资产总额＝城镇居民房屋价值＋农村居民房屋价值＋家庭用车价值＋农村生产性固定资产价值。另外，还有一些总量和分量之间的平衡关系。我们从这些平衡关系入手，本部分对编制的居民资产负债表数据进行了检验，结论显示最终的编表结果符合上述平衡关系。

为了检验 2000—2017 年住户部门资产负债规模发展速度是否合理，现对 2000—2017 年居民资产负债净值和住户部门增加值做时间序列相似度度量，即对两者求相关系数。计算结果显示，居民资产负债净值与住户部门增加值之间的相关系数为 0.97，即二者之间存在高度相关关系。因此，居民资产负债净值与住户部门增加值二者的发展是协调的，那么本部分编制得到的 2000—2016 年资产负债规模发展速度是合理的，符合经济学意义。另外，社科院团队估算的 2016 年年末我国住户部门总资产 358 万亿元，我们估算的结果 2016 年为 355.11 万亿元，这也能相互印证，我们对住户部门资产规模的估算是客观的、可靠的。

国内对"中国总资产""户均总资产"的讨论一度尤为热烈，源于国家发展改革委负责人发布的"我国总资产已经超过 1300 万亿元"。显然这里的 1300 万亿元不是住户部门的总资产，而是非金融企业、金融机构、政府、住户四个机构部门的资产总和，用该数字作为户均总资产计算的分子显然是错误的。从本部分估算结果来看，2017 年年末我国住户部门的资产总额为 397.30 万亿元，占当年四部门总资产的 33.79%，净资产为 356.80 亿元，占当年四部门净资产总额的 57.05%。当然住户部门的总资产也不全属于居民家庭，还有一部分个体工商户也被包含在内。所以，加快编制国家和部门资产负债表的同时，加强相关指标解读将更有利于广大人民群众正确理解我国的实际财富状况，有利于减少很多人对统计数字的误解和错误批判，也就不会再产生"人均资产 100 万元，户均资产 300 万元"这样的严重误读。

第 8 章　中国国家资产负债表变动及预测分析

在完成我国各机构部门资产负债表的编制之后，通过进一步的部门加总，即可得到我国经济总体的资产负债表。国家资产负债表关注的重心在于对本国时点存量财富的全面核算，核心作用在于摸家底，有了按照"机构部门×交易类别"的国家资产负债序列表，我们可以从存量总额、结构状况、跨期变动等角度对我国国民财富状况进行全面分析，这对于我们全面把握我国宏观经济发展现状很有意义。

8.1　经济总体资产与负债变动分析

在 2020 年的"两会"上，时任国家发展与改革委员会副主任宁吉喆表示"最新的资产负债表表明，我国的总资产已经超过 1300 万亿元"①。但经过反复查阅资料，未能找出该数字对应的时点年份。按照我国国民经济核算数据发布情况来看，尤其是机构部门的资金流量表的数据核算时间滞后情况推算，1300 多万亿元为 2018 年年底的我国资产总额的可能性较大。受制于数据资料的来源有限，我们的资产负债表编制到了 2017 年年末，总资产规模估算结果为 1175.74 万亿元，如果按照 2016—2017 年的扩张速度推算，则 2018 年的总资产规模为 1309.74 万亿元。这一结果与"两

---

① 搜狐网. 中国总资产超过 1300 万亿元 [EB/OL]. [2020 年 6 月 1 日] https://www.sohu.com/a/399072688_362042.

会"上公布的总量非常接近,这说明我们的估算结果总体上是对我国国家资产负债存量状况的客观反映,说明我们在对各个机构部门的各项分类资产进行存量估算后的最终汇总结果是可靠的。

从净资产变动额与年度 GDP 之比的均值来看,2001—2017 年这一比值的均值为 85.51%,我国年度最终产出中平均有 85.51% 形成了国家财富积累。再来看我们根据 2002—2017 年公布的 7 张投入产出表计算的 GDP 折旧率情况,使用投入产出表中公布的收入法 GDP 数据,我们可以得到其中的固定资产折旧与 GDP 的比值,结果如表 8-1 所示。

表 8-1　　　　　　　固定资产折旧与 GDP 之比

	2002 年	2005 年	2007 年	2010 年	2012 年	2015 年	2017 年	均值
固定资产折旧/GDP(%)	15.38	15.04	14.00	13.70	13.35	12.72	14.90	14.16

我们知道 GDP 扣除固定资产折旧之后的剩余部分是财富积累的来源,以上年份平均下来的折旧率为 14.16%,也就是说积累率为 85.84%,年度 GDP 中平均有 85.84% 的比重会形成积累。这与我们最终计算出来的净资产变动比 GDP 的结果 85.51% 极其接近,说明我们估算的净资产增量是合理的,能够较为准确地反映年度新创价值中用于增加财富积累部分的规模。由于净资产是资产总额与负债总额的差额项,不是直接估算的结果,该项指标的合理性能够进一步印证我们对总资产规模和负债规模估算的合理性。

下面我们就中国国家资产负债表的估算结果进行一些基于经济总体的总量和结构分析,以了解中国财富存量的变动情况。总体上 2000—2017 年我国资产和负债总量均有明显上升,资产结构也发生了一些变化。

8.1.1　总资产规模扩张明显,净资产稳定增长

从图 8-1 中可以看出,我国的国家资产总规模,按照当年价格计算从 2000 年的 88 万多亿元到 2017 年的近 1176 万亿元,翻了近 13 倍。我国经

济的经济总体存量规模大幅扩张,社会财富获得巨大积累。结合每年的环比增长速度可以发现,2005—2010 年,我国经济增长和财富积累都是快速发展,总资产的名义增速均保持在 17% 以上,2009 年达到峰值,为 20.14%,较前一年增长了 653346 亿元。虽然 2010 年后资产规模扩张速度有所下降,但也基本保持在 14% 左右的名义增速,是世界其他国家不可比拟的。

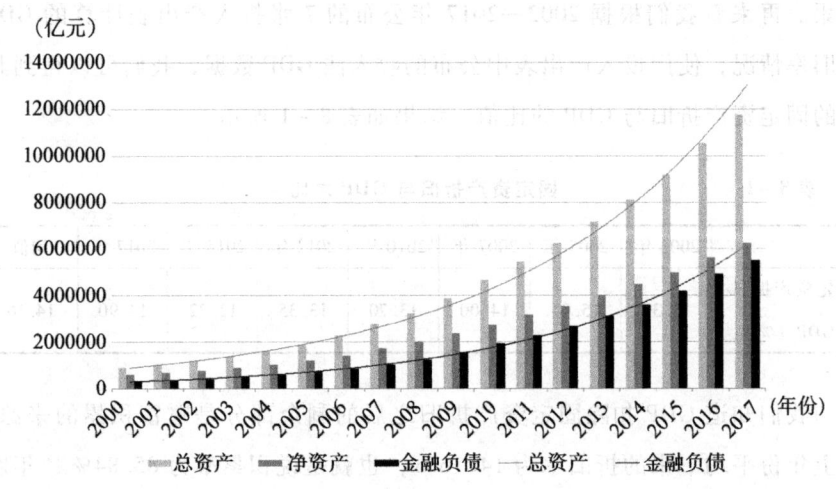

图 8-1 2000—2017 年经济总体资产负债总量变动

伴随经济体量的扩张,金融负债总规模也在逐年递增,通过绘制的指数趋势线可以看出,一直保持一个正常稳定的增长水平。金融负债 18 年里从 290690 亿元扩张到了 5502740 亿元,由于其基数较小,带来的增量也远远小于总资产增量,故中国的净资产保持稳定增长。2004 年,中国净资产突破 100 万亿元大关,并在 2008 年实现翻一番,2013 年实现翻两番。到 2017 年,中国净资产总额达到 6254640 亿元。伴随经济的长期持续发展,中国国民财富累积速度非常可观,净资产规模增长明显,家底不断充实。

8.1.2 金融资产占总资产比重不断增加,存款和通货比例呈下降趋势

2000—2017 年,中国金融资产规模从 316180 亿元增加到 5791477 亿元,年均名义增速为 18.73%。2006—2010 年是中国金融部门发展的"黄

金时期",除了2008年受到金融危机的影响增速下降至15.11%,其余年份名义增长速度均在20%以上。近几年来,虽然金融资产增速有所下降,但均高于同期的GDP年均名义增速,这说明随着经济总量规模的扩张,中国金融交易市场也有了很大的发展,金融交易规模的壮大给资金融通带来了繁荣,各项金融交易规模都有明显扩张。

由图8-2可以看出,2005年以前,非金融资产与金融资产的比例维持2:1左右,即非金融资产是中国经济总资产的主要构成,且占比始终保持在60%以上。但是除了2008年受到金融危机的影响,金融资产占比相比前一年下降了0.93个百分点外,自2000年起,中国金融资产占比就呈现不断上升的趋势。2017年,金融资产占比为49.26%,非金融资产占比50.74%,两者相差仅有1.48%,说明近几年来,在总资产的扩张部分,金融资产与非金融资产的比重此消彼长。

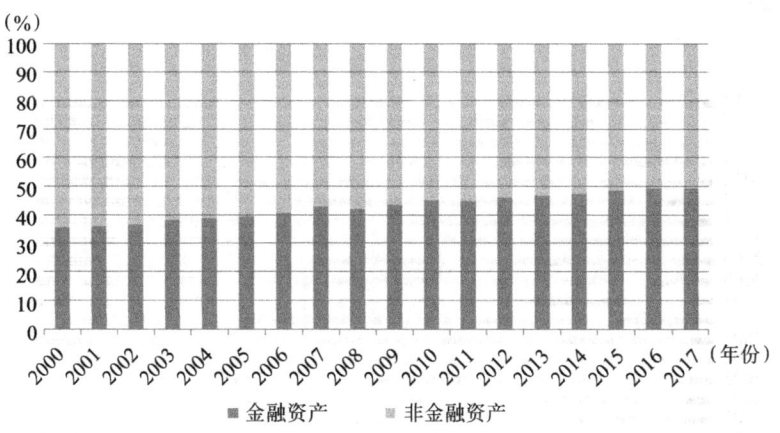

图8-2 2000—2017年经济总体非金融资产与金融资产比重变动

中国的金融资产由通货、存款、贷款、保险准备金、债务性证券等8项内容构成。随着金融资产总量规模的扩大,金融资产的各项构成总量也均呈现出不断扩张的态势。但是受到传统习惯影响,存款一直是我国金融市场的主要资金来源,存款规模扩张一直是我国金融资产增加的主因。

从图8-3中可以看出,存贷业务的资金往来是我国金融部门资产负债变动的主要原因。其中存款是我国金融资产最主要的构成,存款占比约为35%。与存款占比变化相似,贷款占比以 2007 年为分界点,2007 年之前贷款占比逐年下降,2000 年贷款占比为 30.82%,到 2007 年下降至23.55%。在 2007 年触底之后,贷款占比开始反弹,呈现逐年上升的态势。近年来,我国存款占比与贷款占比的差距逐年缩小,2007 年,存款占比为39.67%,两者相差仅 3.39 个百分点。存款是社会资金的盈余,贷款是市场融资需求,二者通过金融市场调配实现资金融通,在确保金融风险可控的前提下,让社会上的盈余资金都能继续进入经济循环,为经济发展助力,是金融市场健康发展的重要标志。从这个角度来看,我国近年来的金融市场发展取得了一些成绩,在调剂资金余缺方面正在发挥越来越多的作用。但在健康的金融市场上,各类金融产品应该全面开花,丰富的资金流动渠道才能更高效地调剂资金余缺,在这个方面我国的金融市场发展仍存在差距。

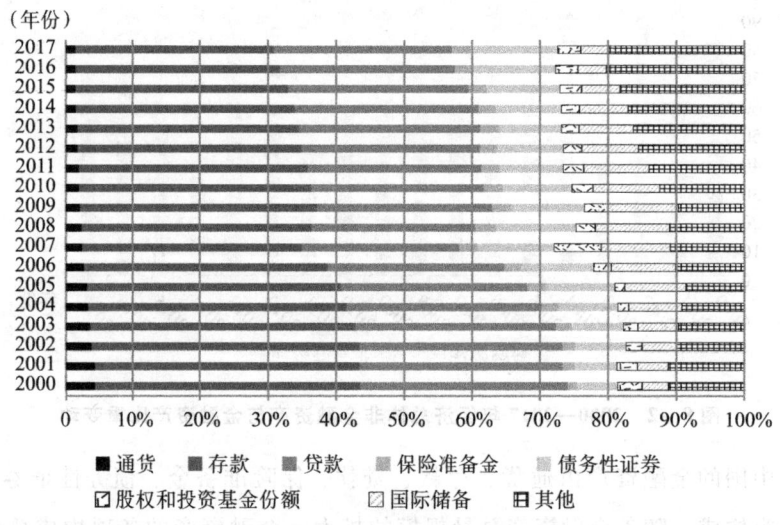

图 8-3　2000—2017 年经济总体各类金融资产比重变动

8.1.3　房产和其他固定资产是我国非金融资产的主要构成

随着经济发展中投资规模的不断扩张,中国资本形成总额和其他非金融资产的整体规模在不断扩大，资本形成总额由 50 多万亿元增长到近 465 万亿元，而其他非金融资产更是增加了 18 倍。其中，资本形成总额在我国非金融资产中占有很大的比重，所占比例始终保持在 80% 左右（见图 8-4）。虽然资本形成总额始终是我国非金融资产的主要构成，但是其所占比重是在逐年减少的，2000—2017 年平均每年下降 0.6 个百分点，与此相反，非金融资产占比由 12.09% 上升至 22.12%，年均增幅为 0.59%。

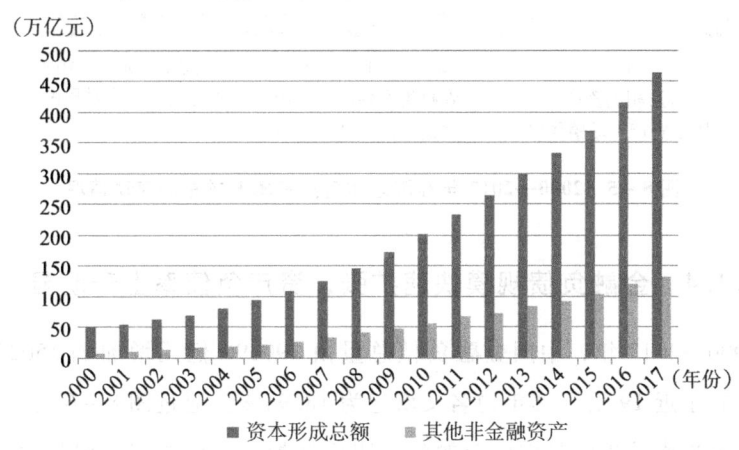

图 8-4　2000—2017 年经济总体资本形成总额与其他非金融资产

城乡居民住房资产和其他固定资产是资本形成总额的主要构成，固定资产占资本形成总额的 92% 以上，且逐年增加，到 2017 年固定资产占比为 96.64%。其中，固定资产中农村居民住房的比重在不断地下降，18 年间由 10.24% 降至 5.11%，年均下降幅度为 0.03%。受到城乡房价巨大差距的影响，农村居民房产的比重整体呈下降趋势，而城镇居民住房占比在不断地上升，城镇居民住房占比的年均增幅 0.75%，高于农村居民房产占比的年均降幅 0.45%（见图 8-5）。居民住房存量价值的快速扩张，与我国居民的日常行为和投资习惯密切关联，无论是城镇居民还是农村居民，购房、建房改善居住状况、投资保值的热情一直高涨。经济发展过程中房屋成本和价格的急速上升，也是带来住房资产价值增加迅速的重要原因。

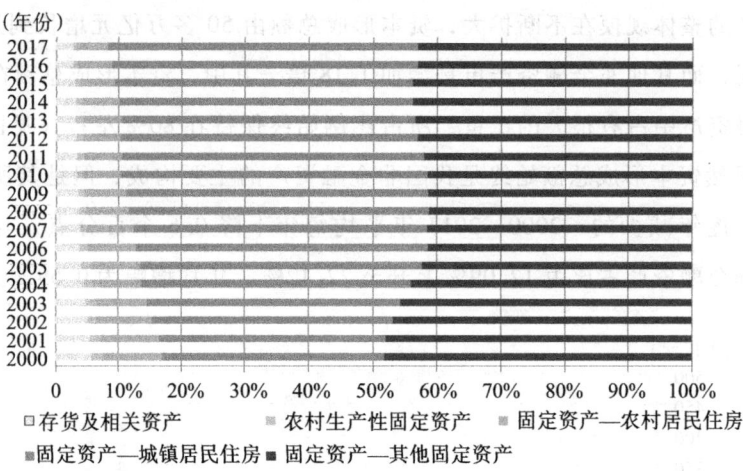

图 8-5 2000—2017 年经济总体各类资本形成总额变动情况

8.1.4 金融负债规模快速扩张，资产负债率上升明显

2000—2017 年，中国金融负债总量由 290690 亿元增加到 5502740 亿元，扩张了近 19 倍，其年均名义增速为 18.94%。通过图 8-6 可以看出，存款债务规模的扩张是中国金融负债规模增加的主要原因。但是通过结构分析发现，虽然各个构成的整体规模都在上升，但是其中，存款项目负债和贷款项目负债在金融总负债中的比重是不断下降的，存贷款项目负债合

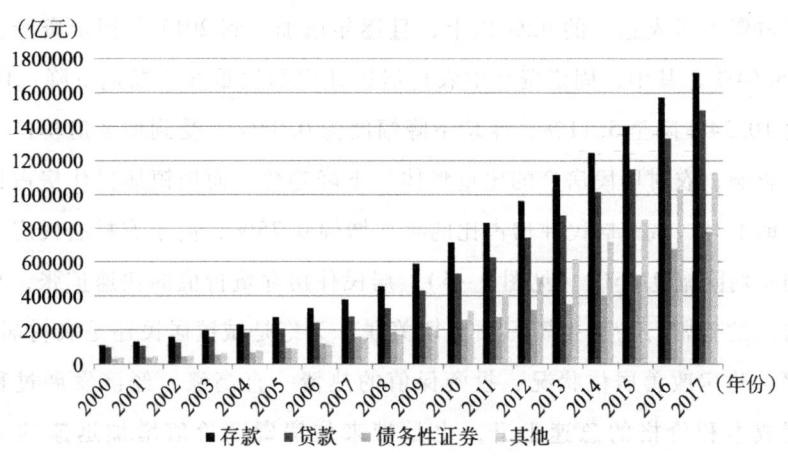

图 8-6 2000—2017 年经济总体各类金融负债变动情况

计占比由 2000 年的 70.82% 下降至 2017 年的 58.43%，平均每年下降 0.73 个百分点。而债务性证券占比和其他金融债务占比却呈现出上升的态势，债务性证券占比从 9.79% 上升至 14.15%，其他金融负债占比从 13.37% 上升至 20.54%。这是金融市场上金融产品日益丰富，各个机构部门投资、融资渠道增多的直接表现，但存、贷款仍是资金调剂的主渠道。另外，债券占比规模的上升与中国近年来积极财政政策的实施不无关联，国债等债券的发行规模扩大，是导致该项比重上升的主要原因。

从图 8-7 可以看出，我国经济总体的资产负债率（负债/总资产）整体上呈现出上升的态势，从 2000 年的 32.74% 上升至 2017 年的 46.80%，18 年里上升了约 14 个百分点，平均每年上升 0.83%。从 4 个机构部门债务率的变化来看，非金融机构部门、金融机构部门、政府部门和住户部门在这期间债务率分别上升了 7.34 个、3.97 个、5.64 个和 7.83 个百分点，非金融企业和住户部门债务率提升是造成我国资产负债率提升的主要原因，但如果从 2008 年以来看，我国经济总体的资产负债率上升了 8.94 个百分点，主要原因就是政府资产负债率的上升。2008 年以来，我国政府部门的资产负债率上升了 11.32 个百分点，同时期非金融企业部门、金融机构部门和住户部门的资产负债率分别仅上升了 1.8%、5.51% 和 5.33%，远低于政府部门的上升水平，我国政府部门的债务压力增加明显，但总体仍在可控范围之内。

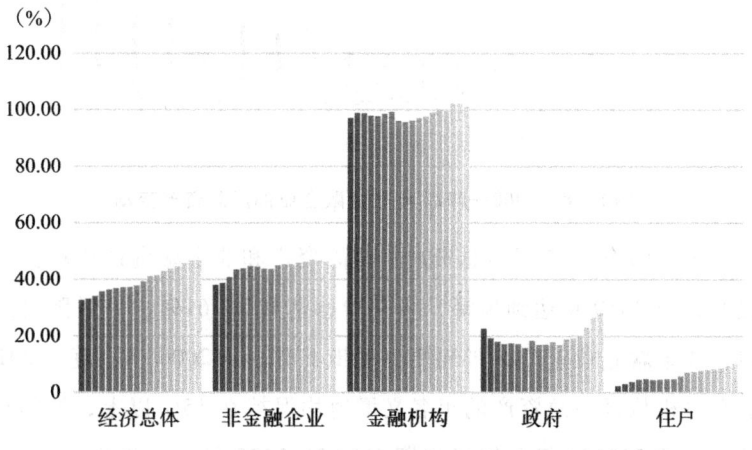

图 8-7　2000—2017 年中国资产负债率变动情况

8.2 机构部门资产与负债变动分析

8.2.1 非金融企业部门资产负债变动分析

利用前文编制完成的2000—2017年非金融企业部门资产负债表的汇总结果,我们可以从总量、结构等角度对我国非金融机构部门经济存量的状况及其变动进行分析考察,主要具有以下几个特征。

8.2.1.1 非金融企业部门各项资产总量稳步上升

从2000—2017年非金融企业部门资产项目的变化趋势来看,无论是总资产、非金融资产,还是金融资产,其间都一直保持稳步扩张的发展趋势,我国非金融企业部门的财富实力不断增强(见图8-8)。

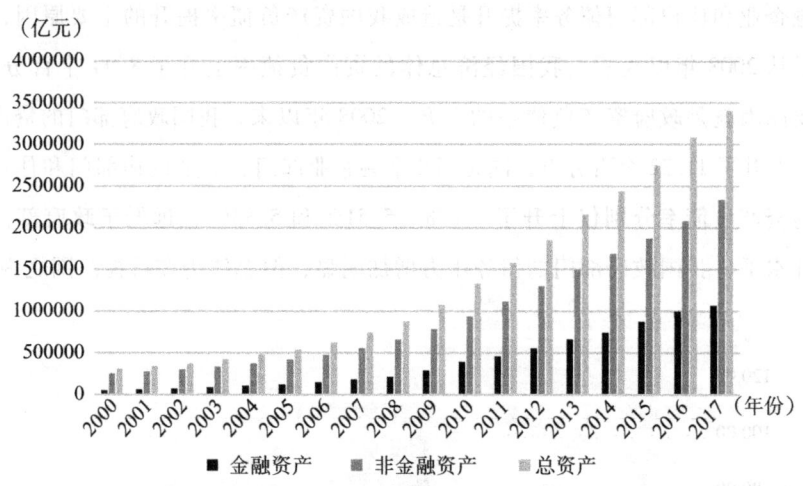

图8-8 2000—2017年非金融企业部门总资产变动

2000—2010年,该部门总资产、金融资产和非金融资产规模扩张速度稳步提升,至2010年达到顶峰,名义增速达到23.61%,之后随着经济增速放缓,非金融企业资产扩张规模也逐步下滑。从2006年一直到2013年,我国非金融机构部门总资产的年名义增速均保持在15%以上,期间总资产规模从期初的539563亿元扩张到期末的2162535亿元,规模扩张了4倍。

但 2014 年开始，非金融企业部门的总资产规模扩张速度开始放缓，到 2017 年名义增速只有 10.52%，经济发展动力下降给企业财富积累带来了直接影响，新常态下保持企业资产规模快速扩张已开始变得困难（见表 8-2）。

表 8-2　　2001—2017 年非金融机构各项资产名义变动及增速

年份	各项资产名义变动额（亿元）			各项资产名义增速（%）		
	总资产	金融资产	非金融资产	总资产	金融资产	非金融资产
2001	29922	8077	21845	10	15	9
2002	33920	10197	23723	10	17	9
2003	48318	16673	31645	13	23	10
2004	59697	18863	40834	14	21	12
2005	57705	14251	43454	12	13	12
2006	87083	28092	58991	16	23	14
2007	116253	35237	81016	19	24	17
2008	135877	30416	105461	18	16	19
2009	196564	75030	121534	22	35	18
2010	253902	102864	151039	24	35	19
2011	245282	66790	178492	18	17	19
2012	280228	94842	185386	18	21	17
2013	307783	110701	197082	17	20	15
2014	275492	78894	196598	13	12	13
2015	312732	130106	182626	13	17	11
2016	330763	124236	206527	12	14	11
2017	324325	68321	256004	11	7	12

8.2.1.2　非金融资产是我国非金融企业部门资产的主要构成

从非金融企业部门的总资产构成来看，非金融资产是该部门的主要资产，其中主要包括固定资产和存货。但随着生产发展，企业融资规模也不断扩张,在非金融企业资产总额中,非金融资产占比已经由2000年的82.72%下降到了2017年的68.67%,企业持有金融资产规模正在逐渐扩大,这与我国金融市场发展壮大不无关联,但也从另一个角度反映出从金融市场增加获利,已经逐渐成为企业经营中的重要选择(见表8-3)。

表8-3 2000—2017年非金融企业部门的资产总额构成

年份	金融资产(%)	非金融资产(%)	年份	金融资产(%)	非金融资产(%)
2000	17.28	82.72	2009	27.01	72.99
2001	18.14	81.86	2010	29.59	70.41
2002	19.22	80.78	2011	29.22	70.78
2003	20.97	79.03	2012	29.92	70.08
2004	22.29	77.71	2013	30.78	69.22
2005	22.54	77.46	2014	30.54	69.46
2006	23.89	76.11	2015	31.80	68.20
2007	24.90	75.10	2016	32.41	67.59
2008	24.51	75.49	2017	31.33	68.67

从非金融资产的构成来看,固定资产占比较高,一直维持在80%以上,存货在非金融资产中的比重由2000年的11.11%下降到2017年的5.07%;与此同时,其他非金融资产获得减处置项目在非金融资产中的比重则由2000年的1.82%上升到了2017年的14.29%。

对于金融资产的构成来说,存款一直是非金融企业部门金融资产中的大头,尽管存款项目在金融资产中的占比从2000—2017年大体呈现出下降趋势,但该比重仍然达到了65%左右。对于通货项目来说,在金融资产中的占比由2000年的3.02%下降到了2017年的0.62%,企业手持现金的行为已经逐渐减少。与此同时,保险准备金、债务性证券、股权和投资基金份额等项目占比虽然出现了上升,但增长幅度较慢,企业参与金融投资的主动性正在逐渐增强(见表8-4)。

表 8-4　　　　　　2000—2017 年金融资产总额构成

年份	通货（%）	存款（%）	保险准备金（%）	债务性证券（%）	股权和投资基金份额（%）
2000	3.02	80.12	0.67	0.21	0
2001	2.77	81.13	0.68	0.18	0
2002	2.58	84.56	0.72	0.15	0
2003	2.34	86.46	0.76	0.13	0
2004	2.08	85.90	0.75	0.10	0
2005	2.02	86.09	0.82	0.09	0
2006	1.83	82.84	0.83	0.07	-0.09
2007	1.64	82.50	0.86	0.06	0.15
2008	1.58	81.72	0.96	0.09	0.13
2009	1.30	83.30	0.85	0.00	0.10
2010	1.11	77.43	0.80	0.05	-0.07
2011	1.07	75.18	0.88	0.02	0.11
2012	0.94	70.80	0.85	0.21	0.07
2013	0.83	67.93	0.83	0.86	0.26
2014	0.77	66.50	0.88	0.36	1.52
2015	0.68	64.27	0.86	0.71	2.61
2016	0.64	64.61	0.85	0.72	3.12
2017	0.62	65.22	0.90	1.16	3.91

8.2.1.3　企业负债总额保持扩张，但增速略低

2000—2017 年非金融企业部门负债规模一直保持一个稳步上升的发展趋势。具体来说，非金融企业部门的负债总额由 2000 年的 11.81 万亿元增加到了 2017 年的 154.76 万亿元，年平均增长率达到了 9.91%（见图 8-9）。与同期的经济增速相比，我国非金融企业部门的融资规模扩张速度实际上有些缓慢，经济发展的根本离不开企业发展，企业的融资能力又决定了其是否能够抢占发展先机、保持发展能力。而我国企业的融资能力偏弱，这与金融市场的发展不充分、不完善不无关联。

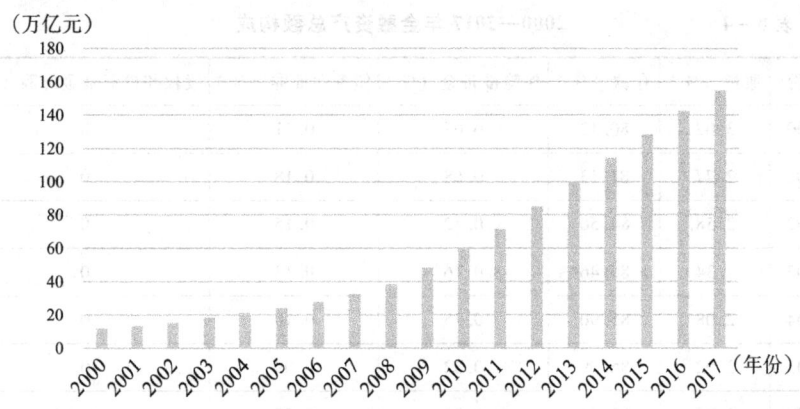

图 8-9　2000—2017 年非金融企业部门总负债变动

8.2.1.4　贷款是企业融资的首要来源

对于非金融企业部门的负债而言，70% 左右为银行贷款，前期 20% 后期 10% 左右为其他金融产品，股权和投资基金份额从无到有，在企业融资渠道中的比重也逐渐上升。但企业融资来源主要还是以银行贷款为主。在非金融企业部门负债总额中，贷款所占的比例在 2000 年达到了 72.71%，此后，随着如债务性证券、股权和投资基金份额等项目占比的增加，贷款所占的比例不断下降，其间曾最低降至 66.57%，后期又有所上升，2017 年达到了 69.71%（见表 8-5）。银行贷款是企业融资的首要渠道，贷款市场的健康发展对于企业保持发展动力，长期持续发展至关重要。

表 8-5　　　　　　　2000—2017 年金融负债构成　　　　　　单位：%

年份	贷款	债务性证券	股权和投资基金份额	其他（含金融衍生品）
2000	72.71	6.08	0	21.21
2001	72.24	6.50	0	21.26
2002	71.96	6.47	0	21.58
2003	72.66	6.34	0	21.00
2004	71.43	6.46	0	22.11
2005	70.66	6.95	0	22.39

续表

年份	贷款	债务性证券	股权和投资基金份额	其他（含金融衍生品）
2006	70.57	7.83	0	21.60
2007	68.58	9.09	0	22.33
2008	69.19	9.99	0	20.82
2009	71.16	11.40	0	17.44
2010	67.89	12.24	0	19.87
2011	66.71	12.25	0.80	20.24
2012	66.57	12.89	0.92	19.61
2013	67.08	12.80	1.21	18.91
2014	67.61	13.32	1.84	17.22
2015	66.64	14.15	2.24	16.97
2016	67.80	15.31	2.97	13.93
2017	69.71	14.25	3.37	12.67

8.2.1.5 部门债务风险分析

通过资产负债率这一指标可以对我国非金融企业部门债务风险进行评估，根据估算出的2000—2017年非金融企业部门的总资产和总负债数据，可以计算出历年的资产负债率数据。非金融企业部门的资产负债率由2000年的38.10%逐年上升，之后保持在45%左右的水平（见表8-6）。通过将我国非金融企业部门资产负债率与美国的同期非金融企业资产负债率对比可知，我国的非金融企业资产负债率水平相对较低，且波动较小，基本保持平稳的发展水平。

表8-6　2000—2017年我国非金融企业部门资产负债率

年份	2000	2001	2002	2003	2004	2005	2006	2007	2008
资产负债率（%）	38.10	38.80	40.81	43.53	43.93	44.69	44.50	43.82	43.64
年份	2009	2010	2011	2012	2013	2014	2015	2016	2017
资产负债率（%）	45.00	45.28	45.28	45.94	46.25	46.88	46.68	46.22	45.44

8.2.2　金融机构部门资产负债变动分析

作为市场上的资金融通部门，金融机构的健康稳定发展为我国经济发展提供了有力支持。金融市场规模也不断扩张，金融机构资金吸纳和投放能力取得了长足的发展。

8.2.2.1　随着社会融资需求的持续增加，金融机构总资产稳定增长

2000 年以来，我国金融部门总资产规模由 148855 亿元涨到 2017 年的 3173371 亿元，总资产增速自 2000 年至 2007 年持续增加。增速上，前期持续增长，2007 年以后开始放缓，金融机构参与市场资金投放的过程逐渐从粗放型向集约型转变，防范金融风险意识逐渐增强（见图 8-10）。但作为企业部门的主要资金来源，金融机构在资金投放方面的审慎虽然降低了金融风险，但也必然会增加企业融资难度，如何在二者之间实现平衡，是我国金融市场发展支持实体经济需要解决的核心问题之一。

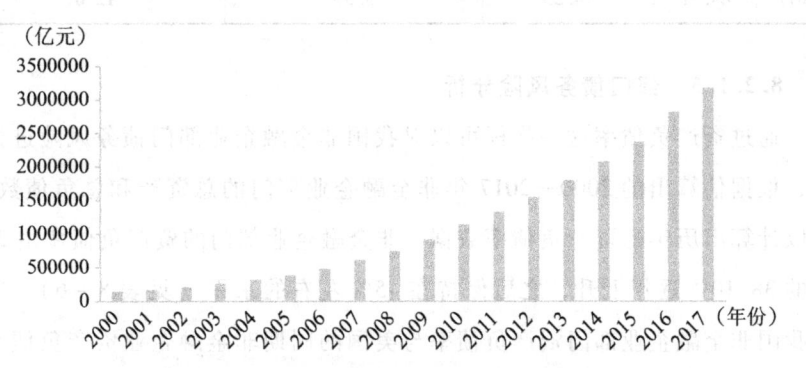

图 8-10　2000—2017 年金融机构总资产规模

8.2.2.2　金融机构金融资产结构分化明显

取决于其在经济运行中的地位，金融资产是金融机构的总资产主要构成，规模扩张速度很快。2000 年以来金融机构金融资产总额由 146975 亿元涨到 3165723 亿元，年均增长率为 19.8%。尤其是 2008 年金融危机后，金融机构资产规模呈现迅速扩张的趋势。金融机构部门非金融资产主要构成是固定资产，其规模增长较缓慢，资产规模由 2000 年的 1881 亿元增长

到2017年的7648亿元，年均增长率为8.6%（见图8-11）。

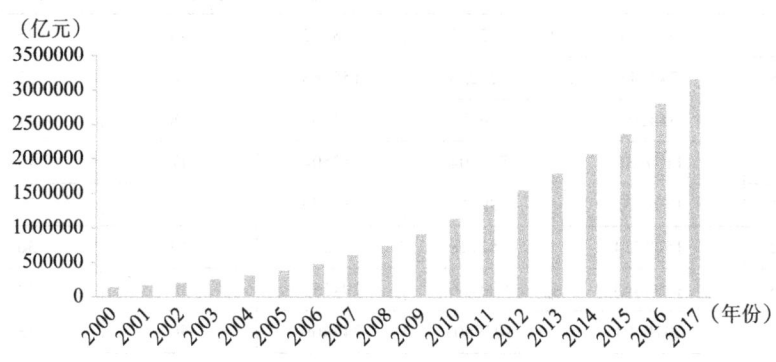

图8-11　2000—2017年金融机构金融资产规模

金融机构金融资产的主要构成是贷款项目，占比一度在60%以上。2000年以来，我国金融机构贷款呈现不断增长的趋势，贷款从2000年到2017年的年均增长率为17.7%，近五年年均增长率为14%，有放缓的趋势。占据金融资产比重较大的为债券的金额，债券的比例呈现增长的趋势，从2000年的17368亿元到2017年的703689亿元，年均增长率为24.3%（见表8-7）。从贷款和债券的比重变化比较情况来看，我国金融机构金融资产的结构正在逐渐变化，已经逐渐从以往的贷款独大发展到现在的多头并重，资金投放方式逐渐多样，这对于增加市场资金投放、拓宽企业融资渠道将很有意义。

表8-7　　　　　　　　　2000—2017年金融资产各分项结构变动

年份	金融资产（亿元）	贷款（亿元）	债券（亿元）	贷款比例（%）	债券比例（%）
2000	146975	95393	17368	65	18
2001	169846	107165	20165	63	19
2002	204782	127424	25912	62	20
2003	258704	155382	34169	60	22
2004	315297	179486	47755	57	27
2005	385746	204834	70030	53	34
2006	479096	237406	91855	50	39

续表

年份	金融资产（亿元）	贷款（亿元）	债券（亿元）	贷款比例（%）	债券比例（%）
2007	609071	277162	128222	46	46
2008	744548	329258	155863	44	47
2009	914295	436877	181164	48	41
2010	1137518	534104	213504	47	40
2011	1329932	629868	230579	47	37
2012	1547824	752118	267530	49	36
2013	1792843	900166	294558	50	33
2014	2070601	1039501	347400	50	33
2015	2369736	1183791	455195	50	38
2016	2809204	1341920	612559	48	46
2017	3165723	1520123	703689	48	46

8.2.2.3　金融机构总负债增长迅速，负债结构有所变化

随着我国经济实力的快速增强，市场上的资金盈余资金规模也不断扩张，为金融机构部门的负债形成创造了雄厚的资金来源。金融机构部门总负债 2000 年以来快速增长，总负债规模由 144619 亿元涨到 3209196 亿元，年均增长率为 20%，在 2009 年达到了增速顶峰（见图 8-12）。主要是受到前期我国经济发展速度惊人，居民收入和企业盈利累积规模较大，2008 年金融危机后投资机会减少，其他机构部门的大量盈余资金流入金融机构，由此引致了金融机构部门负债的大幅增加。

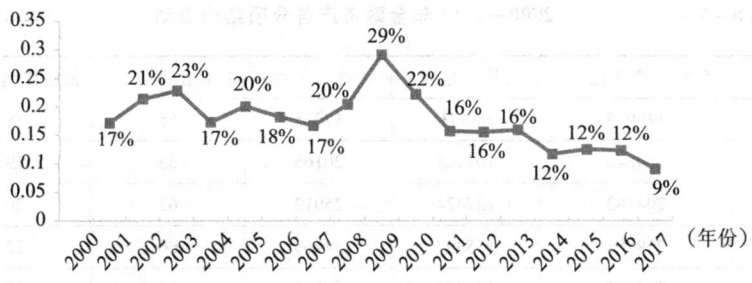

图 8-12　2000—2017 年金融机构负债年均增速

金融机构负债项目主要类别是存款，伴随经济增长，自 2000 年以来呈现快速增长的趋势,由 2000 年的 111491 亿元到 2016 年的 1716462 亿元,年均增长率为 17.5%。尽管存款增速较快,但存款所占负债的比例一直在减小,从 2000 年来源于存款的负债比重为 77%,而 2017 年存款所占比重仅为 53%,表明金融机构负债来源结构有所改变。排在第二位的是通货,占比较小,从 2000 年的 11479 亿元到 68137 亿元,年均增长率为 11%,债券由 2000 年的 7533 亿元增长到 2017 年的 273503 亿元,平均增长率为 23.5%,增长较快,保险准备金由 2000 年的 2784 亿元增长到 2017 年的 89601 亿元,平均增长率为 22.7%(见表 8-8)。

表 8-8　　　　　　2000—2017 年金融机构部门负债来源

年份	总负债(亿元)	存款(亿元)	存款比例(%)	存款年增速(%)
2000	144619	111491	77	—
2001	169873	130627	77	17
2002	204324	158538	78	21
2003	255572	194698	76	23
2004	310423	228460	74	17
2005	382334	274386	72	20
2006	478137	324403	68	18
2007	587663	378646	64	17
2008	714650	456027	64	20
2009	882335	588791	67	29
2010	1107997	719453	65	22
2011	1301727	832868	64	16
2012	1538173	962616	63	16
2013	1799029	1116178	62	16
2014	2067871	1246542	60	12
2015	2428252	1402127	58	12
2016	2880080	1574309	55	12
2017	3209196	1716462	53	9

8.2.2.4　金融机构净资产规模时有波动,近年来处于净负债状态

金融机构部门净资产自 2000 年以来呈增加趋势,2007—2012 年净资

产规模较大，这主要是由于在当时宽松的宏观政策刺激下，市场上的贷款等融资需求旺盛，从而使金融机构资产规模扩张较快（见图8-13）。同理，受到近年来经济发展趋缓的外部环境影响，市场上的融资需求下降，或由于金融机构对新常态下管控金融风险的要求更为严格，使得近年来金融机构资产规模扩张有限。在负债规模扩张较为稳定的背景下，融资需求的下降必然会导致金融机构资产净值出现负值，从英国等国家的金融机构资产负债表的情况看，与我国的实际情况类似，近年来金融机构部门的净资产也出现了负值。

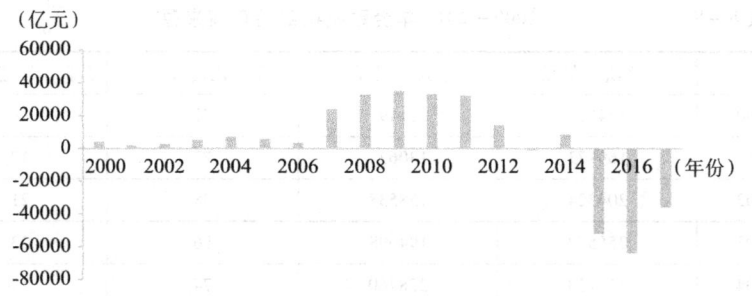

图8-13 2000—2017年金融机构资产净值

8.2.3 政府部门资产负债变动分析

作为市场管理部门，政府部门的资产负债状况对于一国经济社会稳定有着重大意义。政府部门资产充裕，债务风险小，则市场管理功能就能得到有效发挥。否则如果政府部门债务风险极大，轻则会造成市场波动，重则更会影响社会稳定。政府部门资产负债表的编制，对于监测政府存量财富状况、防范政府债务风险至关重要。

8.2.3.1 政府资产总规模稳定扩张

根据估算出来的2000年以来的数据显示，2000—2017年政府总资产呈现稳步扩张态势，2015年中国政府总资产首次突破100万亿元大关。从2015年至2017年，中国政府资产一直以每年10万亿元的增长水平提升，2017年政府总资产1205183亿元，年均增长率为16.9%（见图8-14）。

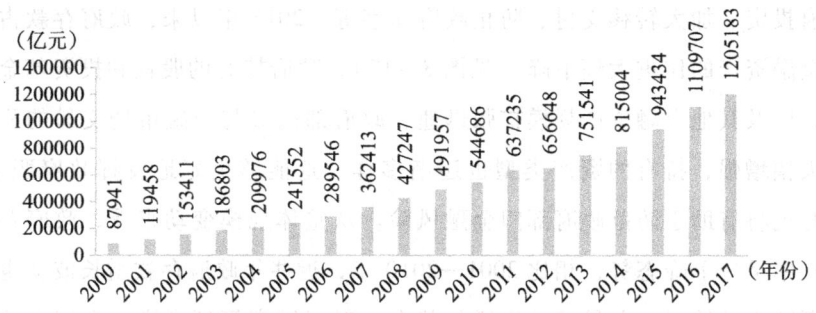

图 8-14 2000—2017 年政府部门总资产规模

8.2.3.2 政府资产以非金融资产为主,土地资产是核心资产

根据编制出的 2000—2017 年政府资产负债表,政府资产分为非金融资产和金融资产两大部分。非金融资产一直是 18 年里政府总资产的主要构成,占据主导地位。分阶段来看,相比 2000—2004 年,2015—2017 年政府非金融资产占比下降至 70% 以下,降幅明显,非金融资产中主要有国家土地资源和矿产资源,占比的下降表现出政府总资产结构在进一步调整,政府参与金融市场融资的频次和规模在不断增加。非金融资产又包含固定资产、存货及相关资产、其他非金融资产,其中非金融资产中的土地资源及矿产资源一直都是政府资产的重要组成部分,2017 年占比达到 85.96%,主要是土地资产,2017 年估算出来的政府土地资产规模达到 68.90 万亿元(见图 8-15)。

图 8-15 2000—2017 年非金融资产在总资产中占比

8.2.3.3 金融资产分化明显

政府金融资产主要来自政府存款,占到政府金融资产 50% 以上,2013 年更是高达 94%(见图 8-16)。政府存款属于存量资金,可以用来增加

政府投资、加大转移支付、防止政府赤字等。2013年以来，政府存款占政府金融资产的比重大幅下降（见图8-17），政府持有的股权和投资基金份额，以及其他金融资产规模扩张迅速，政府部门参与金融市场交易的积极性大幅增强，持有的资产类型也逐渐多样。这能够更好地发挥政府职能，同时也将有助于防范政府部门金融风险。从整体规模变动来看，政府存款增长率呈现下降态势，相比2001—2010年，近些年政府存款增长波动也有逐渐减小的情况，总量仍处于增长状态，对于国家管理来说，政府存款存量应该遵循适度管理的原则，快速增长或者动力不足都应该引起关注，以提高政府资金运用效率，更好地发挥政府宏观调控的作用。

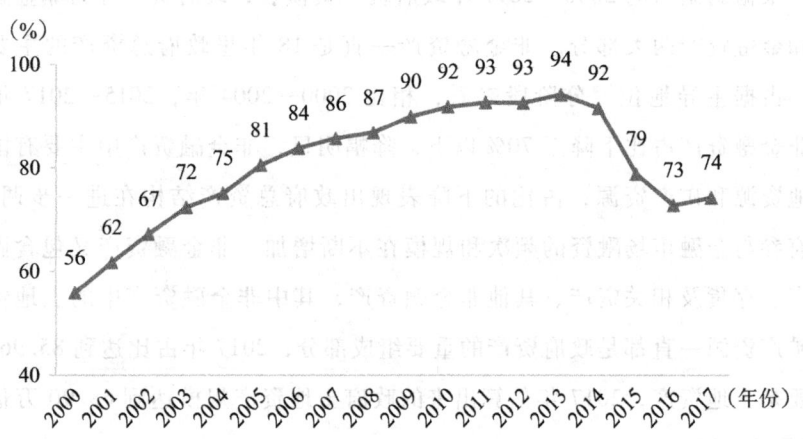

图8-16　2000—2017年政府部门存款在金融资产中的占比

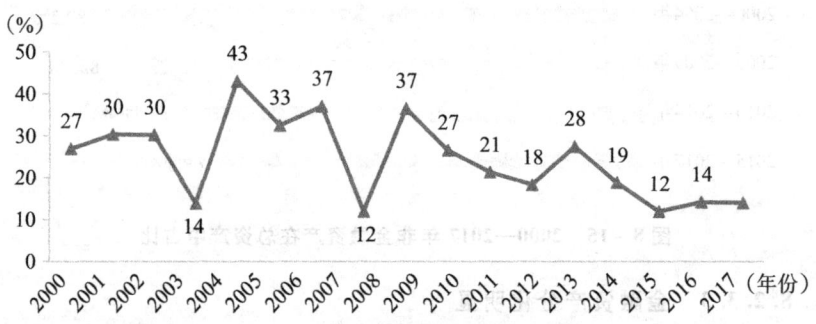

图8-17　2001—2017年政府部门存款存量资产增长率

8.2.3.4 政府总负债增长迅速，负债结构较为单一

2000—2017 年政府负债规模显著增长，年均增长率为 18.5%，高于总资产增长率。特别是 2011—2015 年政府负债增长大于 10 万亿元，2016 年相比 2015 年政府总负债增长率高达 36%，2017 年达到约 34 万亿元，但根据国家统计局公布的 2017 年国内生产总值 82 万亿元，中国政府部门杠杆率（负债/GDP）为 41%，低于国际公布的政府负债率警戒线 60%，同时也低于全球大多数大国水平（见图 8-18）。从长远来看，政府负债是财政分配的一种特殊形式，运用效果好，可以主要将负债转化为促进经济增长的动力，为社会发展提供保障。我国整体经济形势依然向好，发展潜力十足，在调整经济管理结构方面应该寻找灵活的措施，充分用好政府负债这一财政手段。

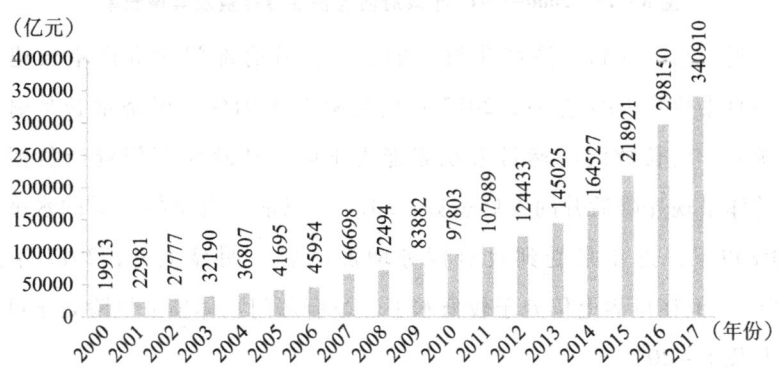

图 8-18 2000—2017 年政府部门总负债

政府部门负债主要有四种类型：贷款、保险准备金、债券和其他负债。政府总负债结构上表现为单一形式且集中度较高，债务类型主要是债券，包括国债及地方债务，占比长期维持在 70% 左右，较为稳定。债务规模一直处在增长状态，特别是 2007 年、2008 年和 2015 年产生了激增点。2017 年占政府债务总额的 83.43%（见图 8-19）。

8.2.3.5 政府净资产规模逐年扩大，资产负债率近年明显上升

2000 年我国政府部门净资产规模为 6.80 万亿元，到了 2017 年达到了 84.44 万亿元，扩张了 12.4 倍，年均增长 15.96%，其中，2008 年以上政府净资产规模扩张的平均速度更是高达 23.22%，政府存量财富积累速度

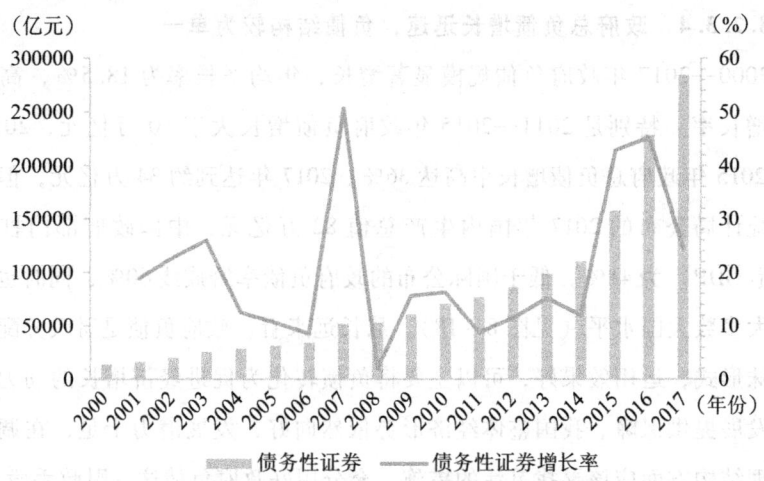

图 8-19　2000—2017 年政府债务性证券存量及其增长率

较快。近年来，受到经济增速放缓的影响，政府部门净资产增长速度较慢，一直维持在 10% 左右，2017 年更是降至 3.91%。经济增长是财富积累的源泉，增长放缓必然带来积累能力下降。从政府部门资产负债率来看，总体呈现先降后升的发展态势，2014 年以前一直维持较低的水平，处于 20% 以下，近年来受到政府债务增加的影响明显上升，2017 年达到 28.29%，但在世界上仍处于较低水平，政府部门总体债务风险处于可控范围（见图 8-20）。

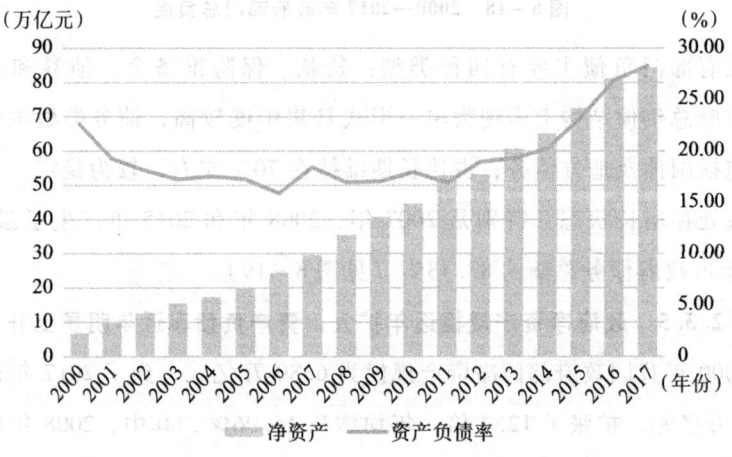

图 8-20　2000—2017 年政府资产净值及资产负债率变动

8.2.4 住户部门资产负债变动分析

根据上文编制的2000—2017年的住户部门资产负债表,我们可以观察到2000年以来我国住户部门的资产负债总量规模扩张明显,资产结构也发生了较大变化。

8.2.4.1 住户部门总资产稳步增长

由图8-21可知,18年里住户部门总资产规模从34万多亿元扩张到了近400万亿元,增加了11.65倍,我国住户部门财富积累取得了巨大成就。其中,2007年总资产突破100万亿元之后,扩张速度虽有所放缓,但庞大基础规模带来的增量依然可观,到2012年总资产规模就突破200万亿元,之后仅用了3年时间,总资产规模就突破300万亿元。2017年,总资产达3972978亿元,2000年到2017年居民总资产的年均名义增速为15.54%。可以看出,伴随经济发展,我国住户部门财富积累取得了长足的进步。

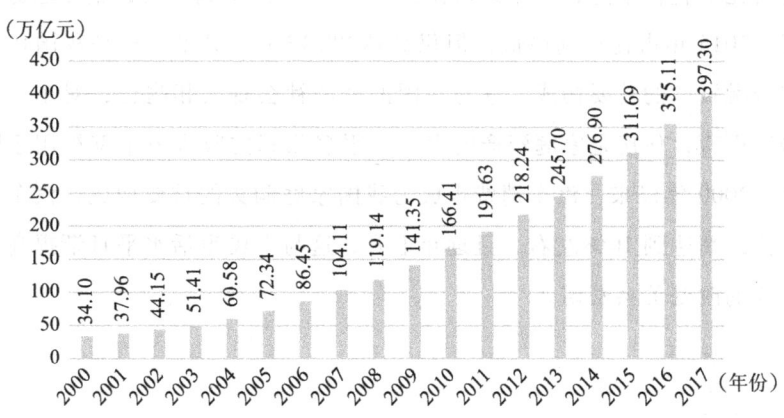

图8-21 2000—2017年住户部门总资产

8.2.4.2 房屋等非金融资产是我国住户部门资产的主要构成

住户部门总资产以非金融资产为主,非金融资产与金融资产的比例始终维持在7∶3左右,也即70%资产为非金融资产,资产形态主要是房屋。2000—2017年,住户部门非金融资产规模从238850亿元扩张到2809175亿元,年均名义增速为15.6%,略高于同期的GDP年均名义增速,经济发展的同时,住户部门也得到了实实在在的实惠(见图8-22)。

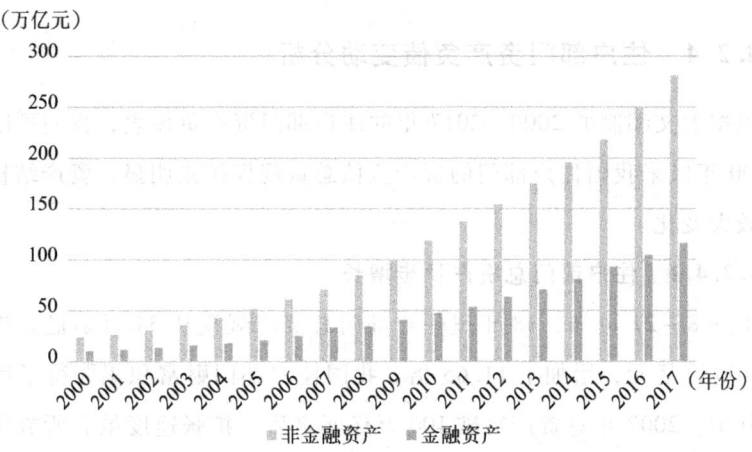

图 8-22 2000—2017 年住户部门非金融资产与金融资产

在非金融资产中,房屋价值占比 90% 左右,居民家庭房屋资产的增加对非金融资产的增加起决定性作用。由图 8-23 可知,农村生产性固定资产的占比一直在下降,房屋的占比在 2004 年达到最高以后,整体趋势开始下降;2015 年占比达到最低,但仍高达 88.13%。房屋一直是我国住户部门非金融资产的首要构成。这与我国的经济社会现实相吻合,对于广大城乡居民而言,住房是家庭资产的大头,很多家庭的收入盈余都被用于购买房产。2000 年以来,汽车消费也成为我国家庭购买的重要构成,汽车资产的占比最高达到 10% 左右,且逐年上升,这与人民生活水平日渐提高和出行方式的改变关系密切。

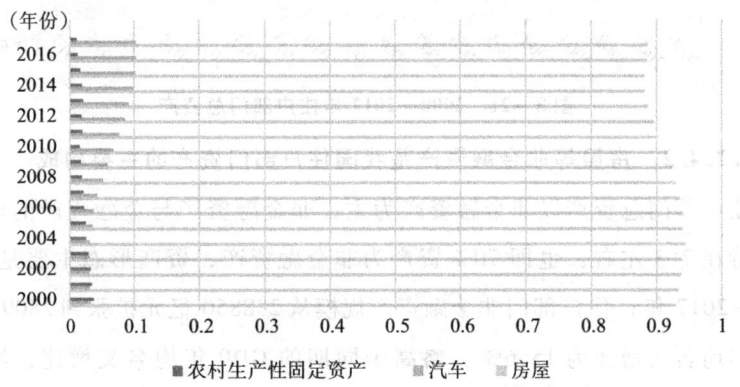

图 8-23 2000—2017 年住户部门非金融资产构成

8.2.4.3 金融资产以存款为主,其他各类资产也有明显增加

住户部门总资产中金融资产的占比约为30%,随着经济发展水平的提高,住户部门金融资产也呈现出平稳增加的趋势,年平均增长率为15.39%。由图8-24可知,金融资产的各项构成整体均呈规模扩张态势趋势,但存款规模扩张一直是导致中国住户部门金融资产增加的主要原因。对于广大居民而言,各种形式的存款依然是首选的资产储备手段,中国居民受传统观念的影响较大,短期内金融参与习惯很难有根本改变。

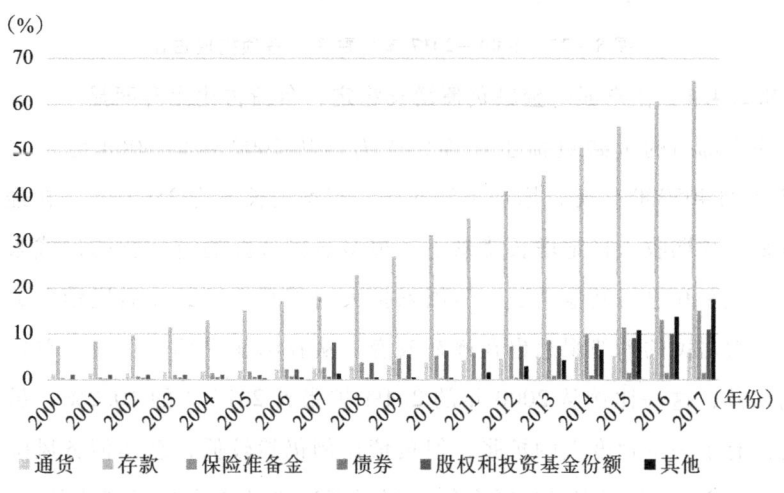

图8-24 2000—2017年住户部门各类金融资产变动情况

从住户部门金融资产的占比构成变动情况也可以看出,居民更加偏好低风险的金融资产。但随着现代支付手段的发展,我国居民的金融参与习惯也在逐渐改变。由图8-25整体来看,近年来居民手中的流通资金和银行存款的占比都呈现出了下降趋势,保险资产的占比有上升趋势,债券以及股权和基金类的金融资产基本维持不变。可以发现,虽然银行存款仍是居民偏爱,但金融市场的发展已经在对住户部门的传统金融参与习惯发生影响,正在悄然改变着我国住户部门的金融资产构成。

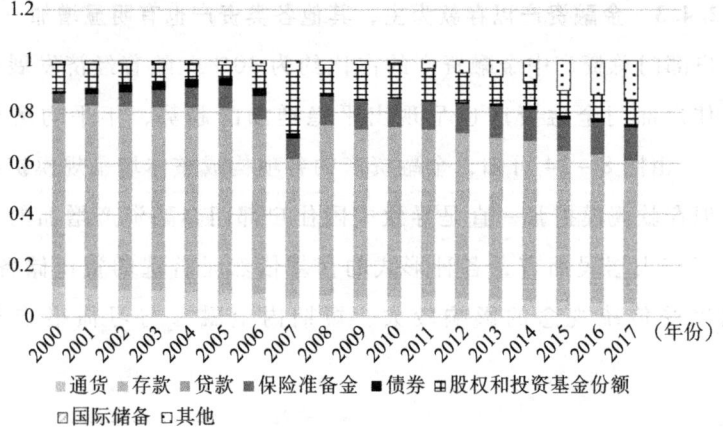

图 8-25 2000—2017 年金融资产各项构成占比

8.2.4.4 住户部门金融负债增长稳定，负债占比上升明显

住户部门的金融负债也在逐年上升，从 2000 年的 8060 亿元增加到 2017 年的 405000 亿元，增加了约 5 倍，年均增长率为 25.91%。在经济发展带来的预期收入稳定增长背景下，很多居民选择通过贷款的形式来购买住房、汽车和进行其他消费。与国家扩大内需政策、鼓励居民消费关系密切，广大居民的消费观念也在逐渐改变。从我国住户部门负债占总资产的比例来看，这一比例从 2000 年的 2.4% 扩张到 2017 年的 10.2%，虽然负债规模有了一定程度上的扩张，但负债比例仍然较低，总体债务风险较小（见图 8-26）。与很多发达国家住户部门高达 20% 以上的资产负债率相比，我国的住户部门的资产负债率也是处于较低水平，债务风险整体可控。

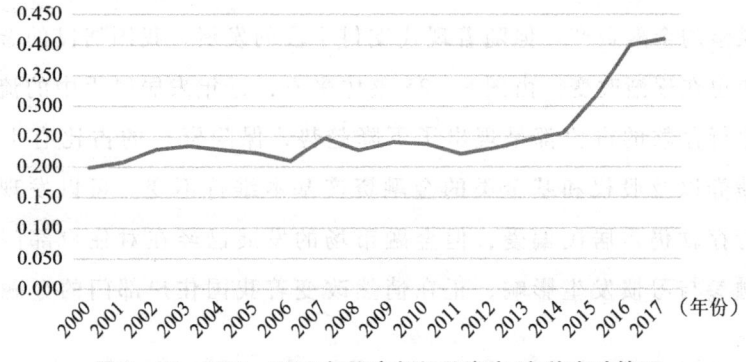

图 8-26 2000—2017 年住户部门总资产/负债变动情况

8.2.4.5 住户部门净资产规模稳定扩张

住户部门净资产为其权益净值,由图 8-27 我们可以看出,净资产呈上升趋势,从 2000 年的 332958 亿元增长到 2017 年的 3567978 亿元,年平均增长率为 14.97%。居民净资产增长率与总资产增长率变动一致,2008 年增速有所下滑,与 2008 年经济形势恶化,外部金融危机等都有很大关联。近年来,我国住户部门净资产增速有所下滑,这也是主要受到经济增速放缓、家庭创富能力与前些年相比有所减弱的影响。但总体来看,我国住户部门净资产仍处于快速增长时期,家庭财富积累仍处于上升阶段。

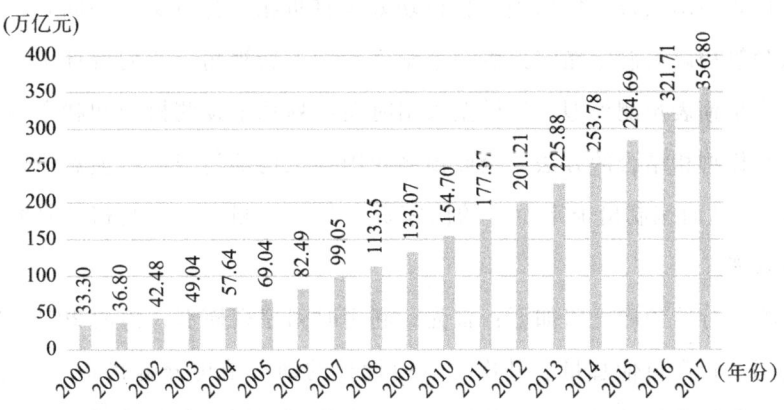

图 8-27 2000—2017 年住户部门净资产变动

8.3 国家资产负债表预测方法设计与应用

从中国国家资产负债表编制所需的数据来源情况看,官方公布的资金流量表一般存在 2—3 年的数据滞后,为便于能够及时把握中国资产负债状况,有必要对国家资产负债表的预测方法进行研究。我们依照"总量预测,结构分解"的设计思路,相对资产负债表中的关键总量进行外推预测,然后依据分量之间的平衡关系对总量的构成进行预测,构造了一套国家资产负债表预测方法体系。

8.3.1 国家资产负债表预测方法设计

利用现有数据，前文编制出了2000—2017年各部门的资产负债表，为了使资产负债表的分析及应用研究具有时效性，需要采用预测的方法扩展编制出资产负债表时间序列。综合学者们采用的预测模型方法来看，现有的研究成果大都是对资产负债总量未来走势的预测，尚没有从各机构部门资产负债总表的角度进行全面预测的结果出现。仅有总量预测结果显然不足以对未来的资产负债状况进行全面把握，对于及时的风险评估也十分不利，这将使国家资产负债表的分析功效大打折扣。为克服这一问题，为未来风险管控政策制定能够提供一个全面参考的新视角，我们设计了一套国家资产负债表预测模型。该模型采用时间序列总量预测模型和状态空间结构分解模型相结合的方法，全面预测我国各机构部门资产负债总量及未来结构[①]，从而编制出未来年份的国家资产负债预测表，方便相关研究人员分析参考。

本部分的预测思路如下：首先，利用时间序列模型，预测2018—2022年的国家资产负债总量。其次，专门设计的动态结构分解状态空间模型，将资产负债总量的预测结果分解至各个机构部门资产负债总量。最后，进一步构造资产负债结构分解的状态空间模型，分解预测各部门的总资产和总负债相对应的分量数据。

8.3.1.1 总量预测模型

在预测2018—2022年各部门资产负债总量时，需要构造总量预测模型。首先考察编制出的2000—2017年资产负债总量时间序列的平稳性，单位根检验结果显示，三个总量序列均为非平稳时间序列，因此，不能直接构建时间序列预测模型，而其发展速度序列平稳，故选择对发展速度序列进行建模预测。最后，在综合考察模型估计及检验结果，同时结合AIC、

---

① 赵佳丽，马克卫. 中国能源效率和能源消费的倾向性研究[J]. 统计理论与方法，2015(10)：23-29.

SBC 信息化准则,确定总资产和总负债序列的最终外推预测模型,并对序列进行外推短期预测。分别用 ASS_t、NAS_t 和 LIA_t 表示国家总资产、非金融资产总额和总负债的实际发展速度序列,用 T_t 表示时间变量,最终构建的时间序列模型估计结果如下:

(1) 国家总资产发展速度预测模型估计结果:

$$ASS_t = 114.65 - 0.02 \times T_t^2 - 0.67 \times ASS_{t-1} + \varepsilon_t + 0.99 \times \varepsilon_{t-1} \quad (8-1)$$
$$\quad\quad\quad\quad (-4.25) \quad\quad (-2.15) \quad\quad\quad\quad\quad (3.77)$$

$R^2 = 0.63 \quad \overline{R^2} = 0.54 \quad F = 6.76\ (0.00) \quad D.W = 1.87$

(2) 国家非金融资产总额发展速度预测模型估计结果:

$$Ln(NAS_t) = 4.72 - 0.0002 \times T_t^2 + \varepsilon_t + 0.60 \times \varepsilon_{t-1} \quad (8-2)$$
$$\quad\quad\quad\quad\quad (-3.27) \quad\quad\quad\quad (3.24)$$

$R^2 = 0.66 \quad \overline{R^2} = 0.61 \quad F = 13.62\ (0.00) \quad D.W = 2.27$

(3) 国家金融负债总额发展速度预测模型估计结果:

$$LIA_t = 121.55 - 0.001 \times T_t^3 + \varepsilon_t + 0.93 \times \varepsilon_{t-1} \quad (8-3)$$
$$\quad\quad\quad\quad (-3.57) \quad\quad\quad (19.49)$$

$R^2 = 0.75 \quad \overline{R^2} = 0.71 \quad F = 20.61\ (0.00) \quad D.W = 1.91$

以上模型均通过了经济学、统计学以及计量经济学的相关检验,残差序列为严平稳序列。模型的样本内预测结果良好,可以用于对相关总量进行外推预测。最终我们预测了 2018—2022 年的国家总资产、非金融资产总额和总负债结果,并依据核算平衡关系推算出了金融资产总额的未来预测值。这些总量指标序列的历史观察值及未来预测结果如表 8 - 9 所示,需要注意的是 2017 年以前为当年价数据,2018 年之后的预测结果将价格因素固定在了 2017 年。

表 8 - 9　　　　国家资产负债总量历史及预测数据　　　　单位:亿元

年份	总资产	非金融资产	金融资产	总负债	资产净值
2000	887815	571635	316180	290690	597125
2001	1010805	647559	363246	336321	674485

续表

年份	总资产	非金融资产	金融资产	总负债	资产净值
2002	1175685	744541	431144	401290	774395
2003	1383966	855244	528722	495142	888824
2004	1615219	987601	627618	588356	1026863
2005	1892629	1143399	749231	698135	1194495
2006	2262294	1340160	922135	842590	1419704
2007	2758089	1572644	1185446	1030568	1727522
2008	3244814	1880243	1364572	1228551	2016263
2009	3898160	2201162	1696999	1532832	2365328
2010	4678978	2570453	2108525	1924750	2754228
2011	5461895	3011042	2450853	2265214	3196681
2012	6246128	3363819	2882309	2684944	3561184
2013	7169172	3825066	3344106	3142456	4026715
2014	8098516	4252243	3846273	3606619	4491897
2015	9187262	4724982	4462279	4201141	4986121
2016	10558504	5350649	5207854	4936441	5622063
2017	11757380	5965902	5791478	5502740	6254640
2018	12636610	6399357	6237253	6126845	6509765
2019	13484078	6829884	6654194	6717711	6766366
2020	14278267	7250952	7027315	7239509	7038758
2021	14997380	7655429	7342028	7652421	7345036
2022	15618658	8035722	7582935	7915916	7702742

从总量预测结果来看，受到经济增速放缓的影响，我国未来一段时期内国家资产负债规模的扩张速度将逐步趋缓，但由于前期已经积累了大量财富，未来资产和负债的总量规模增长依然可观。按照2017年存量价格计算，预计到2022年，我国总资产规模将突破1560万亿元，预计5年规模扩张的平均实际增速为5.85%，与历史增速相比将有所放缓。非金融资产、金融资产和金融负债的5年平均增速则预计分别为6.14%、5.55%和7.58%。

8.3.1.2 结构分解模型

由前文表式设计理论可知，在编制各部门资产负债表时，涉及的核算项目可以分为3个级别。首先，将核算项目归为总资产和总负债两类，二者差值纳入净值项。其次，将总资产分为金融资产和非金融资产两类，并且，金融资产项目下又分设通货、存款等8项，非金融资产项目下分设固定资产、存货、其他3项，负债项下所涵盖核算项目则与金融资产涵盖项目一一对应。因此，在进行分量预测时，按照项目分类级别，按照层级往下分解。

具体来说，在完成各机构部门的资产负债总量预测后，首先需要预测出金融资产和非金融资产的相应数据，然后再预测上述二者各自涵盖项目的分量数据。但以金融资产的构成为例，如前所述，其资产来源主要有通货、存款等八类项目，如果使用时间序列模型对此分别预测，需要构造出八个时间序列模型，预测过程较烦琐而且结果误差较大。因此，我们可以先预测元素构成比重，再进行总量分解，而且，借助于状态空间模型，可以在该种分解思路的基础上，准确地完成预测分解工作。具体来说，依据状态空间模型的设计原理，该模型系统能够对其中的多个信号方程中暗含的潜在影响关系进行全面系统的估计。那么该模型系统也完全可以应用于估计时间序列中前期波动对当期的潜在的影响，出于这样的考虑，我们可以基于状态空间模型构建一组结构系数序列的波动预测方程系统，用于系统性全面预测满足某种平衡关系的一组系数序列的未来取值。其中，这组结构系数序列的构建由于是从已有总量和分量绝对量到相对量的计算，计算过程中没有误差存在，需要采用确定性方程的形式来构造信号方程。状态方程是预测结构系数序列波动关键，依据其构建原理，可以根据每个结构序列的实际情况，将其设定为随机游走、自回归模型 [AR (n)]、带有漂移的随机游走等模型形态。系统中需要设定一个约束性方程，保证结构系数序列之和始终为1。

上述内容详细介绍了利用状态空间模型进行分解预测时的思路，考虑到金融资产/负债所涵盖的项目较多，分解预测工作较为烦琐。因此，本部分以金融资产/负债的分解工作为例,详细说明利用状态空间模型进行分量预测的具体步骤。

用 Y_t 表示机构部门资产总量序列,用 Y_t^1、Y_t^2, $\cdots$, Y_t^8 表示通货、存款、贷款、股权和投资基金份额、债券、保险准备金、国际储备、其他项共八类分量序列,则有:

$$Y_t = Y_t^1 + Y_t^2 + \cdots + Y_t^8 \qquad (8-4)$$

首先对资产/负债总量 Z_t 进行预测操作,再构造对未来八种资产负债各分项结构系数的预测模型,其中信号方程的模型构建为:

$$signal: \begin{cases} Y_t^1 = su_t^1 \times Y_t \\ Y_t^7 = su_t^7 \times Y_t \\ su_t^8 = 1 - \sum_{i=1}^{7} su_t^i \end{cases} \qquad (8-5)$$

前 7 个式子用于计算通货、存款、贷款、股权和投资基金份额、债券、保险准备金、国际储备的比重。这个方程系列属于确定性的比例序列计算方程,该类方程中不设计误差项目。其中的最后一个方程为限定性方程,保证整个系统中的 8 个结构系数之和为恒定为 1。接下来是确定状态方程的设定,该方程可以用来进行比重系数的外推预测,通常的状态方程形式为:

$$state: \begin{cases} sv_t^1 = c_1 + c_2 \times sv_{t-1}^1 + \varepsilon_t^1 \\ sv_t^2 = c_3 + c_4 \times sv_{t-1}^2 + \varepsilon_t^2 \\ \vdots \\ sv_t^7 = c_{13} + c_{14} \times sv_{t-1}^7 + \varepsilon_t^7 \end{cases} \qquad (8-6)$$

至此,我们基于状态空间模型已经完成结构系数预测模型系统的全部设计。但需要注意的是,不同于其他计量模型形式,状态空间模型在估计过程中需要提前进行待估参数的初始取值设定,以上方程系统中需要事先设定估计系数和估计方程残差方差的初始值。由于方程系统中的结构系数序列在样本期内是确定性结构,可以事先计算出来样本结构序列($PER_t^i = Y_t^i/Y_t$),我们可以基于事前计算出来的 8 个系数序列,利用系统方程模型按照状态方程的设定形式对其进行估计，使用估计出的系数和对应系数方程的残差值来为状态空间模型系数设置初始值。基于样本观察期的结构系数序列的系统回归方程构造如下：

$$\begin{cases} PER_t^1 = \beta_1 + \beta_2 \times PER_{t-1}^1 + \gamma_t^1 \\ PER_t^2 = \beta_3 + \beta_4 \times PER_{t-1}^2 + \gamma_t^2 \\ \vdots \\ PER_t^7 = \beta_{13} + \beta_{14} \times PER_{t-1}^7 + \gamma_t^7 \end{cases} \quad (8-7)$$

使用系统估计对上述模型估计结束之后，将估计后的系数值 β_1、β_2、$\cdots$、β_{14} 作为状态方程中系数 c_1、c_2、$\cdots$、c_{14} 的初始值。同时将系统方程估计结果中的残差的方差，作为状况空间模型中残差方差的初始值。结构推定状态空间模型的最终估计方程为：

$$\begin{cases} signal: \begin{cases} Y_t^1 = sv_t^1 \times Y_t \\ \vdots \\ Y_t^7 = sv_t^7 \times Y_t \\ sv_t^8 = 1 - \sum_{i=1}^{7} sv_t^i \end{cases} \\ state: \begin{cases} sv_t^1 = c_1 + c_2 \times sv_{t-1}^1 + \varepsilon_t^1 \\ sv_t^2 = c_3 + c_4 \times sv_{t-1}^2 + \varepsilon_t^2 \\ \vdots \\ sv_t^7 = c_{13} + c_{14} \times sv_{t-1}^7 + \varepsilon_t^7 \end{cases} \end{cases} \quad (8-8)$$

在模型估计结果的基础上，便可以对各类资产的比重序列（$PER_t^i = Y_t^i/Y_t$）进行外推预测。结合前文相关资产总量的预测结果，便可以最终完成从总量到分量的分解，从而构造出来国家资产负债表预测表。

8.3.2 国家资产负债表总量及结构预测结果

根据上述预测分解思路，可以得到 2018—2022 年金融机构、非金融机构等部门的资产负债总量及各分项项目的存量数据，具体结果如表 8-10、

表 8-11、表 8-12、表 8-13、表 8-14 所示。

表 8-10　　　　　　　　2018 年国家资产负债预测表　　　　　　　　单位：亿元

	非金融企业	金融机构	政府部门	住户部门	经济总体
总资产	3669172	3420703	1329420	4217315	12636610
非金融资产	2519774	8303	882295	2988985	6399357
资本形成总额	2159820	8303	123863	2681603	4973588
固定资产	2031992	8303	117166	2681603	4839063
农村居民住房				244359	244359
城镇居民住房				2404140	2404140
农村生产性固定资产				33104	33104
存货及相关资产	127828		6697		134525
其他非金融资产	359955		758432	307382	1425769
家庭用车				307382	307382
无形资产			3979		3979
资源性资产			754453		754453
土地资产			750161		750161
矿产资产			4293		4293
金融资产	1149398	3412400	447125	1228330	6237253
通货	7147	2048	1503	62253	72951
存款	749640	82796	332391	688151	1852977
贷款	-6	1638573	2326	0	1640893
保险准备金	10343	0	21	158837	169201
债务性证券	13385	758521	6125	16560	794591
股权和投资基金份额	44983	31586	22996	115973	215538
国际储备	0	245633	0	0	245633
其他	323907	653243	81763	186557	1245469
金融负债	1733515	3564792	379150	449388	6126845
通货		75687	0		75687
存款	0	1906655			1906655
贷款	1208380	37985	-21067	449388	1674686
保险准备金	0	99530	78849	0	178379
债务性证券	247080	303809	316337	0	867227

续表

	非金融企业	金融机构	政府部门	住户部门	经济总体
股权和投资基金份额	58425	108660	0	0	167085
国际储备	0	0	0	0	0
其他	219630	1032466	5031	0	1257127
净资产	1935657	-144089	950270	3767927	6509765

表 8-11 2019 年国家资产负债预测表 单位：亿元

	非金融企业	金融机构	政府部门	住户部门	经济总体
总资产	3925051	3648805	1458166	4452056	13484078
非金融资产	2698958	8949	956166	3165810	6829884
资本形成总额	2313406	8949	134233	2840244	5296833
固定资产	2176489	8949	126975	2840244	5152658
农村居民住房				258815	258815
城镇居民住房				2546367	2546367
农村生产性固定资产				35062	35062
存货及相关资产	136918		7258		144175
其他非金融资产	385551		821933	325566	1533050
家庭用车				325566	325566
无形资产			4312		4312
资源性资产			817621		817621
土地资产			812969		812969
矿产资产			4652		4652
金融资产	1226093	3639855	502000	1286245	6654194
通货	7623	2185	1688	65189	76684
存款	799661	88315	373185	720596	1981757
贷款	-6	1747793	2611	0	1750398
保险准备金	11033	0	24	166326	177383
债务性证券	14278	809081	6877	17341	847576
股权和投资基金份额	47985	33692	25818	121441	228935
国际储备	0	262006	0	0	262006
其他	345520	696785	91797	195353	1329456
金融负债	1914232	3896644	415660	491175	6717711

续表

	非金融企业	金融机构	政府部门	住户部门	经济总体
通货	0	82733	0	0	82733
存款	0	2084148	0	0	2084148
贷款	1334352	41521	-23096	491175	1843953
保险准备金	0	108795	86442	0	195237
债务性证券	272838	332091	346798	0	951728
股权和投资基金份额	64515	118776	0	0	183291
国际储备	0	0	0	0	0
其他	242526	1128580	5516	0	1376622
净资产	2010819	-247840	1042506	3960881	6766366

表8–12　　　　2020年国家资产负债预测表　　　　单位：亿元

	非金融企业	金融机构	政府部门	住户部门	经济总体
总资产	4167637	3851108	1587000	4672522	14278267
非金融资产	2873815	9594	1028004	3339539	7250952
资本形成总额	2463285	9594	144318	2996107	5613304
固定资产	2317497	9594	136515	2996107	5459713
农村居民住房				273018	273018
城镇居民住房				2686102	2686102
农村生产性固定资产				36987	36987
存货及相关资产	145788		7803		153591
其他非金融资产	410530		883686	343432	1637648
家庭用车				343432	343432
无形资产			4636		4636
资源性资产			879050		879050
土地资产			874048		874048
矿产资产			5002		5002
金融资产	1293822	3841514	558996	1332983	7027315
通货	8045	2306	1879	67557	79787
存款	843834	93208	415555	746780	2099377
贷款	-7	1844626	2908	0	1847527
保险准备金	11643	0	27	172370	184039

续表

	非金融企业	金融机构	政府部门	住户部门	经济总体
债务性证券	15066	853906	7658	17971	894601
股权和投资基金份额	50635	35558	28749	125854	240797
国际储备	0	276522	0	0	276522
其他	364606	735389	102220	202452	1404667
金融负债	2077148	4187003	447699	527658	7239509
通货	0	88898	0	0	88898
存款	0	2239449	0	0	2239449
贷款	1447916	44615	-24876	527658	1995313
保险准备金	0	116902	93105	0	210007
债务性证券	296059	356837	373530	0	1026426
股权和投资基金份额	70006	127626	0	0	197633
国际储备	0	0	0	0	0
其他	263167	1212676	5941	0	1481784
净资产	2090489	-335896	1139301	4144865	7038758

表 8-13　　　　　　2021年国家资产负债预测表　　　　　　单位：亿元

	非金融企业	金融机构	政府部门	住户部门	经济总体
总资产	4391325	4019629	1713618	4872885	14997458
非金融资产	3041466	10225	1096716	3507022	7655429
资本形成总额	2606986	10225	153965	3146366	5917543
固定资产	2452694	10225	145640	3146366	5754925
农村居民住房				286710	286710
城镇居民住房				2820815	2820815
农村生产性固定资产				38841	38841
存货及相关资产	154293		8325		162618
其他非金融资产	434479		942752	360656	1737887
家庭用车				360656	360656
无形资产			4946		4946
资源性资产			937806		937806
土地资产			932470		932470
矿产资产			5336		5336

续表

	非金融企业	金融机构	政府部门	住户部门	经济总体
金融资产	1349860	4009404	616902	1365863	7342028
通货	8393	2407	2074	69224	82097
存款	880381	97281	458602	765201	2201465
贷款	−7	1925244	3209	0	1928446
保险准备金	12147	0	29	176621	188797
债务性证券	15719	891225	8451	18414	933809
股权和投资基金份额	52829	37112	31727	128958	250626
国际储备	0	288607	0	0	288607
其他	380398	767529	112809	207445	1468181
金融负债	2210222	4413367	472853	555980	7652421
通货	0	93704	0	0	93704
存款	0	2360521	0	0	2360521
贷款	1540677	47027	−26274	555980	2117410
保险准备金	0	123222	98336	0	221558
债务性证券	315026	376129	394517	0	1085672
股权和投资基金份额	74491	134526	0	0	209017
国际储备	0	0	0	0	0
其他	280027	1278237	6274	0	1564539
净资产	2181104	−393737	1240764	4316906	7345036

表 8−14　　　　2022 年国家资产负债预测表　　　　　　　　单位：亿元

	非金融企业	金融机构	政府部门	住户部门	经济总体
总资产	4590257	4146040	1835222	5047138	15618658
非金融资产	3198863	10833	1161156	3664871	8035722
资本形成总额	2741899	10833	163011	3287982	6203725
固定资产	2579621	10833	154197	3287982	6032634
农村居民住房				299615	299615
城镇居民住房				2947777	2947777
农村生产性固定资产				40590	40590
存货及相关资产	162278		8814		171092
其他非金融资产	456964		998145	376889	1831997

续表

	非金融企业	金融机构	政府部门	住户部门	经济总体
家庭用车				376889	376889
无形资产			5236		5236
资源性资产			992908		992908
土地资产			987259		987259
矿产资产			5649		5649
金融资产	1391395	4135207	674066	1382268	7582935
通货	8651	2482	2266	70055	83455
存款	907471	100334	501098	774391	2283293
贷款	−7	1985652	3506	0	1989151
保险准备金	12521	0	32	178743	191295
债务性证券	16203	919189	9234	18635	963261
股权和投资基金份额	54454	38277	34667	130507	257905
国际储备	0	297662	0	0	297662
其他	392103	791611	123262	209937	1516913
金融负债	2300936	4553037	488671	573272	7915916
通货	0	96669	0	0	96669
存款	0	2435225	0	0	2435225
贷款	1603911	48516	−27153	573272	2198546
保险准备金	0	127122	101625	0	228747
债务性证券	327956	388032	407714	0	1123702
股权和投资基金份额	77549	138784	0	0	216332
国际储备	0	0	0	0	0
其他	291520	1318690	6484	0	1616695
净资产	2289322	−406997	1346550	4473866	7702742

第9章 完善中国国民经济核算体系的建议

9.1 中国国民经济核算体系存在的重要缺陷

中国目前公布的国家官方统计数据系统包括国民经济核算数据与各种类型的专业统计数据两个大的构成部分，其中宏观经济统计数据主要在国家统计局的国民经济核算体系中进行统计和发布。当前我国国民经济核算体系以 SNA 体系为指导，主要核算内容包括有国内生产总值核算、投入产出核算、资金流量核算与国际收支核算等内容。目前的核算体系中主要存在四个方面的缺陷。

一是只有流量核算，尚无存量核算。目前我国公布的宏观经济核算数据几乎全部都是流量核算数据，即一定时期内产生的量，缺少对时点上存在的经济总量的全面核算。经济流量反映的是短期发展能力，而经济存量则一方面反馈了发展结果，另一方面反馈发展的根本动力，对于摸清家底、客观评判历史发展水平意义重大。流量核算与存量核算相辅相成，都是国民经济核算体系的重要构成，缺少了其中任何一个方面，都将对我们客观评判宏观经济现实产生不利影响。

二是各流量核算子系统存在统计指标口径上的不一致问题，很多流量核算数据不能平衡衔接，甚至彼此相互矛盾，为构建流量、存量平衡核算系统造成阻碍。如投入产出表中公布的增加值合计结果与 GDP 核算和资金流量表中的各机构部门增加值合计数据不一致，国际收支平衡表中公布的净出口与 GDP 核算中公布的净出口差异较大等。几乎每个核算子系统都是独立存在的，彼此没有实现同一指标在口径和数据结果上的平衡衔接。流量核算是存量核算的基础，基础数据上的不衔接会导致后续的存量估算存在各类误差。

三是数据发布时滞较长，宏观数据的分析时效性较差。目前官方公布的很多核算数据都存在2—3年的时间滞后，部分数据甚至更长，且各核算内容时滞不一致，如投入产出核算数据虽然10年有4张表，但公布时间过于滞后，目前统计年鉴中只能看到2017年投入产出数据。资金流量实物交易表和金融交易表数据也会滞后2—3年。这对数据使用者跟踪经济发展状况、把握和预测经济风险十分不利。

四是核算主体方面机构部门、产品部门、产业部门、交易类型等分类过于宏观，不能满足深入的经济分析需要。如目前的国民经济核算系统中产业增加值仅公布到门类这一层次，机构部门仅仅被分为非金融企业、金融机构、政府部门和住户部门四大类，非生产资产的核算只有简单的获得减处置，初次分配和再分配项目分别只有四个和五个。金融交易的类别只分为通货、存款、贷款等16类，这些都与核算系统比较先进的发达国家之间有很大的差距。核算主体决定了流量和存量核算的细化程度，而统计数据的分析功效与其细化程度之间又是正相关的。

9.2 编制国家资产负债表将补足中国核算体系的短板

中国国民经济核算体系不完善的一个重要表现就是只有流量核算，没有存量核算，国家统计局只给出过国家资产负债表编制的指导意见，但目前为止官方都尚未公布过国家资产负债表的核算结果。在SNA框架下，完整的国民经济核算系统应该包含GDP核算、投入产出核算、资金流量核算、国际收支核算、资产负债核算等主要内容。早在1968年发布的国民经济核算体系（SNA）的国际标准中，联合国统计委员会、OECD等多个国际组织（国际货币基金组织，世界银行，欧盟委员会，经济合作与发展组织）就建议各国逐步建立完整的国民经济核算体系。以后每次修订的新版

SNA 中，更是逐渐完善了存量核算的各项技术指导。在 SNA2008 中，对国家资产负债核算部分的介绍已经非常详细，国际上很多国家都在其指导下编制、发布了本国的国家资产负债表。

资产负债核算最大的特点是全部数据都是流量累计的结果，按照从期初存量，到期内变化量，最后到期末存量的盘存逻辑，逐期累加，全面展示一国在某一时点上的经济存量状况。一张国家资产负债表就是一张国家家底的"照片"，分别从非金融资产、金融资产、金融负债的角度全面展示一国经济存量的整体状况。将不同年份的资产负债表联系起来，就可以观察到一国的财富变化情况，各类债务风险也能一览无余。

在国家资产负债表框架下，一定时期内的经济流量与期初、期末的经济存量之间依照经济平衡关系依次衔接，其中任何一个部分发生变化，整个核算系统就会产生相应调整，这对核算体系的规范性、核算指标间的协调性要求会更高。同时，进行流量和存量核算，不仅增加了核算视角，更能够对二者的结果进行交叉验证来确保核算结果的准确性。因此，编制国家资产负债表，对于提升一国的经济核算整体水平有重大意义。采用包含国家资产负债核算的完整 SNA 框架编制和发布国家统计核算数据，无疑能全面提升我国统计数据的质量，使国民经济核算体系中各个部分之间的数据更加协调。

以大部分发达国家如美国、英国、澳大利亚、日本、加拿大、德国、法国等和部分发展中国家如巴西等为代表，世界上很多国家都编制了本国的国家资产负债表。近年来，中国官方统计机构和学术界也一直在探索中国国家资产负债表的编制工作，关于国家资产负债表理论、方法和实际编制的研究成果陆续出现，但官方至今为止没有发布完整的国家资产负债表。从已有的核算基础来看，到目前中国已经按 SNA 标准公布了很多基础数据，如固定资本形成总额、库存变动、1992 年到近年年度资金流量表（非金融交易、金融交易）等，但这些都是流量结果，还没有将其按照存量核算技术进行重新处理，进而整理出国家资产负债存量结果，这直接影响了我国国民经济核算体系的质量和水平。

9.3 进一步完善中国国民经济核算体系的几点建议

9.3.1 继续加强国家资产负债核算的理论与方法研究

联合国虽然给出了国家资产负债表编制的一般标准，但各国经济核算现实基础差别很大，基础数据中存在的问题也五花八门，每个国家都需要根据本国的国民经济核算实际情况来重新制定资产负债核算的相关规范和操作方法。编制国家资产负债表工作烦琐，涉及数据搜集、价格处理、永续盘存等一系列内容，每个步骤都需要有理有据，符合一般经济理论要求的同时更要符合实际情况。这无疑需要一整套的理论和方法支撑，针对不同的资产类别、不同的数据类型，需要找到专门的数据处理方法来完成相关估算。目前国内该领域的理论与方法研究还有差距，未来还须进一步加强探索。

9.3.2 以 GDP 核算为中心，协调整个国民经济核算体系数据

如何将中国的国民经济核算数据完整地纳入一个平衡衔接框架，使投入产出、资金流量核算、国际收支等核算相互衔接，使流量和存量核算相衔接，必须在核算系统中首先确定一个中心点，然后围绕这个中心来设计各核算子系统的核算指导思想、操作规范。GDP 核算无疑是各国经济核算的中心内容，SNA 体系的展开也是以 GDP 核算为核心，我们设计中国的统计规范时也可以以此为中心，让其他核算子系统都向其靠拢。经过近 30 年的发展，中国 SNA 框架下的 GDP 核算技术已经日趋成熟、完善，核算结果也被社会普遍认可，公众接受度很高，所以在后续国民经济核算体系的设计中，不妨突出 GDP 核算的核心地位，调整核算子系统技术方案，实现国民经济核算体系的整体协调。

9.3.3 细化统计分类，将国民经济核算数据的应用领域从宏观向微观拓展

统计分类设计核算主体分类和内容分类，是统计指标的构建基础，分

类越多，能获取的统计分析指标就会越多。总体上看，中国目前的国民经济核算分类目标较为宏观，最终公布的统计指标也是汇总程度较高的总量指标，缺少对经济细节的描述指标。进一步细化统计分类，可以从细化核算部门分类和增加交易内容分类两个方面着手。SNA 中已经给出了非常详细的分类参考，如多达 25 个的金融机构部门分类、50 多项的金融交易分类等。发达国家编制国家资产负债表时分类已经十分详细，如英国国家资产负债表中的部门分类有 11 个、非金融资产分类有 16 个。而我国仅有 4 个机构部门，资金流量表中公布的非金融资产核算结果则仅有固定资产、存货和其他 3 项。

9.3.4 国家统计部门应加快发布国家资产负债表

编制国家资产负债表需要紧密结合国民经济核算体系的基础条件，从基本的分类体系、数据体系出发，协调各环节、各核算项目的基础内容，只有官方统计部门发布的国家资产负债表才能做到尽可能全面，才最具有权威性。但我国到目前为止，只能看到个别研究机构或民间学者尝试编制的国家资产负债表，信息资料和数据来源五花八门，数据处理技术也是千变万化，结果的准确性很难保证。国家统计部门至今尚未发布官方的国家资产负债表。由于资产负债核算涉及与多个流量核算内容的全面衔接，涉及存量视角的物量、价格等内容的全面统计，基础资料获取上就会发生很多困难，要解决这个问题，必须有国家权威机构进行全面协调。

9.3.5 在国家资产负债表的基础上建立经济分析模型系统

以往的经济分析只能基于经济流量核算数据，或部分资产负债总量的推算结果，缺乏基于国家资产负债总体状况的分析模型，更没有把流量分析与存量分析进行全面整合的经济总体分析模型出现。在完善了国家资产负债核算的内容之后，宏观经济分析模型的设计和构建，如生产函数的构建的基础就能从流量估算转移到存量测度上来，这将更加符合经济原理。国家资产负债表中既有资产负债的总量数据，也有详细的部门和交易结构数据，在静态上，可以建立既有部门和交易总量，同时也包含部门和交易分量的经济模型。在动态上，有了连续年份的国家资产负债表，就有了经济存量时间序列数据，就可以将各类计量经济模型等与国家资产负债核算体系结合起来，打破现在学者们受制于存量数据无法获取而不得不设计各种假定进行估算，无法保证结果准确性的困境，这对于提升我国宏观经济量化分析的质量和水平很有意义。

最后，我们想说的是正如国家统计局核算司高级统计师李花菊所言："党的十八届三中全会提出编制全国和地方资产负债表的重要任务……，近年来，国家统计局积极组织研究编制全国和地方资产负债表……，未来，国家统计局将继续研究国内外有关编制技术，结合中国经济特点，充分利用第四次全国经济普查资料，编制全国和地方资产负债表，更加准确地反映我国资产负债情况"。[①] 国家资产负债表的编制是一个庞大的复杂工程，涉及纷繁复杂的数据来源和处理过程，需要经过数年甚至数十年的研究、检验，才能编制完成一国较为完善准确的存量核算表。受制于数据来源有限，学者们目前编制完成的资产负债表必然会存在各种缺陷，本书的估算结果也一定会存在偏差。但在本书的研究中，我们已经尽可能从各种来源渠道搜集全面的基础数据资料，依据相关理论和方法，反复构造分类资产存量的估算过程，再经过成千上万次的反复试算，才最终得到这样一个基本能够反映我国财富存量状况的结果，希望能够为我国官方统计部门实际编制国家资产负债表提供一些有益的参考。

---

① 新华社．社会总资产不等于家庭总财富［EB/OL］．［2020年6月2日］http://www.xinhuanet.com/2020-06/02/c_1126061782.htm．

参考文献

[1] 中国国民经济核算体系（试行方案），国家统计局印行，1991年12月.

[2] 白鹤祥，刘社芳，刘蕾蕾. 我国影子银行资产负债表的构建与风险测度研究 [J]. 会计研究，2017（12）：17-23.

[3] 白鹤祥. 关于我国建立家庭资产负债统计制度的思考 [J]. 金融发展评论，2012（10）：116-122.

[4] 伯南克. 经济周期数量模型中的金融加速器机制 [M]. //向松祚，邵智宾. 伯南克的货币理论和政策哲学. 北京：北京大学出版社，2008.

[5] 曹远征，马骏，等. 问计国家资产负债表 [J]. 财经，2012（6）.

[6] 曾五一，任涛. 我国固定资本存量估算的价格问题研究 [J]. 经济统计学（季刊），2016.

[7] 陈亮. 中国资产负债核算回顾与展望 [D]. 东北财经大学，2018.

[8] 陈敏，孙娜，李晓. 我国资产负债表的变迁与发展 [J]. 会计之友，2010（4）.

[9] 陈汉琪. 论国民资产估价途径及方法选择 [J]. 统计与决策，2009（16）：116-117.

[10] 陈珍珍. 从企业资产负债表到国民资产负债表 [J]. 中国经济问题，1997（3）：58-62.

[11] 陈珍珍. 国民资产负债核算中的宏观与微观协调问题 [J]. 统计研究, 1994 (4).

[12] 单胜道, 尤建新. 林地价格评估方法体系研究 [J]. 中国生态农业学报 2003, 11 (2): 126-128.

[13] 丁志杰, 刘逸南. 第三大债权国的现实与校正 [J]. 资本市场, 2007 (7): 16-17.

[14] 杜金富. 政府资产负债表：基本原理及中国应用 [M]. 北京：中国金融出版社, 2015.

[15] 范志勇, 沈俊杰. 估值效应与中国外汇储备损益评估 [J]. 学习与探索, 2009 (4): 138-141.

[16] 辜朝明. 大衰退：如何在金融风暴中幸存和发展 [M]. 喻海翔译. 北京：东方出版社, 2008.

[17] 顾淳. 家庭资产负债表结构与金融危机的关联性分析 [J]. 经济研究导刊, 2015 (13): 157-160.

[18] 关铁军. 完善我国资产负债核算之我见 [J]. 统计研究, 1997 (4): 28-29.

[19] 国际货币基金组织. 2001 年政府财政统计手册 [M]. 2002.

[20] 国家统计局国民经济核算司. 中国资产负债表编制方法 [M]. 北京：中国统计出版社, 1997.

[21] 国家统计局调查队. 中国城市居民的金融资产 [J]. 中国统计, 1997 (2): 12-16.

[22] 何枫, 陈荣, 何林. 我国资本存量的估算及其相关分析 [J]. 经济学家, 2003 (5): 29-35.

[23] 贺菊煌. 我国资产的估算 [J]. 数量经济技术经济研究, 1992 (8): 24-27.

[24] 贺力平, 林娟. 论外汇投资中的估值效应及其经济影响 [J]. 金融评论, 2011 (6): 33-48.

[25] 侯杰. 国家资本结构与新兴市场国家金融危机 [J]. 中国人民

大学，2006（8）：21-23.

[26] 黄静如，黄世忠. 资产负债表视角下的公允价值会计顺周期效应研究 [J]. 会计研究，2013（4）：3-11.

[27] 姜维俊. 中国金融资产结构分析（上）[J]. 财贸经济，1999（5）：21-27.

[28] 姜维俊. 中国金融资产结构分析（下）[J]. 财贸经济，1999（6）：36-40.

[29] 焦武. 中国国际收支失衡问题研究 [D]. 复旦大学，2009.

[30] 解明明. 澳大利亚国家资产负债表编制简介 [J]. 中国统计，2016，5.

[31] 李扬，殷剑锋，陈洪波. 中国：高储蓄、高投资和高增长研究 [J]. 财贸经济，2007（1）：26-33.

[32] 李扬，张晓晶，常欣. 中国国家资产负债表2013：理论、方法与风险评估 [M]. 北京：中国社会科学出版社，2013.

[33] 李扬，张晓晶，常欣. 中国国家资产负债表2015：杠杆调整与风险管理 [M]. 北京：中国社会科学出版社，2015.

[34] 李扬，张晓晶，常欣. 中国国家资产负债表2018 [M]. 北京：中国社会科学出版社，2018.

[35] 李原，李立新，李宝瑜. 中国政府债务的金融波及效应研究 [J]. 经济问题，2014（9）：26-3.

[36] 李宝瑜，李原. 资金流量表模型体系的建立与应用 [J]. 统计研究，2014，31（4）.

[37] 李金华. 中国国家资产负债表的逻辑思考 [J]. 经济经纬，2014（6）：114-120.

[38] 李金华. 中国国家资产负债表谱系及编制的方法论 [J]. 管理世界，2015（9）：1-12.

[39] 李扬. 要从资产负债表来控制资产泡沫 [J]. 夏季达沃斯论坛发言，2009.

［40］联合国等. 2008 国民账户体系［M］. 北京：中国统计出版社，2012：40-68.

［41］林忠华. 编制国家和政府资产负债表问题研究［J］. 哈尔滨市委党校报，2014.1，No.1（91）.

［42］林忠华. 国家和政府资产负债表初探［J］. 上海对外经贸大学学报，2014（3）：41-51.

［43］刘凯，罗勇. 地区资产负债核算方法探讨［J］. 统计与决策，1996（11）：20-21.

［44］刘念，周源. 资产负债表衰退、去杠杆与货币政策传导［J］. 上海金融，2017（10）：3-13.

［45］刘礼，邹国华. 缺失数据下 Jackknife 方差估计量的渐近设计无偏性［J］. 系统科学与数学，2006，26（4）：491-503.

［46］刘文元，高俊丰. 资产负债核算［J］. 统计与咨询，1998（3）：37.

［47］刘锡良，刘晓辉. 部门（国家）资产负债表与货币危机：文献综述［J］. 经济学家，2010（9）：96-102.

［48］刘向耘，牛慕鸿，杨娉. 中国居民资产负债表分析［J］. 金融研究，2009（10）：107-117.

［49］刘向耘. 关注我国居民金融资产［J］. 中国金融，2005（7）：32-33.

［50］刘有章. 协调两种资产负债核算方法研究［J］. 统计与决策，1999（12）：13-14.

［51］卢锋. 中国国际收支双顺差现象研究：对中国外汇储备突破万亿美元的理论思考［J］. 世界经济，2006（11）：3-10.

［52］罗胜，向书坚. 政府资产负债表的核算主体范围研究［J］. 中央财经大学学报，2017（10）：3-11.

［53］马骏，张晓蓉，李治国. 中国国家资产负债表研究［M］. 北京：社会科学文献出版社，2012.

[54] 毛军. 我国资本存量估算方法比较与重估 [J]. 河南社会科学, 2005, 13 (2): 75-78.

[55] 聂召. 商业银行资产负债表管理与转型探索 [J]. 上海金融, 2014 (5): 40-45.

[56] 牛慕鸿. 中国居民资产负债表的变迁机理与优化对策 [J]. 金融发展评论, 2010 (5): 39-48.

[57] 牛薇薇, 李林杰. 人民币国际化: 中国规避负估值效应的路径选择 [J]. 金融教学与研究, 2012 (1): 7-11.

[58] 裴沈华. 国家资产负债表研究 [J]. 科学发展, 2013 (12).

[59] 曲瑞涵. 关于资产负债表项目分类标准的探讨 [J]. 中国管理信息化, 2013 (12): 9-12.

[60] 任大川. 解析中国国际投资头寸表 [J]. 新金融, 2006 (11): 7-10.

[61] 沈坤荣. 1978—1997 年中国经济增长因素的实证分析 [J]. 经济科学, 1999, 21 (4): 14-24.

[62] 石敬. 浅议资产负债表中土地估价问题 [J]. 现代财经, 1994 (5): 48-51.

[63] 宋光辉, 柴曼莹. 中国居民金融资产增长和金融结构分析 [J]. 华南理工大学学报 (社会科学版), 2003, 5 (2): 67-70.

[64] 宋海岩, 刘淄楠, 蒋萍, 等. 改革时期中国总投资决定因素的分析 [J]. 世界经济文汇, 2003 (1): 44-56.

[65] 宋效军, 陈德兵, 任若恩. 我国外部均衡调节中的估值效应分析 [J]. 国际金融研究, 2006 (3): 57-61.

[66] 孙元欣. 美国家庭资产统计方法和分析 [J]. 统计研究, 2006, 23 (2): 45-49.

[67] 孙元欣. 我国居民家庭资产的统计框架构想 [J]. 统计与决策, 2007 (6): 9-11.

[68] 汤铎铎. 非金融企业资产负债表 [C]. 北京: 中国社会科学出

版社，2015（4）：27-35.

[69] 汤林闽. 我国地方政府资产负债表：框架构建及规模估算［J］. 财政研究，2014（7）：18-22.

[70] 汤林闽. 中国政府资产负债表2017［J］. 财经智库，2017，2（5）：103-138，144.

[71] 王佳. 非金融企业资产负债表［C］. 北京：中国社会科学出版社，2013（4）：42-51.

[72] 王涛，路春艳. 国民资产负债核算［J］. 统计与咨询，2013（6）：39-41.

[73] 王信. 中国对外资产负债：金融发展的视角［J］. 中国经济金融观察，2007（1）：68-73.

[74] 王勇，祝红梅. 金融危机与居民资产负债表调整：基于SCF数据的分析［J］. 浙江金融，2013（12）：13-15.

[75] 王桂虎. 1991—2015年中国非金融企业资产负债的估算与负债率的实证研究［J］. 上海经济研究，2017（9）：59-68.

[76] 王义中，金雪军，陈志昂. 中国净国外资产：测算、分析与政策内涵［J］. 统计研究，2006（3）：75-79.

[77] 王益煊. 资产负债核算的基本概念［J］. 中国统计，1996（9）：36-37，42.

[78] 吴超. 我国建立资产负债核算的原因与实施步骤［J］. 中国统计，1996（7）：32.

[79] 吴优. 国民资产负债核算的地位作用和基本原理［J］. 中国统计，1996（8）：23-25.

[80] 向蓉美. 新核算体系和新会计制度中资产负债表的比较研究［J］. 统计研究，1993（6）：23-26.

[81] 向书坚，朱贺. 政府资产负债中土地资源核算问题研究［J］. 财政研究，2017（2）：25-37.

[82] 向书坚. 资产负债核算中持有资产收益的测算［J］. 统计与预

测，1996（3）：27-29，40.

[83] 肖德中. 论资产负债表的编制 [J]. 统计研究，1991（2）：30-34.

[84] 肖腊珍. 两种资产负债核算的比较分析 [J]. 中南财经大学学报，1998（3）：85-88.

[85] 谢平. 中国金融资产结构分析 [J]. 经济研究，1992（11）：30-37.

[86] 谢千里，罗斯基，郑玉歆. 改革以来中国工业生产率变动趋势的估计及其可靠性分析 [J]. 经济研究，1995（12）：10-22.

[87] 邢勇，谭本艳. 金融危机企业资产负债表模型对我国的适用性检验：基于动态面板数据模型的分析 [J]. 科研管理，2011，12：128-135.

[88] 邢莹莹. 对我国金融机构资产负债表、杠杆率与金融稳定的思考 [J]. 金融理论与实践，2015（7）：50-53.

[89] 徐衡. 城市基础设施估价的理论与方法 [J]. 城市，1999（4）：37-38.

[90] 徐乾宇. 中国国际投资头寸分析 [D]. 世界经济研究所，2012.

[91] 许承明. 对我国国际投资头寸统计的探讨 [J]. 统计研究，2003（3）：46-49.

[92] 许罗德. 改善我国居民资产负债 [J]. 中国金融，2017（7）：81-82.

[93] 薛智超，闫慧敏，杜文鹏，杨艳昭. 自然资源资产负债表编制中土地资源过耗负债的核算方法研究 [J]. 资源科学，2018，40（5）：919-928.

[94] 薛智超，闫慧敏，杨艳昭，封志明. 自然资源资产负债表编制中土地资源核算体系设计与实证 [J]. 资源科学，2015，37（9）：1725-1731.

[95] 杨朝军，王渊，周仕盈. 我国居民部门资产结构是理性的吗？：

基于现代资产组合理论的研究视角 [J]. 上海交通大学学报（哲学社会科学版），2018，26（1）：63-73.

[96] 杨柳勇. 不同国家和地区利用外资政策的比较及启示 [J]. 国际贸易问题，2001（6）：45-49.

[97] 杨文雪. 完善非金融企业部门资产负债核算的思路和对策 [J]. 统计与决策，2005（1）：53-55.

[98] 叶樱. 居民储蓄（金融资产）总量情况表 [J]. 西安金融，1994（5）：54.

[99] 易纲. 中国能够经受住金融危机的考验 [J]. 求是，2008（22）：36-37.

[100] 尹继志. 欧洲央行应对金融危机的货币政策 [J]. 宏观经济管理，2012（12）：81-83.

[101] 于雪. 我国居民金融资产的新变化与国际比较研究 [J]. 统计研究，2011，28（6）：16-21.

[102] 余斌. 国家（政府）资产负债表问题研究 [M]. 北京：中国发展出版社，2015.

[103] 余永定，肖立晟. 解读中国的资本外逃 [J]. 国际经济评论，2017（5）：97-116.

[104] 余永定. 关于外汇储备和国际收支结构的几个问题 [J]. 世界经济与政治，1997（10）：18-23.

[105] 袁寿庄. 资产负债核算中的重估价 [J]. 统计研究，1994（2）：27-31.

[106] 臧旭恒，刘大可. 我国城乡居民储蓄及其宏观经济效应分析 [J]. 东岳论丛，1999（2）：75-80.

[107] 张军，章元. 对中国资本存量K的再估计 [J]. 经济研究，2003（7）：40-47.

[108] 张嫄. 基于国际投资头寸表解读中美经济失衡 [J]. 经济视角，2010（12）：94-96.

[109] 张军扩. "七五"期间经济效益的综合分析：各要素对经济增长贡献率测算 [J]. 经济研究，1991（4）：71-75.

[110] 张香云. 缺失数据的借补方法及在林分生长模型中的应用研究 [D]. 苏州大学，2006.

[111] 张晓慧. 宏观审慎政策在中国的探索 [J]. 中国金融，2017（11）：23-25.

[112] 张学毅. 中国居民金融资产表的设计和总量测算 [J]. 统计与决策，1999（3）：13-14.

[113] 张占茹，曹克瑜. 宏观微观资产负债核算的比较研究 [J]. 上海会计，2001（7）：7-9.

[114] 赵同录. 资产负债账户 [J]. 中国统计，1996（9）：29-30.

[115] 郑海涛，王腾飞，任若恩，等. 从居民资产负债表看中国财富标志的演变及其影响 [J]. 广义虚拟经济研究，2013（4）：37-46.

[116] 钟伟. 国际投资头寸表编制的国际比较研究 [J]. 环球金融，2006（8）：26-31.

[117] 周领. 国家资产负债表研究 [M]. 北京：社会科学文献出版社，2014.

[118] 周宇. 中国作为债权大国的金融开放策略调整：上海市社会科学界第五届学术年会文集（2007年度）世界经济·国际政治·国际关系学科卷 [C]. 2007.

[119] 周国富. 浅议投资头寸表编制的国际比较研究 [J]. 统计教育，2005（11）：51-53.

[120] 朱琳琪，周弘. 宏观视角下中国居民家庭金融资产结构分析 [J]. 哈尔滨学院学报，2017，38（7）：40-42.

[121] 邹妍萍. 中国的新债权国地位及其可持续性研究 [D]. 浙江大学，2009.

[122] 邹至庄. 2010年我国经济增长前景：快速增长没有终结：中外专家看中国经济增长潜力 [C]. 北京：中国财政经济出版社，2000.

[123] 邹志新. 国民资产负债核算 [J]. 统计与决策, 1996 (5): 38-39.

[124] AID, Kazuo, et al. Provisional Concepts and Standards for the Japanese Government Balance Sheet [R]. Japan, 2000.

[125] Allen, M., et al. A Balance Sheet Approach to Financial Crisis [J]. Social Science Electronic Publishing, 2002, 02 (210): 1-22.

[126] Au-Yeung W, McDonald J, Sayegh A. Australian Government Balance Sheet Management [J]. Social Science Electronic Publishing, 2007 (12302): 31-40.

[127] Bank W. System of National Accounts 2008 [J]. Communist and Post-Communist Studies, 2010, 32 (4): 339-357.

[128] Beck worth D. Permanent Versus Temporary Monetary Base Injections: Implications for Past and Future Fed Policy [J]. Journal of Macroeconomics, 2017.

[129] Blejer, I. M., L. Schumache. Central bank vulnerability and the credibility of commitments [M]. IMF Working Paper, 1988, 98-65.

[130] Bodie Z, Gray D F, Merton R C. A New Framework for Analyzing and Managing Macro-financial Risks of an Economy [J]. Social Science Electronic Publishing, 2006.

[131] Boyer, R. Assessing the Impact of Fair Value upon Financial Crises [J]. Socio-Economic Review, 2007, 5: 279-307.

[132] Cevallos-Fujiy B. A model of the balance sheet recession [R]. Working Paper, 2015.

[133] Cooper D. Changes in U. S. Household Balance Sheet Behavior after the Housing Bust and Great Recession: Evidence from Panel Data [R]. Federal Reserve Bank of Boston, Working Paper, 2013.

[134] Cúrdia, Vasco, Michael Woodford. The central-bank balance sheet as an instrument of monetary policy [J]. Journal of Monetary Economics,

2011, Vol. 58, No. 1: 80 – 82.

［135］David Miles, Jochen Schanz. The Relevance or Otherwise of the Central Bank's Balance Sheet ［J］. Journal of International Economics. 2014, 92: S103 – S116.

［136］Dickinson F, Green F, Eakin A F. A Balance Sheet of the Nation's Economy ［M］. Illinois: University of Illinois, 1936.

［137］Doggett T. United Kingdom National Accounts: Concepts, Sources and Methods ［J］, 1998.

［138］Dollar, D. Neither A Borrower nor A Lender: Does China's Zero Net Foreign Asset Position Make Economic Sense? ［J］. Journal of Monetary Economics, 2006, 53 (5): 43 – 51.

［139］Enria, A. et al. Fair Value Accounting and Financial Stability ［J］. European Central Bank Occasional Paper Series, No. 13, 2004: 128 – 141.

［140］European Commission. The European System of National and Regional Accounts ［J］. 2010. doi: 10.2785/16644.

［141］Frécaut, Systemic banking crises: completing the enhanced policy responses ［M］. Journal of Financial Regulation & Compliance, 2017, 25 (4).

［142］Gamper C, Igner B, Alton Letal. Managing disaster – related contingent liabilities ［J］. OECD Working Papers on Public Governance, 2017.

［143］Garland J. M., Goldsmith R. W. The National Wealth of Australia ［J］. Review of Income and Wealth, 1959 (8).

［144］Glick R, Lansing K J, Molitor D. What's Different about the Latest Housing Boom? ［J］. Frbsf Economic Letter, 2015.

［145］Goldsmith R. W. A Study of Saving in the United States ［M］. Princeton University Press, Princeton, New Jersey, 1955.

［146］Goldsmith R. W. The National Balance Sheet of the United States, 1953—1980 ［M］. National Bureau of Economic Research Monograph Series,

Chicago and London: University of Chicago Press, 1982.

[147] Goldsmith R. W. The Share of Financial Intermediaries in National Wealth and National Assets [M]. Published by NBER, 1954.

[148] Goldsmith R. W. , Robert. E. Lispey. Studies in the National Balance Sheet of the United States, Vol. 1 [M]. Princeton University Press, Princeton, New Jersey, 1963.

[149] Goldsmith R. W. , Robert E. Lispey, M. Mendelson. Studies in the National Balance Sheet of the United States, Vol. 2 [M]. Princeton University Press, Princeton, New Jersey, 1963.

[150] Goldsmith, Raymond W. The Uses of National Balance Sheets [J]. Review of Income and Wealth, 2010, 12 (2): 95 – 133.

[151] Goldsmith, Raymond W. Comparative National Balance Sheets: A Study of Twenty Countries [M]. University of Chicago Press, 1985, 78 – 89.

[152] Gray, D. , A. Jobst. Systemic Contingent Claims Analysis (Systemic CCA) – Estimating Potential Losses and Implicit Government Guarantees to the Financial Sector [J]. IMF working paper. International Monetary Fund, 2011.

[153] Gray, Dale. F. , et al. New Framework for Measuring and Managing Macro – financial Risk and Financial Stability [R]. NBER, Working Paper, 2007, No. 13607.

[154] Greasley D, Madsen J. The Household Balance Sheet, Credit and Uncertainty at the Onset of the Great Depression in the USA [J]. Research in Economic History, 2003, 21 (3): S5 – 77.

[155] Haim, Yair, and Levy Roee. Using the Balance Sheet Approach in Financial Stability Surveillance: Analyzing the Israeli Economy Resilience to Exchange Rate Risk [R]. Bank of Israel, 2007.

[156] Holder, Andrew. Developing the Public – sector Balance Sheet [M]. Economic Trends, 1998: 31 – 40.

[157] IMF. Government Finance Statistics Manual 2014 [M]. Washington, DC: Washington DC International Monetary Fund, 2014.

[158] John R., et al. Long-term Bank Balance Sheet Management: Estimation and Simulation of Risk-factors [J]. Journal of Banking & Finance, 2013, Vol. 37, No. 12: 4711-4720.

[159] Ken Warren. Developing a Government's Balance Sheet—does it Improve Performance? [J]. Public Money & Management, 2012, 32 (1): 9-14.

[160] Lars N., Stefan V. K. Corporate Leverage and the Collateral Channel [J]. Journal of Banking & Finance, 2013 (37): 202-207.

[161] Li, Y., X. Zhang. China's sovereign balance sheet and implications for financial stability in: S. D. Udaibir et al (eds), China's Road to Greater Financial Stability: Some Policy Perspectives, International Monetary Fund, 2013.

[162] Lima, Juan Manuel, Enrique Montes, Carlos Varela, and Johannes Wiegand. Sectoral Balance Sheet Mismatches and Macroeconomic Vulnerabilities in Colombia [J]. Social Science Electronic Publishing, 2006, 06 (5).

[163] Management Budget USOO. Accounting for Liabilities of the Federal Government [M]. Executive Office of the President, Office of Management and Budget: For Sale by the U. S. G. P. O. Supt. of Docs, 1995.

[164] Masson, R., J. Kremers and J. Home. Net Foreign Assets and the International Adjustments: the United States, Japan and Germany [J]. Journal of International Money and Finance, 1994 (13): 27-40.

[165] Mathisen, Johan, and Anthony Pellechio. Using the Balance Sheet Approach in Surveillance: Framework, Data Sources, and Data Availability [J]. IMF Working Paper, 2006. WP/06/100.

[166] Mellor T. Why Governments Should Produce Balance Sheets [J]. Australian Journal of Public Administration, 1996, 55 (1): 78-81.

［167］ Mishkin F S. The Household Balance Sheet and the Great Depression [J]. The Journal of Economic History, 1978, 38 (4): 918 – 937.

［168］ Modigliani F, Brumberg R E. Utility Analysis and the Consumption Function: An Interpretation of Cross – section Data [M]. New Brunswick: Rutgers University Press, 1954: 128 – 197.

［169］ Naughton, B. Is China Socialist? [J]. Journal of Economic Perspectives, 2017, 31 (1): 3 – 24.

［170］ P Krugman. A Model of Balance – of – Payments Crises [J]. Journal of Money Credit & Banking, 1979, 11 (3): 311 – 325.

［171］ Pattipeilohy C. A Comparative Analysis of Developments in Central Bank Balance Sheet Composition [J]. Working Paper. Basel: Bank for International Settlements, 2016.

［172］ Philip R. Lane, Gian Maria Milesi – Ferretti. International Financial Integration [J]. IMF Economic Review, 2003, 50 (1): 82 – 113.

［173］ Philip R. Lane, Gian Maria Milesi – Ferretti. The External Wealth of Nations: Measures of Foreign Assets and Liabilities for Industrial and Developing Countries [J]. Journal of International Economics, 2001, 55 (2): 263 – 294.

［174］ Philip R. Lane. International Investment Positions: a Cross – sectional Analysis [J]. Journal of International Money and Finance, 2000, 19 (4): 513 – 534.

［175］ Piketty, T. et al. Capital Accumulation, Private Property and Rising Inequality in China, 1978—2015 [J]. NBER Working Paper, 2017.

［176］ Revell, Jack. The National Balance Sheet of the United Kingdom [J]. Review of Income and wealth, 2010, 12 (4): 281 – 305.

［177］ Richard Hausmann and Fererico Sturxenegger. Global Imbalances or Bad Accounting? The Missing Dark Matter in the Wealth of Nations [J]. IMF Working Paper, 2006.

[178] Rosenberg et al. Debt – Related Vulnerabilities and Financial Crises: An Application of the Balance Sheet Approach to Emerging Market Countries [M]. IMF, Washington D. C. , 2005.

[179] Ruiter M D, Smant D J C. The Household Balance Sheet and Durable Consumer Expenditures: An Empirical Investigation for The Netherlands, 1972 – 1993 [J]. 1999, 21 (2): 243 – 274.

[180] Ruscher, E. , Wolf, GB. Corporate Balance Sheet Adjustment: Stylized Facts, Causes and Consequences [J]. Bruegel Working Paper, 2012 (3): 63 – 72.

[181] Scott Anthony. Canada's Reproducible Wealth [J]. Review of Income and Wealth, 1959 (8).

[182] Sebastian B, Young G. The Rise in US Household Debt: Assessing Its Causes and Sustainability, Bank of England [R]. Working Paper, 2003.

[183] Szymborska, H. Financial Sector and Household Balance Sheet Dynamics: Rethinking the Determinants of Income and Wealth Inequality in the USA since the 1980s [J]. 2017 (10).

[184] Velde, F. The Household Balance Sheet: Too Much Debt [J]. Chicago Fed Letter, 2002 (181): 1 – 4.

[185] Hana Polackova Brixi. Contingent Government Liabilities: A Hidden Risk for Fiscal Stability [J]. Policy Research Working Paper of the World Bank, 1998.

[186] United Nations, European Commission, International Monetary Fund, Organization for Economic Co – operation and Development, World Bank. System of National Accounts 2008, New York 2009. http: //unstats. un. org/unsd/nationalaccount/docs/SNA2008. pdf.

附件1：2000—2017年中国国家资产负债核算表

附表1-1　　2000年中国国家资产负债表　　单位：亿元

	非金融企业部门		金融机构部门		政府部门		住户部门		经济总体	
	运用	来源	运用	来源	运用	来源	运用	来源	运用	来源
总资产	310000		148856		87941		341017		887815	
非金融资产	256418		1881		74485		238850		571635	
资本形成总额	251754		1881		17894		230998		502528	
固定资产	223268		1881		17572		230998		473720	
农村居民住房							47606		47606	
城镇居民住房							174390		174390	
农村生产性固定资产							9002		9002	
存货及相关资产	28486				322				28808	
其他非金融资产	4664				56591		7852		69107	
家庭用车							7852		7852	
无形资产					34				34	
资源性资产					56557				56557	
土地资产					56075				56075	
矿产资产					482				482	
金融资产/负债	53582	118099	146975	144619	13456	19913	102167	8060	316180	290690
通货	1616	0	153	11479	197	0	12145		14111	11479
存款	42930	0	66	111491	7518	0	73112		123625	111491
贷款	0	85872	95393	−340	2054	780	0	8060	97446	94371

续表

	非金融企业部门		金融机构部门		政府部门		住户部门		经济总体	
	运用	来源	运用	来源	运用	来源	运用	来源	运用	来源
保险准备金	358	0	0	2784	19	3219	3862	0	4239	6003
债务性证券	111	7177	17368	7533	36	13758	1052	0	18568	28468
股权和投资基金份额	0	0	0	0	0	0	10802	0	10802	0
国际储备	0	0	12195	0	0	0	0	0	12195	0
其他	8566	25050	21800	11673	3633	2156	1194	0	35193	38879
净资产		191902		4237		68029		332958		597125

附表 1-2　　2001 年中国国家资产负债表　　单位：亿元

	非金融企业部门		金融机构部门		政府部门		住户部门		经济总体	
	运用	来源	运用	来源	运用	来源	运用	来源	运用	来源
总资产	339922		171870		119458		379555		1010805	
非金融资产	278264		2024		104002		263269		647559	
资本形成总额	272494		2024		19595		255011		549123	
固定资产	242229		2024		19256		255011		518519	
农村居民住房							50641		50641	
城镇居民住房							195118		195118	
农村生产性固定资产							9252		9252	
存货及相关资产	30265				339				30604	
其他非金融资产	5770				84408		8259		98436	
家庭用车							8259		8259	
无形资产					50				50	
资源性资产					84358				84358	
土地资产					83855				83855	
矿产资产					503				503	
金融资产/负债	61659	131901	169846	169873	15456	22981	116285	11567	363246	336321
通货	1709	0	153	12515	218	0	13019	0	15099	12515
存款	50026	0	281	130627	9543	0	83085	0	142935	130627

续表

	非金融企业部门		金融机构部门		政府部门		住户部门		经济总体	
	运用	来源	运用	来源	运用	来源	运用	来源	运用	来源
贷款	-5	95285	107165	-473	2054	904	0	11567	109213	107282
保险准备金	422	0	0	3722	19	3501	5018		5459	7223
债务性证券	111	8576	20165	8684	13	16356	2960		23249	33616
股权和投资基金份额	0	0	0	0	0	0	10802		10802	0
国际储备	0	0	16112	0	0	0	0		16112	0
其他	9395	28040	25971	14798	3610	2221	1401		40377	45059
净资产		208022		1998		96477		367988		674485

附表1-3　　2002年中国国家资产负债表　　单位：亿元

	非金融企业部门		金融机构部门		政府部门		住户部门		经济总体	
	运用	来源	运用	来源	运用	来源	运用	来源	运用	来源
总资产	373843		206963		153411		441468		1175685	
非金融资产	301987		2182		134911		305462		744541	
资本形成总额	294268		2182		24518		296056		617024	
固定资产	263401		2182		24073		296056		585712	
农村居民住房							53469		53469	
城镇居民住房							232623		232623	
农村生产性固定资产							9964		9964	
存货及相关资产	30867				445				31312	
其他非金融资产	7718				110393		9406		127517	
家庭用车							9406		9406	
无形资产					54				54	
资源性资产					110339				110339	
土地资产					109822				109822	
矿产资产					517				517	
金融资产/负债	71856	152547	204782	204324	18500	27777	136006	16641	431144	401290
通货	1852	0	153	14104	250	0	14338		16593	14104

续表

	非金融企业部门		金融机构部门		政府部门		住户部门		经济总体	
	运用	来源	运用	来源	运用	来源	运用	来源	运用	来源
存款	60764	0	473	158538	12441	0	97337		171015	158538
贷款	-5	109771	127424	-630	2054	970	0	16641	129472	126752
保险准备金	514	0	0	5362	19	4495	7561		8094	9858
债务性证券	111	9862	25912	11691	27	20083	4475		30525	41636
股权和投资基金份额	0	0	0	0	0	0	10802		10802	0
国际储备	0	0	22362	0	0	0	0		22362	0
其他	8619	32914	28457	15259	3710	2229	1494		42280	50401
净资产		221295		2639		125634		424827		774395

附表1-4　　　　2003年中国国家资产负债表　　　　单位：亿元

	非金融企业部门		金融机构部门		政府部门		住户部门		经济总体	
	运用	来源	运用	来源	运用	来源	运用	来源	运用	来源
总资产	422161		260935		186803		514067		1383966	
非金融资产	333632		2231		164431		354951		855244	
资本形成总额	320926		2231		28040		343767		694964	
固定资产	288610		2231		27266		343767		661873	
农村居民住房							57431		57431	
城镇居民住房							275865		275865	
农村生产性固定资产							10471		10471	
存货及相关资产	32317				774				33091	
其他非金融资产	12705				136391		11184		160280	
家庭用车							11184		11184	
无形资产					66				66	
资源性资产					136325				136325	
土地资产					135847				135847	
矿产资产					478				478	
金融资产/负债	88529	183751	258704	255572	22372	32190	159116	23629	528722	495142

续表

	非金融企业部门		金融机构部门		政府部门		住户部门		经济总体	
	运用	来源	运用	来源	运用	来源	运用	来源	运用	来源
通货	2074	0	154	16572	299	0	16386		18914	16572
存款	76541	0	975	194698	16203	0	113897		207616	194698
贷款	−5	133506	155382	172	2054	−895	0	23629	157431	156412
保险准备金	672	0	0	7617	19	5435	10597		11288	13051
债务性证券	111	11658	34169	15291	141	25296	5782		40203	52245
股权和投资基金份额	0	0	0	0	0	0	10802		10802	0
国际储备	0	0	32048	0	0	0	0		32048	0
其他	9136	38587	35975	21223	3657	2354	1653		50421	62164
净资产		238409		5363		154613		490438		888824

附表 1−5　　2004 年中国国家资产负债表　　单位：亿元

	非金融企业部门		金融机构部门		政府部门		住户部门		经济总体	
	运用	来源	运用	来源	运用	来源	运用	来源	运用	来源
总资产	481858		317595		209976		605790		1615219	
非金融资产	374466		2298		185417		425421		987601	
资本形成总额	356350		2298		31394		412221		802262	
固定资产	321234		2298		30709		412221		766462	
农村居民住房							62683		62683	
城镇居民住房							338540		338540	
农村生产性固定资产							10998		10998	
存货及相关资产	35115				685				35800	
其他非金融资产	18116				154023		13200		185339	
家庭用车							13200		13200	
无形资产					74				74	
资源性资产					153949				153949	
土地资产					153464				153464	
矿产资产					485				485	

续表

	非金融企业部门		金融机构部门		政府部门		住户部门		经济总体	
	运用	来源	运用	来源	运用	来源	运用	来源	运用	来源
金融资产/负债	107392	211695	315297	310423	24559	36807	180369	29431	627618	588356
通货	2230	0	153	18295	334	0	17820		20537	18295
存款	92251	0	-597	228460	18448	0	129575		239677	228460
贷款	-7	151214	179486	983	2054	-776	0	29431	181532	180852
保险准备金	804	0	0	10080	19	6619	14113		14935	16699
债务性证券	111	13672	47755	25699	18	28470	6293		54177	67841
股权和投资基金份额	0	0	0	0	0	0	10802		10802	0
国际储备	0	0	49128	0	0	0	0		49128	0
其他	12003	46810	39372	26906	3687	2494	1766		56828	76210
净资产		270162		7172		173170		576359		1026863

附表1-6　　　　2005年中国国家资产负债表　　　　单位：亿元

	非金融企业部门		金融机构部门		政府部门		住户部门		经济总体	
	运用	来源	运用	来源	运用	来源	运用	来源	运用	来源
总资产	539563		388119		241552		723396		1892629	
非金融资产	417919		2373		208793		514313		1143399	
资本形成总额	394584		2373		34966		496113		928037	
固定资产	357063		2373		34291		496113		889840	
农村居民住房							73509		73509	
城镇居民住房							409594		409594	
农村生产性固定资产							13010		13010	
存货及相关资产	37521				676				38197	
其他非金融资产	23335				173827		18200		215362	
家庭用车							18200		18200	
无形资产					81				81	
资源性资产					173745				173745	
土地资产					173197				173197	

续表

	非金融企业部门		金融机构部门		政府部门		住户部门		经济总体	
	运用	来源	运用	来源	运用	来源	运用	来源	运用	来源
矿产资产					549				549	
金融资产/负债	121643	241133	385746	382334	32759	41695	209083	32972	749231	698135
通货	2461	0	153	21066	386	0	19945		22944	21066
存款	104729	0	297	274386	26385	0	150551		281961	274386
贷款	−6	170380	204834	1194	2054	−534	0	32972	206882	204011
保险准备金	996	0	0	13047	19	8269	18315		19330	21317
债务性证券	111	16756	70030	43958	−13	31466	6534		76662	92180
股权和投资基金份额	0	0	0	0	0	0	10314		10314	0
国际储备	0	0	67065	0	0	0	0		67065	0
其他	13352	53998	43367	28683	3929	2494	3424		64072	85175
净资产		298429		5785		199856		690424		1194495

附表 1-7　　2006 年中国国家资产负债表　　单位：亿元

	非金融企业部门		金融机构部门		政府部门		住户部门		经济总体	
	运用	来源	运用	来源	运用	来源	运用	来源	运用	来源
总资产	626646		481558		289546		864544		2262294	
非金融资产	476911		2463		247841		612945		1340160	
资本形成总额	446442		2463		39693		589639		1078237	
固定资产	405333		2463		39075		589639		1036509	
农村居民住房							82208		82208	
城镇居民住房							493785		493785	
农村生产性固定资产							13645		13645	
存货及相关资产	41109				618				41728	
其他非金融资产	30469				208148		23306		261923	
家庭用车							23306		23306	
无形资产					93				93	
资源性资产					208055				208055	

续表

	非金融企业部门		金融机构部门		政府部门		住户部门		经济总体	
	运用	来源	运用	来源	运用	来源	运用	来源	运用	来源
土地资产					200635				200635	
矿产资产					7420				7420	
金融资产/负债	149735	278862	479096	478137	41705	45954	251599	39636	922135	842590
通货	2735	0	153	24107	446	0	22469		25802	24107
存款	124041	0	1087	324403	34967	0	171737		331831	324403
贷款	-6	196783	237406	1866	2054	-428	0	39636	239454	237856
保险准备金	1238	0	0	16176	19	9747	22680		23937	25924
债务性证券	111	21836	91855	62409	-131	34141	6944		98779	118386
股权和投资基金份额	-132	0	-195	1191	0	0	22619		22292	1191
国际储备	0	0	86757	0	0	0	0		86757	0
其他	21748	60244	62033	47985	4351	2494	5150		93282	110723
净资产		347784		3422		243592		824908		1419704

附表 1-8　　　　2007 年中国国家资产负债表　　　　单位：亿元

	非金融企业部门		金融机构部门		政府部门		住户部门		经济总体	
	运用	来源	运用	来源	运用	来源	运用	来源	运用	来源
总资产	742899		611674		362413		1041103		2758089	
非金融资产	557927		2603		306505		705609		1572644	
资本形成总额	516400		2603		44310		675056		1238370	
固定资产	469563		2603		43512		675056		1190735	
农村居民住房							91209		91209	
城镇居民住房							568851		568851	
农村生产性固定资产							14996		14996	
存货及相关资产	46837				798				47635	
其他非金融资产	41527				262194		30553		334274	
家庭用车							30553		30553	
无形资产						152			152	

续表

	非金融企业部门		金融机构部门		政府部门		住户部门		经济总体	
	运用	来源	运用	来源	运用	来源	运用	来源	运用	来源
资源性资产					262042				262042	
土地资产					252543				252543	
矿产资产					9499				9499	
金融资产/负债	184972	325554	609071	587663	55909	66698	335494	50652	1185446	1030568
通货	3032	0	153	27410	513	0	25211		28908	27410
存款	152597	0	1204	378646	47924	0	181840		383564	378646
贷款	-6	223254	277162	2924	2054	-427	0	50652	279210	276402
保险准备金	1584	0	0	19293	19	13198	27097		28700	32492
债务性证券	111	29596	128222	76779	126	51433	6707		135166	157808
股权和投资基金份额	276	0	1396	6628	0	0	81320		82992	6628
国际储备	0	0	119375	0	0	0	0		119375	0
其他	27378	72705	81559	75983	5274	2494	13319		127530	151182
净资产		417345		24011		295715		990451		1727522

附表1-9　2008年中国国家资产负债表　　　　　　　　　单位：亿元

	非金融企业部门		金融机构部门		政府部门		住户部门		经济总体	
	运用	来源	运用	来源	运用	来源	运用	来源	运用	来源
总资产	878776		747392		427247		1191399		3244814	
非金融资产	663388		2845		365481		848529		1880243	
资本形成总额	610632		2845		49055		804389		1466921	
固定资产	556483		2845		48066		804389		1411783	
农村居民住房							100213		100213	
城镇居民住房							688240		688240	
农村生产性固定资产							15936		15936	
存货及相关资产	54149				989				55137	
其他非金融资产	52756				316427		44139		413322	
家庭用车							44139		44139	

续表

	非金融企业部门		金融机构部门		政府部门		住户部门		经济总体	
	运用	来源	运用	来源	运用	来源	运用	来源	运用	来源
无形资产					234				234	
资源性资产					316193				316193	
土地资产					298193				298193	
矿产资产					18000				18000	
金融资产/负债	215388	383514	744548	714650	61766	72494	342870	57892	1364572	1228551
通货	3402	0	153	31522	595	0	28622		32771	31522
存款	176016	0	5140	456027	53655	0	228478		463288	456027
贷款	−6	265346	329258	4441	2054	245	0	57892	331306	327923
保险准备金	2077	0	0	23773	19	17295	37831		39927	41069
债务性证券	198	38329	155863	97015	126	52460	4981		161168	187804
股权和投资基金份额	284	0	1728	9964	44	0	37168		39224	9964
国际储备	0	0	148494	0	0	0	0	0	148494	0
其他	33417	79840	103912	91908	5274	2494	5790		148393	174242
净资产		495261		32743		354753		1133507		2016263

附表 1−10　　2009 年中国国家资产负债表　　单位：亿元

	非金融企业部门		金融机构部门		政府部门		住户部门		经济总体	
	运用	来源	运用	来源	运用	来源	运用	来源	运用	来源
总资产	1075340		917411		491957		1413452		3898160	
非金融资产	784922		3116		410540		1002583		2201162	
资本形成总额	715332		3116		55259		943922		1717628	
固定资产	655900		3116		53475		943922		1656412	
农村居民住房							112586		112586	
城镇居民住房							814152		814152	
农村生产性固定资产							17184		17184	
存货及相关资产	59432				1784				61216	
其他非金融资产	69590				355281		58662		483533	

续表

	非金融企业部门		金融机构部门		政府部门		住户部门		经济总体	
	运用	来源	运用	来源	运用	来源	运用	来源	运用	来源
家庭用车							58662		58662	
无形资产					292				292	
资源性资产					354989				354989	
土地资产					350154				350154	
矿产资产					4835				4835	
金融资产/负债	290418	483870	914295	882335	81417	83882	410869	82744	1696999	1532832
通货	3766	0	153	35568	676	0	31982		36576	35568
存款	241932	0	8853	588791	73246	0	268650		592680	588791
贷款	−6	344336	436877	4882	2054	352	0	82744	438925	432313
保险准备金	2472	0	0	29637	19	20222	46226		48717	49860
债务性证券	14	55139	181164	101801	86	60642	2623		183887	217582
股权和投资基金份额	279	0	1562	8758	43	0	55757		57641	8758
国际储备	0	0	175710	0	0	0	0		175710	0
其他	41961	84396	109976	112898	5294	2666	5631		162862	199960
净资产		591470		35076		408074		1330708		2365328

附表1-11　　　　2010年中国国家资产负债表　　　　单位：亿元

	非金融企业部门		金融机构部门		政府部门		住户部门		经济总体	
	运用	来源	运用	来源	运用	来源	运用	来源	运用	来源
总资产	1329243		1140986		544686		1664063		4678978	
非金融资产	935961		3468		443730		1187294		2570453	
资本形成总额	840797		3468		60795		1106553		2011613	
固定资产	774352		3468		59229		1106553		1943601	
农村居民住房							121728		121728	
城镇居民住房							966862		966862	
农村生产性固定资产							17963		17963	
存货及相关资产	66446				1566				68012	

续表

	非金融企业部门		金融机构部门		政府部门		住户部门		经济总体	
	运用	来源	运用	来源	运用	来源	运用	来源	运用	来源
其他非金融资产	95163				382935		80742		558840	
家庭用车							80742		80742	
无形资产					369				369	
资源性资产					382565				382565	
土地资产					369944				369944	
矿产资产					12621				12621	
金融资产/负债	393282	601856	1137518	1107997	100956	97803	476769	117094	2108525	1924750
通货	4351	0	113	42076	806	0	37691		42961	42076
存款	304516	0	12315	719453	92733	0	315642		725206	719453
贷款	−6	408599	534104	5133	2054	549	0	117094	536152	531374
保险准备金	3139	0	0	32107	19	24100	52667		55825	56208
债务性证券	183	73672	213504	113079	281	70488	2692		216661	257239
股权和投资基金份额	−284	0	1306	7192	−228	0	63823		64616	7192
国际储备	0	0	207644	0	0	0	0		207644	0
其他	81382	119586	168533	188958	5292	2666	4254		259461	311209
净资产		727386		32989		446883		1546969		2754228

附表 1-12   2011 年中国国家资产负债表   单位：亿元

	非金融企业部门		金融机构部门		政府部门		住户部门		经济总体	
	运用	来源	运用	来源	运用	来源	运用	来源	运用	来源
总资产	1574525		1333884		637235		1916251		5461895	
非金融资产	1114453		3952		515916		1376721		3011042	
资本形成总额	989576		3952		68022		1270865		2332415	
固定资产	913752		3952		65821		1270865		2254389	
农村居民住房							141209		141209	
城镇居民住房							1102573		1102573	
农村生产性固定资产							27083		27083	

续表

	非金融企业部门		金融机构部门		政府部门		住户部门		经济总体	
	运用	来源	运用	来源	运用	来源	运用	来源	运用	来源
存货及相关资产	75825				2201				78026	
其他非金融资产	124877				447894		105856		678627	
家庭用车							105856		105856	
无形资产					513				513	
资源性资产					447381				447381	
土地资产					420457				420457	
矿产资产					26924				26924	
金融资产/负债	460072	712908	1329932	1301727	121319	107989	539530	142590	2450853	2265214
通货	4906	0	266	48238	929	0	42652		48753	48238
存款	345889	0	17711	832868	112496	0	351952		828047	832868
贷款	−6	475562	629868	6575	2054	2240	0	142590	631916	626966
保险准备金	4070	0	0	37349	19	26207	59084		63173	63557
债务性证券	97	87331	230579	109474	281	76630	1898		232856	273435
股权和投资基金份额	505	5738	3365	9152	300	0	67707		71876	14890
国际储备	0	0	232701	0	0	0	0		232701	0
其他	104610	144278	215443	258072	5241	2912	16237		341531	405261
净资产		861616		32157		529246		1773661		3196681

附表 1−13　　　　2012 年中国国家资产负债表　　　　　　　　单位：亿元

	非金融企业部门		金融机构部门		政府部门		住户部门		经济总体	
	运用	来源	运用	来源	运用	来源	运用	来源	运用	来源
总资产	1854753		1552363		656648		2182364		6246128	
非金融资产	1299839		4539		512986		1546455		3363819	
资本形成总额	1147284		4539		72905		1414606		2639334	
固定资产	1063729		4539		70294		1414606		2553167	
农村居民住房							158673		158673	
城镇居民住房							1227982		1227982	

续表

	非金融企业部门		金融机构部门		政府部门		住户部门		经济总体	
	运用	来源	运用	来源	运用	来源	运用	来源	运用	来源
农村生产性固定资产							27952		27952	
存货及相关资产	83556				2611				86166	
其他非金融资产	152555				440081		131849		724485	
家庭用车							131849		131849	
无形资产					513				513	
资源性资产					439568				439568	
土地资产					413369				413369	
矿产资产					26200				26200	
金融资产/负债	554914	852024	1547824	1538173	143662	124433	635909	170314	2882309	2684944
通货	5227	0	297	52148	1007	0	45897		52428	52148
存款	392857	0	23001	962616	133065	0	410200		959123	962616
贷款	−6	567171	752118	6575	2054	2222	0	170314	754166	746281
保险准备金	4716	0	0	44217	19	33613	72712		77447	77831
债务性证券	1175	109863	267530	119238	701	85413	4527		273934	314514
股权和投资基金份额	406	7867	6191	17211	527	0	72668		79791	25078
国际储备	0	0	238770	0	0	0	0		238770	0
其他	150538	167124	259918	336169	6290	3185	29905		446651	506477
净资产		1002728		14190		532215		2012050		3561184

附表1-14　　2013年中国国家资产负债表　　单位：亿元

	非金融企业部门		金融机构部门		政府部门		住户部门		经济总体	
	运用	来源	运用	来源	运用	来源	运用	来源	运用	来源
总资产	2162535		1798048		751541		2457047		7169172	
非金融资产	1496921		5206		571477		1751463		3825066	
资本形成总额	1306215		5206		80337		1589660		2981417	
固定资产	1215401		5206		76629		1589660		2886896	
农村居民住房							178702		178702	

续表

	非金融企业部门		金融机构部门		政府部门		住户部门		经济总体	
	运用	来源	运用	来源	运用	来源	运用	来源	运用	来源
城镇居民住房							1374624		1374624	
农村生产性固定资产							36334		36334	
存货及相关资产	90813		3708						94522	
其他非金融资产	190706				491140		161802		843648	
家庭用车							161802		161802	
无形资产					800				800	
资源性资产					490340				490340	
土地资产					465384				465384	
矿产资产					24956				24956	
金融资产/负债	665615	1000147	1792843	1799029	180064	145025	705585	198254	3344106	3142456
通货	5548	0	328	56063	1085	0	49147		56108	56063
存款	452128	0	26932	1116178	169662	0	445000		1093722	1116178
贷款	-6	670928	900166	6575	2054	2251	0	198254	902214	878007
保险准备金	5557	0	0	50882	19	40949	85872		91448	91832
债务性证券	5734	127974	294558	122793	-387	98362	8644		308549	349129
股权和投资基金份额	1737	12096	7189	19147	1305	0	73801		84032	31243
国际储备	0	0	265376	0	0	0	0		265376	0
其他	194916	189150	298293	427391	6327	3463	43121		542657	620004
净资产		1162388		-981		606516		2258793		4026715

附表 1-15　　2014 年中国国家资产负债表　　单位：亿元

	非金融企业部门		金融机构部门		政府部门		住户部门		经济总体	
	运用	来源	运用	来源	运用	来源	运用	来源	运用	来源
总资产	2438028		2076473		815004		2769012		8098516	
非金融资产	1693519		5872		595045		1957807		4252243	
资本形成总额	1471466		5872		87847		1763882		3329068	
固定资产	1373171		5872		83318		1763882		3226244	

续表

	非金融企业部门		金融机构部门		政府部门		住户部门		经济总体	
	运用	来源	运用	来源	运用	来源	运用	来源	运用	来源
农村居民住房							194144		194144	
城镇居民住房							1532486		1532486	
农村生产性固定资产							37253		37253	
存货及相关资产	98295				4529				102824	
其他非金融资产	222052				507198		193924		923175	
家庭用车							193924		193924	
无形资产					992				992	
资源性资产					506206				506206	
土地资产					487040				487040	
矿产资产					19165				19165	
金融资产/负债	744509	1143056	2070601	2067871	219959	164527	811205	231164	3846273	3606619
通货	5700	0	597	57751	1119	0	50279		57695	57751
存款	495121	0	40760	1246542	201532	0	507000		1244413	1246542
贷款	−6	772801	1039601	6575	2054	2208	0	231164	1041649	1012747
保险准备金	6543	0	58370	19	47709	99134			105696	106080
债务性证券	2680	152303	347400	140724	2615	110166	9868		362563	403193
股权和投资基金份额	11304	21067	10211	35721	5484	0	79134		106133	56788
国际储备	0	0	272557	0	0	0	0		272557	0
其他	223166	196886	359474	522188	7137	4444	65790		655567	723518
净资产		1294971		8601		650477		2537848		4491897

附表 1-16　　2015 年中国国家资产负债表　　单位：亿元

	非金融企业部门		金融机构部门		政府部门		住户部门		经济总体	
	运用	来源	运用	来源	运用	来源	运用	来源	运用	来源
总资产	2750759		2376185		943434		3116884		9187262	
非金融资产	1876145		6449		657574		2184815		4724982	
资本形成总额	1626692		6449		95837		1961513		3690491	

续表

	非金融企业部门		金融机构部门		政府部门		住户部门		经济总体	
	运用	来源	运用	来源	运用	来源	运用	来源	运用	来源
固定资产	1523011		6449		90763		1961513		3581737	
农村居民住房							202269		202269	
城镇居民住房							1723248		1723248	
农村生产性固定资产							35997		35997	
存货及相关资产	103681				5074				108754	
其他非金融资产	249453				561737		223301		1034491	
家庭用车							223301		223301	
无形资产					1913				1913	
资源性资产					559824				559824	
土地资产					555755				555755	
矿产资产					4069				4069	
金融资产/负债	874615	1283968	2369736	2428252	285860	218921	932069	270000	4462279	4201141
通货	5966	0	950	60708	1178	0	52380		60475	60708
存款	562123	0	71107	1402127	225504	0	552000		1410733	1402127
贷款	-6	855668	1183791	22355	2054	2208	0	270000	1185839	1150231
保险准备金	7513	0	0	66761	19	54734	113581		121112	121496
债务性证券	6209	181643	455195	183140	5310	157418	14806		481520	522201
股权和投资基金份额	22803	28824	15618	61046	10758	0	91279		140458	89870
国际储备	0	0	251166	0	0	0	0		251166	0
其他	270006	217834	391909	632114	41038	4561	108023		810975	854508
净资产		1466791		-52067		724513		2846884		4986121

附表 1-17　　　　2016 年中国国家资产负债表　　　　　　　　　　单位：亿元

	非金融企业部门		金融机构部门		政府部门		住户部门		经济总体	
	运用	来源	运用	来源	运用	来源	运用	来源	运用	来源
总资产	3081522		2816197		1109707		3551077		10558504	
非金融资产	2082672		6993		756343		2504642		5350649	

续表

	非金融企业部门		金融机构部门		政府部门		住户部门		经济总体	
	运用	来源	运用	来源	运用	来源	运用	来源	运用	来源
资本形成总额	1798109		6993		104512		2247304		4156919	
固定资产	1688595		6993		98667		2247304		4041559	
农村居民住房							225770		225770	
城镇居民住房							1991015		1991015	
农村生产性固定资产							30519		30519	
存货及相关资产	109514				5845				115360	
其他非金融资产	284563				651830		257338		1193731	
家庭用车							257338		257338	
无形资产					2322				2322	
资源性资产					649508				649508	
土地资产					646110				646110	
矿产资产					3399				3399	
金融资产/负债	998851	1424211	2809204	2880080	353364	298150	1046436	334000	5207854	4936441
通货	6424	0	1900	65795	1280	0	56897		66502	65795
存款	645365	0	72835	1574309	257440	0	607000		1582639	1574309
贷款	-6	965671	1341920	28940	2054	2208	0	334000	1343968	1330819
保险准备金	8452	0	0	76791	19	62640	130579		139049	139432
债务性证券	7240	217980	612559	232091	5536	228625	15047		640382	678696
股权和投资基金份额	31170	42238	21844	73953	14984	0	99758		167756	116191
国际储备	0	0	221697	0	0	0	0		221697	0
其他	300205	198323	536449	828200	72052	4677	137155		1045860	1031199
净资产		1657311		-63883		811557		3217077		5622063

附表1-18　2017年中国国家资产负债表　　单位：亿元

	非金融企业部门		金融机构部门		政府部门		住户部门		经济总体	
	运用	来源	运用	来源	运用	来源	运用	来源	运用	来源
总资产	3405848		3173371		1205183		3972978		11757380	

续表

	非金融企业部门		金融机构部门		政府部门		住户部门		经济总体	
	运用	来源	运用	来源	运用	来源	运用	来源	运用	来源
非金融资产	2338676		7648		810403		2809175		5965902	
资本形成总额	2004591		7648		113770		2520284		4646294	
固定资产	1885951		7648		107619		2520284		4521502	
农村居民住房							229659		229659	
城镇居民住房							2259513		2259513	
农村生产性固定资产							31113		31113	
存货及相关资产	118641				6151				124792	
其他非金融资产	334084				696633		288890		1319608	
家庭用车							288890		288890	
无形资产					3655				3655	
资源性资产					692978				692978	
土地资产					689036				689036	
矿产资产					3943				3943	
金融资产/负债	1067172	1547634	3165723	3209196	394780	340910	1163803	405000	5791478	5502740
通货	6635	0	1900	68137	1327	0	58983		68846	68137
存款	696012	0	76811	1716462	293478	0	652000		1718300	1716462
贷款	-6	1078808	1520123	34196	2054	-18942	0	405000	1522171	1499062
保险准备金	9603	0	0	89601	19	70896	150493		160114	160498
债务性证券	12427	220587	703689	273503	5408	284432	15690		737214	778522
股权和投资基金份额	41765	52160	29303	97821	20304	0	109880		201252	149981
国际储备	0	0	227876	0	0	0	0		227876	0
其他	300735	196080	606021	929475	72191	4524	176757		1155703	1130078
净资产		1858214		-35825		864274		3567978		6254640

附件2：2018—2022年中国国家资产负债预测表

附表2-1　　　　2018年中国国家资产负债预测表　　　　　　　　单位：亿元

	非金融企业部门		金融机构部门		政府部门		住户部门		经济总体	
	运用	来源	运用	来源	运用	来源	运用	来源	运用	来源
总资产	3669172		3420703		1329420		4217315		12636610	
非金融资产	2519774		8303		882295		2988985		6399357	
资本形成总额	2159820		8303		123863		2681603		4973588	
固定资产	2031992		8303		117166		2681603		4839063	
农村居民住房							244359		244359	
城镇居民住房							2404140		2404140	
农村生产性固定资产							33104		33104	
存货及相关资产	127828				6697				134525	
其他非金融资产	359955				758432		307382		1425769	
家庭用车							307382		307382	
无形资产					3979				3979	
资源性资产					754453				754453	
土地资产					750161				750161	
矿产资产					4293				4293	
金融资产/负债	1149398	1733515	3412400	3564792	447125	379150	1228330	449388	6237253	6126845
通货	7147	0	2048	75687	1503	0	62253	0	72951	75687
存款	749640	0	82796	1906655	332391	0	688151	0	1852977	1906655
贷款	-6	1208380	1638573	37985	2326	-21067	0	449388	1640893	1674686

续表

	非金融企业部门		金融机构部门		政府部门		住户部门		经济总体	
	运用	来源	运用	来源	运用	来源	运用	来源	运用	来源
保险准备金	10343	0	0	99530	21	78849	158837	0	169201	178379
债务性证券	13385	247080	758521	303809	6125	316337	16560	0	794591	867227
股权和投资基金份额	44983	58425	31586	108660	22996	0	115973	0	215538	167085
国际储备	0	0	245633	0	0	0	0	0	245633	0
其他	323907	219630	653243	1032466	81763	5031	186557	0	1245469	1257127
净资产		1935657		-144089		950270		3767927		6509765

附表2-2　2019年中国国家资产负债预测表　　　　　　单位：亿元

	非金融企业部门		金融机构部门		政府部门		住户部门		经济总体	
	运用	来源	运用	来源	运用	来源	运用	来源	运用	来源
总资产	3925051		3648805		1458166		4452056		13484078	
非金融资产	2698958		8949		956166		3165810		6829884	
资本形成总额	2313406		8949		134233		2840244		5296833	
固定资产	2176489		8949		126975		2840244		5152658	
农村居民住房							258815		258815	
城镇居民住房							2546367		2546367	
农村生产性固定资产							35062		35062	
存货及相关资产	136918				7258				144175	
其他非金融资产	385551				821933		325566		1533050	
家庭用车							325566		325566	
无形资产					4312				4312	
资源性资产					817621				817621	
土地资产					812969				812969	
矿产资产					4652				4652	
金融资产/负债	1226093	1914232	3639855	3896644	502000	415660	1286245	491175	6654194	6717711
通货	7623	0	2185	82733	1688	0	65189	0	76684	82733
存款	799661	0	88315	2084148	373185	0	720596	0	1981757	2084148

续表

	非金融企业部门		金融机构部门		政府部门		住户部门		经济总体	
	运用	来源	运用	来源	运用	来源	运用	来源	运用	来源
贷款	-6	1334352	1747793	41521	2611	-23096	0	491175	1750398	1843953
保险准备金	11033	0	0	108795	24	86442	166326	0	177383	195237
债务性证券	14278	272838	809081	332091	6877	346798	17341	0	847576	951728
股权和投资基金份额	47985	64515	33692	118776	25818	0	121441	0	228935	183291
国际储备	0	0	262006	0	0	0	0	0	262006	0
其他	345520	242526	696785	1128580	91797	5516	195353	0	1329456	1376682
净资产		2010819		-247840		1042506		3960881		6766366

附表2-3　　2020年中国国家资产负债预测表　　单位：亿元

	非金融企业部门		金融机构部门		政府部门		住户部门		经济总体	
	运用	来源	运用	来源	运用	来源	运用	来源	运用	来源
总资产	4167637		3851108		1587000		4672522		14278267	
非金融资产	2873815		9594		1028004		3339539		7250952	
资本形成总额	2463285		9594		144318		2996107		5613304	
固定资产	2317497		9594		136515		2996107		5459713	
农村居民住房							273018		273018	
城镇居民住房							2686102		2686102	
农村生产性固定资产							36987		36987	
存货及相关资产	145788				7803				153591	
其他非金融资产	410530				883686		343432		1637648	
家庭用车							343432		343432	
无形资产					4636				4636	
资源性资产					879050				879050	
土地资产					874048				874048	
矿产资产					5002				5002	
金融资产/负债	1293822	2077148	3841514	4187003	558996	447699	1332983	527658	7027315	7239509
通货	8045	0	2306	88898	1879	0	67557	0	79787	88898

续表

	非金融企业部门		金融机构部门		政府部门		住户部门		经济总体	
	运用	来源	运用	来源	运用	来源	运用	来源	运用	来源
存款	843834	0	93208	2239449	415555	0	746780	0	2099377	2239449
贷款	−7	1447916	1844626	44615	2908	−24876	0	527658	1847527	1995313
保险准备金	11643	0	0	116902	27	93105	172370	0	184039	210007
债务性证券	15066	296059	853906	356837	7658	373530	17971	0	894601	1026426
股权和投资基金份额	50635	70006	35558	127626	28749	0	125854	0	240797	197633
国际储备	0	0	276522	0	0	0	0	0	276522	0
其他	364606	263167	735389	1212676	102220	5941	202452	0	1404667	1481784
净资产		2090489		−335896		1139301		4144865		7038758

附表 2−4　2021 年中国国家资产负债预测表　　单位：亿元

	非金融企业部门		金融机构部门		政府部门		住户部门		经济总体	
	运用	来源	运用	来源	运用	来源	运用	来源	运用	来源
总资产	4391325		4019629		1713618		4872885		14997458	
非金融资产	3041466		10225		1096716		3507022		7655429	
资本形成总额	2606986		10225		153965		3146366		5917543	
固定资产	2452694		10225		145640		3146366		5754925	
农村居民住房							286710		286710	
城镇居民住房							2820815		2820815	
农村生产性固定资产							38841		38841	
存货及相关资产	154293				8325				162618	
其他非金融资产	434479				942752		360656		1737887	
家庭用车							360656		360656	
无形资产					4946				4946	
资源性资产					937806				937806	
土地资产					932470				932470	
矿产资产					5336				5336	
金融资产/负债	1349860	2210222	4009404	4413367	616902	472853	1365863	555980	7342028	7652421

续表

	非金融企业部门		金融机构部门		政府部门		住户部门		经济总体	
	运用	来源	运用	来源	运用	来源	运用	来源	运用	来源
通货	8393	0	2407	93704	2074	0	69224	0	82097	93704
存款	880381	0	97281	2360521	458602	0	765201	0	2201465	2360521
贷款	−7	1540677	1925244	47027	3209	−26274	0	555980	1928446	2117410
保险准备金	12147	0	0	123222	29	98336	176621	0	188797	221558
债务性证券	15719	315026	891225	376129	8451	394517	18414	0	933809	1085672
股权和投资基金份额	52829	74491	37112	134526	31727	0	128958	0	250626	209017
国际储备	0	0	288607	0	0	0	0	0	288607	0
其他	380398	280027	767529	1278237	112809	6274	207445	0	1468181	1564539
净资产		2181104		−393737		1240764		4316906		7345036

附表 2-5　　　　2022 年中国国家资产负债预测表　　　　单位：亿元

	非金融企业部门		金融机构部门		政府部门		住户部门		经济总体	
	运用	来源	运用	来源	运用	来源	运用	来源	运用	来源
总资产	4590257		4146040		1835222		5047138		15618658	
非金融资产	3198863		10833		1161156		3664871		8035722	
资本形成总额	2741899		10833		163011		3287982		6203725	
固定资产	2579621		10833		154197		3287982		6032634	
农村居民住房							299615		299615	
城镇居民住房							2947777		2947777	
农村生产性固定资产							40590		40590	
存货及相关资产	162278				8814				171092	
其他非金融资产	456964				998145		376889		1831997	
家庭用车							376889		376889	
无形资产					5236				5236	
资源性资产					992908				992908	
土地资产					987259				987259	
矿产资产					5649				5649	

续表

	非金融企业部门		金融机构部门		政府部门		住户部门		经济总体	
	运用	来源	运用	来源	运用	来源	运用	来源	运用	来源
金融资产/负债	1391395	2300936	4135207	4553037	674066	488671	1382268	573272	7582935	7915916
通货	8651	0	2482	96669	2266	0	70055	0	83455	96669
存款	907471	0	100334	2435225	501098	0	774391	0	2283293	2435225
贷款	−7	1603911	1985652	48516	3506	−27153	0	573272	1989151	2198546
保险准备金	12521	0	0	127122	32	101625	178743	0	191295	228747
债务性证券	16203	327956	919189	388032	9234	407714	18635	0	963261	1123702
股权和投资基金份额	54454	77549	38277	138784	34667	0	130507	0	257905	216332
国际储备	0	0	297662	0	0	0	0	0	297662	0
其他	392103	291520	791611	1318690	123262	6484	209937	0	1516913	1616695
净资产		2289322		−406997		1346550		4473866		7702742